孟子通释

李景林 著

上海古籍出版社

本书为国家社科基金重大项目“中国传统价值观变迁史”
（项目批准号：14ZDB003）的阶段性成果

导言：通论孟子

一、孟子与《孟子》

孟子（约前372—前289，周烈王四年—周赧王二十六年），名轲，邹国（今山东邹城市东南）人。

赵岐《孟子题辞》说："孟子生有淑质，夙丧其父，幼被慈母三迁之教。"刘向《列女传·母仪传》也讲到"孟母三迁"的故事："邹孟轲之母也，号孟母。其舍近墓，孟子之少也，嬉游为墓间之事，踊跃筑埋。孟母曰：'此非吾所以居处子。'乃去，舍市傍，其嬉戏为贾人衒卖之事。孟母又曰：'此非吾所以居处子也。'复徙舍学宫之旁，其嬉游乃设俎豆揖让进退。孟母曰：'真可以居吾子矣。'遂居之。及孟子长，学六艺，卒成大儒之名。"孟子幼年丧父，其早期教育及人格成就，颇得益于其母。

《史记·孟子荀卿列传》：

> 孟轲，驺人也，受业子思之门人。道既通，游事齐宣王，宣王不能用。适梁，梁惠王不果所言，则见以为迂远而阔于事情。当是之时，秦用商君，富国强兵。楚魏用吴起，战胜弱敌。齐威王、宣王用孙子、田忌之徒，而诸侯东面朝齐。天下方务于合从连衡，以攻伐为贤。而孟轲乃述唐虞三代之德，是以所如者不合。退而与万章之徒序《诗》《书》，述仲尼之意，作《孟子》七篇。

孟子自谓“予未得为孔子徒也，予私淑诸人也”[①]，《史记》本传则说，孟子受业于孔子之孙子思之门人。孟子视孔子为集古代圣人之大成的“圣之时者”[②]而极推尊之，谓“自有生民以来，未有孔子也”，“乃所愿，则学孔子也”[③]，因以继承和发扬孔子之道为其终身志业。孟子生活在战国中期。当时，齐梁等大国已实行过变法，采用富国强兵的政策。因此，孟子虽曾游历齐、梁、宋、鲁、滕诸国，推行尧舜孔子之道及其政治主张，并受到很高的礼遇，但终因其学说“迂远而阔于事情”，不合时宜而不被采用。

孟子晚年主要从事教育和著述活动，与其弟子万章等著《孟子》七篇。关于《孟子》一书，司马迁《孟子荀卿列传》只说孟子晚年“退而与万章之徒序《诗》《书》，述仲尼之意，作《孟子》七篇”，赵岐《孟子题辞》则说得比较详细：

> （孟子）耻没世而无闻焉，是故垂宪言以诒后人。仲尼有云：“我欲托之空言，不如载之行事之深切著明也。”于是退而论集所与高第弟子公孙丑、万章之徒难疑答问，又自撰其法度之言，著书七篇。

《孟子》一书，应包括三方面的内容：

一是孟子与其弟子如公孙丑、万章之徒难疑答问的内容。关于孟子弟子，焦循《孟子正义》说：“赵氏注弟子十五人：万章、公孙丑、乐正子、陈臻、公都子、充虞、徐辟、高子、咸丘蒙、陈代、彭更、屋庐子、桃应、季孙、子叔。学于孟子者四人：孟仲子、告子、滕更、盆成括。”书中记有孟子与诸弟子讨论、问答、说解的内容，当为弟子所记，而后乃由孟子与万章等论次结

① 《孟子·离娄下》。
② 《孟子·万章下》。
③ 《孟子·公孙丑上》。

集而成书。

二是书中所记孟子与时人所论辩讨论的内容。焦循《正义》："又有与齐、魏、邹、滕诸君所言，景子、庄暴、淳于髡、周霄、景春、宋牼、宋句践、夷之、陈相、貉稽、戴盈之、戴不胜、储子、沈同、陈贾、慎子、王驩等相问答，盖亦诸弟子录之，而孟子论集之矣。"

还有一部分，就是孟子所自撰的"法度之言"，这一部分是孟子独立论撰的内容，很多论述在理论上都具有概括性纲领性的意义，如《告子上》"牛山之木章"（11.8）对性、心、情、气、才问题的论述，《尽心上》篇首诸章对心、性、命、天等问题的论述，皆系统深入，且具有统括其整个思想的理论价值。是以《孟子》的成书，虽有弟子的参与，但其思想内容，却统一于孟子。故《孟子》一书，首尾条贯一致，在思想上有很强的系统性，其用语亦颇精审。

《汉书·艺文志》著录"《孟子》十一篇"。赵岐《孟子题辞》说："又有《外书》四篇：《性善》《辩文》《说孝经》《为政》（或断为《性善辩》《文说》《孝经》《为政》）。其文不能宏深，不与内篇相似，似非孟子本真，后世依放而托之者也。"故赵岐不注《外书》，后渐亡佚。今所传《孟子外书》四篇，题宋熙时子注，乃明人姚士粦伪撰。

《孟子》书在汉代被视为经书的"传"。汉文帝置"传记博士"，有《论语》《孝经》《孟子》《尔雅》。五代后蜀主孟昶刻十一经（《周易》《尚书》《诗经》《仪礼》《周礼》《礼记》《公羊传》《谷梁传》《左传》《论语》《孟子》），收入《孟子》，《孟子》始称经。南宋《孟子》正式成为"经"，合《尔雅》《孝经》为十三经。朱子从《礼记》中取《大学》《中庸》，合《论语》《孟子》为《四书》，并为之作注，构成了四书的经典系统，成为以后科举取士的经典教本。

《孟子》全书共7篇，260章。

二、道祖三圣

孔子讲“志于道”[①]，“士志于道”[②]，又自述其志：“朝闻道，夕死可矣。”[③] 乃以求道为其最高的目标。不仅如此，孔子还将其“道”溯及上古圣王。《论语·尧曰》：“尧曰：咨尔舜！天之历数在尔躬，允执其中。四海困穷，天禄永终。舜亦以命禹。”孔子之学，“祖述尧舜，宪章文武”[④]。其编定六经，于《尚书》乃上断自尧以下。以为尧舜之道，乃则天而行化。[⑤] 又搜求三代礼文而损益之，而以“斯文在兹”，担当周文为己任。孔子由此创成自己的“一贯之道”[⑥]，以之上承周文三代而归本于尧舜。后儒所谓道统之传，乃由之而滥觞。

孔子之后继其传者，乃积渐构成一种圣道传承的谱系和观念。孟子“道性善，言必称尧舜”[⑦]，以承续尧舜、孔子之道自任，在这一点上，具有特别显著的自我意识与担当感。《孟子》全书末章对此有一番经典的论述：

> 孟子曰：“由尧舜至于汤，五百有余岁；若禹、皋陶，则见而知之；若汤，则闻而知之。由汤至于文王，五百有余岁，若伊尹、莱朱，则见而知之；若文王，则闻而知之。由文王至于孔子，五百有余岁，若太公望、散宜生，则见而知之；若孔子，则闻而知之。由孔子而来至于今，百有余岁，去圣人之世若此其未远也，近圣人之居若此其甚也，然而无有乎

---

① 《论语·述而》。

② 《论语·里仁》。

③ 《论语·里仁》。

④ 《礼记·中庸》。

⑤ 《论语·泰伯》：“子曰：大哉尧之为君也！巍巍乎！唯天为大，唯尧则之。荡荡乎民无能名焉！巍巍乎其有成功也，焕乎其有文章！”

⑥ 《论语·里仁》：“吾道一以贯之。”《卫灵公》：“予一以贯之。”

⑦ 《孟子·滕文公上》。

尔，则亦无有乎尔!”

在孟子这个传道的谱系中，承载圣“道”者有两类人：一是尧、舜、汤、文王、孔子一类的“闻而知之”者；一是禹、皋陶、伊尹、莱朱、太公望、散宜生一类的“见而知之”者。这“闻而知之”者一类人，大体上都是儒家所谓的圣人，是一种新时代或文明新局面的开创者；“见而知之”者一类人，则基本上属于儒家所说的贤人或智者，是一种既成事业的继承者。这里，既开列出了一个圣道传承的谱系，同时也提出了这个圣道传承的方式。

从文献来看，这个圣道传承说，是在孔门后学尤其是思孟一系学者中逐渐形成的一套观念，为孔门相传旧义，并非孟子灵机乍现偶然提出的一个说法。

出土简帛《五行》篇明确提出“闻而知之者圣”“见而知之者智”的命题，并对此作了系统的论述。郭店楚简《五行》篇说：“见而知之，智也。闻而知之，圣也。明明，智也。赫赫，圣也。‘明明在下，赫赫在上’，此之谓也。闻君子道，聪也。闻而知之，圣也。圣人知天道也。”[①]“闻而知之”的圣者，所知者为“天道”，“见而知之”的智者或贤人，所知者则为“人道”。帛书《五行》也说：“德之行，五和谓之德；四行和谓之善。善，人道也；德，天道也。”[②] 又：“聪，圣之始也；明，智之始也……圣始天，智始人。”[③] 此处所谓“四行”，即仁义礼智，“五行”，则指仁义礼智圣而言。仁义礼智四行作为一个统一的整体（四行和），表征人道之“善”，其人格的特征乃是“智”；仁义礼智圣五行作为一个统一的整体（五和或五行和），表征天道之“德”，其人格的特征则是“圣”。孟子有四端说，谓

① 释文据李零《郭店楚简校读记》，北京大学出版社2002年版，第79页。

② 国家文物局古文献研究室编《马王堆汉墓帛书（壹）》，文物出版社1980年版，第17页。

③ 国家文物局古文献研究室编《马王堆汉墓帛书（壹）》，第20页。

仁义礼智四德先天具于人心，所标志者为人道或人性之善；又以仁义礼智圣五德并提，而强调圣人知天道。① 其说与简帛《五行》可谓若合符节。

圣人知天道，是“闻而知”；智者知天道，是“见而知”。“闻”，所重在“听”；“见”，所重在“明”或看。前引帛书《五行》说：“聪，圣之始也；明，智之始也……圣始天，智始人。”又：“道者〈聪也。聪也者〉，圣之藏于耳者也。”“明也者，知之藏于目者。”② 都表明了这一点。目之看，指向空间外感的有形之物；“闻”是一种依止于时间内感的倾听，古人对此特别重视。瞽人无目，于声音专注而敏感，故古代乐师，多使瞽人为之。古书多记有瞽史知天道之事。③ 古人认为音律本自天地自然之道，故平正中和之乐，可以达沟通神人、天人之境。儒家秉持此一传统，于六艺特重乐教。简帛《五行》篇和《孟子》以“金声玉振”这一音乐意象来表显圣德与天道之内在贯通，④ 即表现了这一思理。“形而上者谓之道”，故“知道”必超越形器而后能达。圣者闻而知道，这个“闻”，是在内在的倾听和独与天地精神往来意义上与“天道”的直接照面。⑤ 所以，一种文化文明之新统的开创，必须要由那一类“闻而知”道的圣人来担当；而那些“见而知”道的智者贤人，则将之落实于

① 《孟子·尽心下》：“仁之于父子也，义之于君臣也，礼之于宾主也，智之于贤者也，圣人之于天道也，命也。有性焉，君子不谓命也。”据庞朴先生考定，《孟子》此章所说仁义礼智圣，即思孟“五行”之内容（见庞朴《帛书五行篇研究·代序》，齐鲁书社 1980 年版）。

② 释文见庞朴《竹帛〈五行〉篇校注》，《庞朴文集》第二卷，山东大学出版社 2005 年版，第 131、138 页。

③ 《国语·周语》：“吾非瞽史，焉知天道。”

④ 郭店楚简《五行》篇：“金声而玉振之，有德者也。金声，善也；玉音，圣也。善，人道也；德，天［道也］。唯有德者，然后能金声而玉振之。不聪不明，不圣不智，不智不仁，不仁不安，不安不乐，不乐无德。”（释文见李零《郭店楚简校读记》第 79 页）《孟子·万章下》：“孔子之谓集大成。集大成者，金声而玉振之也。金声也者，始条理也。玉振之也者，终条理也。始条理者，智之事也；终条理者，圣之事也。”

⑤ 参阅李景林《听——中国哲学证显本体之方式》，收入成中英主编《本体诠释学》第二辑，北京大学出版社 2002 年版。

制度形器，成为一种既成文明的维护与承续者。关于这一点，郭店简《五行》也说："天施诸其人，天也。其人施诸人，狎也。"[①] 帛书《五行》篇解释说："天生诸其人，天也。天生诸其人也者，如文王者也。其人施诸人也者，如文王之施诸弘夭、散宜生也。其人施诸人，不得其人不为法。言所施之者，不得如散宜生、弘夭者也，则弗【为法】矣。"[②] 文王"闻而知之"，其心对越上帝，无所依傍，独与天道相通，故能独标新统，开启一个新的时代。同时，此天道的原则，又须经由一批智者贤人的继承，落实为一种典章礼法，乃能终成一代之文明传统，而以垂法后世。从"知道"的角度，《五行》以"闻而知之"与"见而知之"对举。同时，《五行》篇又以"天施诸人"与"人施诸人"对举，来说明此"道"落实于现实而成为一种文明的方式。不过，《五行》仅举文王与散宜生、弘夭为例来说明这一点，孟子则进一步将它表述为一个完整的圣道传承的系统。孟子所说的那一类"闻而知之"的文化文明的开创者，都是能够倾听上天的声音而直接体证天道的圣者，故其在圣道的传承系统中更具原创性和根本性的意义。

先秦儒又以"述、作"论文明、礼乐的创制。《礼记·乐记》说："知礼乐之情者，能作，识礼乐之文者能述。作者之谓圣，述者之谓明。明、圣者，述、作之谓也。"亦认为礼乐之创制，有"作"有"述"，以圣人为礼乐的"作"者或开创者，而以"明"或智者为既成的礼乐或文明之"述"者或继承者。此说与简帛《五行》也是一致的。"知礼乐之情者，能作"，"作者之谓圣"。"情"即真实。"作"即礼乐的创制。圣者独与天地精神往来，能知礼乐之本真，故能创制礼乐。"识礼乐之文者，能述"，"述者之谓明"。"文"即礼乐之显诸有形之制度形式仪节器物者。此"述、作"之义，表现了儒家对圣道及文化文明（即礼乐）之存在方式的理解。礼乐之初创，出于圣人之"作"，乃本诸"天

---

① 释文据李零《郭店楚简校读记》，第80页。

② 国家文物局古文献研究室编《马王堆汉墓帛书（壹）》，第24页。

道”；智者贤人因循传承，继之以“述”，而蔚成一种传统。然圣道之“人文化成”①，须形诸文明，见诸形器，历久必滞著僵化而成积弊，故将有俟后圣“顺天应人”之“革命”② 或改革以开创新局，文化文明乃得以生生连续而日新无疆。是以文化文明的演进，乃有因有革，有连续有损益。不仅礼乐制度是这样，思想学术的演进，亦不能外此。孟子论圣道传承，区分“闻而知之”与“见而知之”两类“道”的担当者，其道理亦在于此。

参照传世文献和近几十年出土的简帛文献，我们可以看到，孔门所流传的圣道传承说，在孟子这里得到了一种系统的表述。孟子以孔子为“自有生民以来”古代圣贤之第一人，故其自述平生所愿，乃在上承尧舜孔子之道。《公孙丑下》：“五百年必有王者兴，其间必有名世者。由周而来七百有余岁矣，以其数则过矣，以其时考之则可矣。夫天未欲平治天下也，如欲平治天下，当今之世，舍我其谁也！”《滕文公下》：“我亦欲正人心，息邪说，距诐行，放淫辞，以承三圣者，岂好辩哉？予不得已也。能言距杨墨者，圣人之徒也。”此言“三圣”，指尧舜、文武周公、孔子三代圣人而言。参照前引《尽心下》末章所说：“由孔子而来至于今，百有余岁，去圣人之世若此其未远也，近圣人之居若此其甚也，然而无有乎尔，则亦无有乎尔”，其以承接尧舜孔子之道自任的担当与自我意识，可谓溢于言表。

由此可知，孟子对孔门圣道传承观念及其谱系的系统化表述，绝不仅仅是一种客观理论性的论述，更应理解为是一种精神传统的承接与担当。

三、学宗曾思

孟子道祖尧、舜、孔子，其在学术脉络上，则自觉宗承曾子、

---

① 《易·贲·彖传》：“观乎天文以察时变，观乎人文以化成天下。”儒家以“人文化成”论文化，特别强调文化之生生不息、日新不已的创造性和过程性。

② 《易·革·彖传》：“汤武革命，顺乎天而应乎人。”

子思一系内转省思的理路，形成了一种新的思想和学术传统。后儒以“思孟”并称，或称之为思孟之学，是有根据的。

《韩非子·显学》讲孔子之后，“儒分为八”，其中包括有“子思之儒”“孟氏之儒”。不过，韩非“儒分为八”之说，其本意是要说明世所存者多为“愚诬之学，杂反之辞”，不足为治，必须以刑赏法度来治国，并非从儒家思想学说的关系来讲问题，实不足据以论孔子以后儒家思想学术之发展。

《荀子·非十二子》除批评子思、孟轲，称颂仲尼、子弓之外，又提到“子张氏之贱儒”“子夏氏之贱儒”“子游氏之贱儒”。荀子批评子思、孟轲，在学术史上第一次把子思和孟子联系起来作为一个思想流派进行了评述。《非十二子》说：

> 略法先王而不知其统，犹然而材剧志大，闻见杂博，案往旧造说，谓之五行。甚僻违而无类，幽隐而无说，闭约而无解。案饰其辞而祗敬之曰：此真先君子之言也。子思唱之，孟轲和之。世俗之沟犹瞀儒，嚾嚾然不知其所非也，遂受而传之，以为仲尼、子游为兹厚于后世。是则子思、孟轲之罪也。

从荀子对思孟的批评来看，思孟的特征，一是“案往旧造说，谓之五行”，即根据古来的五行观念，[①] 造作出一个“五行”之说。二是其说“甚僻违而无类，幽隐而无说，闭约而无解”，有一种神秘主义的特征。

对荀子所批评的思孟五行说的内容，杨倞注《荀子》，认为即仁义礼智信五常。以后诸家说法不一，或以为此“五行”的内容即水火木金土与五常相配，[②] 或以为五行即仁义礼智诚五德。[③] 另有一些学者认为荀子所批评的“五行”实际上不是子思、

---

① 如《尚书·洪范》：“五行：一曰水，二曰火，三曰木，四曰金，五曰土。”

② 章太炎说，梁启雄《荀子简释》引述，中华书局 1983 年版，第 63 页。

③ 郭沫若《十批判书》，科学出版社 1959 年版，第 133—134 页。

孟轲的，而是邹衍的。[①] 又有人认为荀子实质上并非批评“五行”，而只是批评思孟的“略法先王而不知其统”和“造说”。[②] 但此各种说法都无确切的根据，因而无法形成统一的认识。过去学者否定思孟学派，这是一个重要的理由。简帛《五行》篇的出土，使这一问题的研究获得了突破。庞朴先生《帛书五行篇研究》把《五行》篇与《孟子》的有关内容进行了仔细的比较，[③] 考定思孟“五行”的内容正是《五行》篇所指称的“仁义礼智圣”“五行”。[④] 由此，在《孟子》书中找到了“五行”的证据。

《荀子·解蔽》也把曾子、有子、子思、孟子放在同一思想序列中加以批评，认为他们的思想是一种禁欲内省的“神秘主义”。《解蔽》说：

> 曾子曰：“是其庭可以搏鼠，恶能与我歌矣。”空石之中有人焉，其名曰觙。其为人也善射以好思，耳目之欲接，则败其思，蚊虻之声闻，则挫其精。是以辟耳目之欲而远蚊虻之声，闲居静思则通。思仁若是，可谓微乎？孟子恶败而出妻，可谓能自强矣；有子恶卧而焠掌，可谓能自忍矣，未及好也。辟耳目之欲，可谓能自强矣，未及思也。蚊虻之声闻则挫其精，可谓危矣，未可谓微也。夫微者，至人也。至人也，何强？何忍？何危？

可以看出，这里所描述的曾子、觙、孟子、有子，在心性和工夫论上具有相同的思想取向，荀子把他们把他们放在一个理论的层面上进行了分析和批评。“觙”，郭沫若认为即“伋”，也就是子思。[⑤] 这

① 顾颉刚《五德终始说下的政治和历史》，《古史辨》第五册。

② 陈荣捷《初期儒家》，《史语所集刊》第47本，1976年，第752—753页。

③ 《孟子·尽心下》“口之于味章”（14.24）。

④ 庞朴《帛书五行篇研究·代序》。

⑤ 见郭沫若《儒家八派的批判》，收入氏著《十批判书》，东方出版社1996年版，第146页以下。

个说法是可信的。这应该说是荀子对思孟一系学者强调内在性的所谓“神秘主义”倾向的一个系统的批评。荀子又引《易·坤》六四爻辞“括囊无咎无誉”批评腐儒的“慎言”，亦颇值得注意。《礼记》中的《中庸》《表记》《坊记》《缁衣》四篇，为子思著作，亦特别主张慎言。孟子虽辩，但却反复强调“予岂好辩哉？予不得已也”[①]，与荀子“君子必辩”[②]的气魄颇有不同。荀子的“君子必辩”，源于其强调“知”和“智”的思想理路；与此相反，子思这个“括囊”般的“慎言”，与其注重内在性的所谓“神秘主义”倾向亦不无关系。

其实，在伦理道德的意义上，荀子也讲“五行”，如《荀子·乐论》就说：“贵贱明，隆杀辨，和乐而不流，弟长而无遗，安燕而不乱，此五行者，是足以正身安国矣。”那么，他为什么还要批评思孟的“五行”说呢？我的解释是，荀子批评思孟五行是“神秘主义”，根据在于思孟混淆了天人的区别性。荀子讲“天人之分”，是说天与人有不同的职分。天的本质是自然，人的本质是伦理、礼义。在天或自然里面，不包涵有礼义的伦理的规定。思孟则主张人性之善本原于天。《中庸》首章即言“天命之谓性，率性之谓道，修道之谓教”。《孟子》则以“仁义礼智，非由外铄我也，我固有之也”，为“天之所与我者”[③]。在荀子看来，这是不知“统类”，天人混淆，故可谓是“甚僻违而无类，幽隐而无说，闭约而无解”，当然是一种“神秘主义”。

这样看来，在子思孟子的著作中，荀子所批评的思孟五行说，不仅可找到其德目内容，而且可寻绎出其内在理论结构及其涵义的逻辑线索。这证明荀子的批评有事实的根据，思孟之学的存在也是于史有征的。

《孟子》书对曾子、子思亦多所称道。孟子有“曾子子思同道”之说，《离娄下》：

---

① 《孟子·滕文公下》。
② 《荀子·非相》。
③ 《孟子·告子上》。

曾子居武城，有越寇，或曰："寇至，盍去诸？"曰："无寓人于我室，毁伤其薪木。"寇退，则曰："修我墙屋，我将反。"寇退，曾子反。左右曰："待先生如此其忠且敬也，寇至则先去，以为民望。寇退则反，殆于不可。"沈犹行曰："是非汝所知也。昔沈犹有负刍之祸，从先生者七十人，未有与焉。"子思居于卫，有齐寇。或曰："寇至，盍去诸？"子思曰："如伋去，君谁与守？"孟子曰："曾子、子思同道。曾子，师也，父兄也；子思，臣也，微也。曾子、子思易地则皆然。"

曾子与子思遇寇，曾子的选择是去而避之，子思则选择助卫君据守。同样是遇寇，曾子与子思却有去避与留守两种不同的选择。孟子的解释是：曾子与子思所处的地位、时势不同，然正因时势、地位不同，才有不同的行为和处理办法。二者"易地则皆然"，所以说"曾子子思同道"。这个"同道"，是认为其为学、为道之精神是一致的。

从《孟子》的记述及其解释来看，曾、思、孟都主张"德"超越于势位，体现了一种超越于现实政治的独立性和"以德抗位"的精神。这表明，在曾、思、孟之间，具有一种精神气质上的一致性。孟子有"天子不召师""大有为之君有不召之臣"之说，就表现了这一点。

《公孙丑下》记载，孟子本来要去朝见齐王，恰好此时齐王也来召见他，孟子反称病不见。别人对此不理解，孟子作了如下说明：

曾子曰："晋楚之富，不可及也。彼以其富，我以吾仁；彼以其爵，我以吾义，吾何慊乎哉！"夫岂不义而曾子言之？是或一道也。天下有达尊三：爵一、齿一、德一。朝廷莫如爵，乡党莫如齿，辅世长民莫如德。恶得有其一以慢其二哉？故将大有为之君，必有所不召之臣。欲有谋焉，则就之。其尊德乐道不如是，不足与有为也。故汤之于伊尹，学焉而后臣之，故不劳而王。桓公之于管仲，学焉而后臣之，故不劳而霸。今天下地丑德齐，莫能相尚，无他，好臣其所教而不好臣其所受教。汤之于伊尹，桓公之于管仲，则不敢召。管仲且犹不可召，而况不为管仲者乎？

《万章下》亦记子思之事云：

> 天子不召师，而况诸侯乎……缪公亟见于子思，曰："古千乘之国以友士，何如？"子思不悦，曰："古之人有言曰：事之云乎，岂曰友之云乎？"子思之不悦也，岂不曰："以位，则子君也，我臣也，何敢与君友也？以德，则子事我者也，奚可以与我友？"千乘之君，求与之友而不可得也，而况可召与？

这两章记述了曾子和子思的两则佚事，并对之作了深刻的义理阐释，由此提出了一个重要的政治哲学观念："天子不召师"，"将大有为之君，必有所不召之臣"。

曾子以仁义自任，而不屑晋楚之富与其爵位之尊。子思则以德自任，高尚其志，而不曲己以事诸侯。孟子推重曾子子思，认为"曾子子思同道"，即有相互一致、一贯的德性原则和为学精神。曾子、子思这个所"同"之"道"，就是以仁义或"德"为政治和行为的最高原则，守死善道，而不为贵富势位所动。孟子的解释，则特别凸显出一种"德"高于"位"的政治理念，体现了一种士人道义担当和以德抗位的独立自由精神。孟子亦自述进言时君之法云："说大人则藐之，勿视其巍巍然……在彼者，皆我所不为也；在我者，皆古之制也，吾何畏彼哉！"[①] 孟子又常当面批评时君，甚而令其羞愧以至于"王顾左右而言他"[②]。都表现出

---

① 《孟子·尽心下》。
② 《孟子·梁惠王下》。

了其与曾子子思在政治理念和精神气质上的一种内在关联性。司马迁说孟子“受业子思门人”，孟子也通过追述曾思佚事并诠释其义理精神，表明了其学行与曾子、子思之间，具有一种一脉相承的关系。

综而言之，思孟之学的存在，是一个客观的事实；同时，它的形成，亦与学者自身的反思和自觉意识具有密切的关系。前述关于尧舜汤文武周公孔子的圣道传承论，乃基于一种学术根源性的意识；而孟子有关孔曾思孟学脉系统的论说，则着眼于当下学术新统的建构。这种圣道谱系（后儒谓之“道统”）与学术新统（或可谓之“学统”）的反思和自觉，对一个时代思想的生产或创造而言，是必不可少的。曾思孟一系思想的特点，可以从两方面来看。第一点，就是将孔子的学说向内转以奠定其心性的基础。孔子的学说是一个平衡的系统。《公孙丑上》孟子引子贡的话说："仁且智，夫子既圣矣”。《荀子·解蔽》也说："孔子仁智且不蔽。”孟子和荀子都承认孔子思想的特点是“仁智”的平衡和统一。孔子学说之仁与礼的平衡，乃根源于此仁与智的平衡。相对而言，“仁”表征人的德性，“礼”则是一个外范的系统。曾子、子思至孟子思想的发展，则把孔子的这个系统引向内转，要为儒家的伦理道德学说和政治的架构系统，建立一个心性的超越基础。这个特点，我们将在下文作进一步的说明。第二点，表现为一种内在贯穿的精神气质。这个精神气质，可以用“以德抗位”这四个字来概括。它强调德高于位，以超越性的道义法则为现实政治之合法性的根据。这个“以德抗位”，体现了当时知识分子的一种独立自由的精神。

四、道 性 善

《滕文公上》："孟子道性善，言必称尧舜。”孟子思想的核心，是把孔子思想引向内转，提出一种人性本善的观念，以作为儒家伦理政治学说的形上基础。孟子的性善论，一方面，是通过性、命的内在区分，在理论上揭示性善的逻辑必然性；另一方面，是围绕“才”这一概念来说明仁义礼智诸道德规定先天内在于人的情感实存，揭示出善在人性中的先天内容与存在的根据。这后一方面，对于儒家的人性论，具有更重要的理论意义。《告子上》前八章，集中讨论人性问题。其中前五章，乃围绕告子有关人性论的问题进行论辩。接着的六、七、八三章，则围绕“才”这一概念，来探讨人性的内容及其存在方式。这三章，我称之为孟子“论才三章”。过去学者研究孟子的人性论，对此“论才三章”的内容作为一个理论整体的意义注意不够。本节拟聚焦于孟子“论才三章”，围绕孟子所提出的“才”这一概念，对孟子人性本善论的理论内容做一些说明。

性命之区分

孔子论仁，谓仁不远人，我欲仁而仁至，求仁而得仁，乃凸显出“仁”与“人”的一种必然、本质的关联性。[①] 在孔子看来，人的夭寿穷通及事功成就，非人所直接可欲可求，乃属诸“命”[②]；而“仁”则是人唯一能够凭自力而非他力所决定者，为人之最本己的能力。借用康德的话说，它由乎自因，为人的“自由意志”所决定。人只能躬行仁义以俟天命。由此，“仁”乃被孔子理解为人的本质所在，孔子讲“仁者人也”[③]，道理即在于此。

孟子更由此对性、命作内在的区分，以证成其仁义礼智先天本具于人心之性善义。《孟子·尽心下》：“孟子曰：口之于味也，目之于色也，耳之于声也，鼻之于臭也，四肢之于安佚也，性也，有命焉，君子不谓性也；仁之于父子也，义之于君臣也，礼之于宾主也，知之于贤者也，圣人之于天道也，命也，有性焉，君子

① 孔子论仁：“为仁由己，而由人乎哉”（《论语·颜渊》），“仁远乎哉？我欲仁，斯仁至矣”（《论语·述而》），“求仁而得仁，又何怨”（《论语·述而》）。

② 孔子论命：“死生有命，富贵在天”（《论语·颜渊》），“道之将行也与，命也；道之将废也与，命也”（《论语·宪问》），“亡之，命矣夫！斯人也，而有斯疾也”（《论语·雍也》）。

③ 《礼记·中庸》引孔子语。

不谓命也。”此性与命之区分，原于孔子仁与命之区分。人的口目耳鼻四肢之欲望要求与仁义礼智圣之道德规定，皆得自于天，皆可谓之为性，亦皆可谓之为命。就天之命于人而言可谓之命，就人之禀于天而成于己而言可谓之性。我称此义的性、命为“广义的性命”。子思“天命之谓性”一命题，即统指此广义的性命而言。孟子就此“广义的性命”之中，又作出内在的区分，以仁义礼智圣诸道德规定为“性”，而以口目耳鼻四肢之欲望要求为“命”。我称此义的性命为“狭义的性命”。孟子区分此“狭义的性命”，其根据在于，人对二者的取之之道有根本的区别。《尽心上》:“求则得之，舍则失之，是求有益于得也，求在我者也。求之有道，得之有命，是求无益于得也，求在外者也。”《告子上》:“仁义礼智，非由外铄我也，我固有之也，弗思耳矣。故曰：求则得之，舍则失之。或相倍蓰而无算者，不能尽其才者也。”是言仁义礼智诸德之行，乃反求诸己而自得，由乎自因，不假外求，而为人自身所决定，故称之为“性”；而口目耳鼻四肢之欲等凡世间利欲事功要求之满足，则受制于种种外因与他力，而非由人所能直接得求者，故称之为“命”。[①]

此孟子谓仁义礼智乃我所“固有”而非由“外铄”，先天本具于人性之逻辑的依据。

“才”与“情”

我们一般讲人性论，往往限于对人性的内容作分解性的考察。这种讲法，较适合于西方哲学的人性论，却不适合于儒家的人性论。儒家人性论的特点，是落实到“心性”（包括情、气、才等）的论域来揭示人性的具体内涵。此由曾思开其端，而孟子乃集其成，从而形成一种儒学的致思理路和思想传统。《尽心上》:“尽其心者，知其性也；知其性，则知天矣。存其心，养其性，所以事天也……”，就是落实于心性的论域中来动态地展显人性的内

---

① 关于孟子人性善之逻辑根据的详细讨论，请参阅拙文《论“可欲之谓善”》，载《人文杂志》2006 年第 1 期。

容，而非仅作抽象的逻辑推论和要素分析。因此，孟子论人性，乃言仁义礼智先天内在于人的情感实存，因而人的存在本有发而为善行的先天的才具。孟子所谓人性之“善”，具有先天的内容和存在根据，而非一种单纯逻辑上的空洞、抽象的可能性。孟子的性善论，其内涵是一种人性本善论。或以孟子的人性论为一种人性向善论，仅将此性善理解为一种向善的可能性。这其实是一种误解。

孟子的人性论，乃即“心”而言“性”，即“情”而言“心”，其论“情”，则又落实在“气”上说。我们注意到，《告子上》前八章集中论“性”，其前五章所论，是与告子人性论相关的理论性论辩；而接下来六、七、八三章，皆围绕“才”这一概念来论“性”，我称之为孟子“论才三章”。为了论述的方便，下文分别以“论才三章”（一）、（二）、（三）来指称《告子上》六、七、八章。孟子对“狭义的性命”的区分，意在由之提出性善的逻辑根据；而他提出“才”这一概念，则是要据以揭示这性善的存在性内容。故孟子此“论才三章”，对理解孟子所谓人性本善的思想内涵，具有重要的理论价值。在“论才三章”（三）中，孟子将性、心、情、气、才统合为一个整体，对这个“才”的观念作了最为系统的论述。我们先来看“论才三章”（三）的说法：

> 孟子曰：“牛山之木尝美矣，以其郊于大国也，斧斤伐之，可以为美乎？是其日夜之所息，雨露之所润，非无萌蘖之生焉，牛羊又从而牧之。是以若彼濯濯也。人见其濯濯也，以为未尝有材焉，此岂山之性也哉？虽存乎人者，岂无仁义之心哉？其所以放其良心者，亦犹斧斤之于木也，旦旦而伐之，可以为美乎？其日夜之所息，平旦之气，其好恶与人相近也者几希，则其旦昼之所为，有梏亡之矣。梏之反复，则其夜气不足以存；夜气不足以存，则其违禽兽不远矣。人见其禽兽也，而以为未尝有才焉者，是岂人之情也哉？故苟得其养，无物不长；苟失其养，无物不消。孔子曰：‘操则存，

舍则亡，出入无时，莫知其乡。’惟心之谓与！”

此章提出“仁义之心”的存在方式并对它作了深入的讨论。从上下文义可知，这个“仁义之心”，也就是“良心”。《孟子》书提到的与此同一层次的概念还有“本心”“仁心”等。人先天本具此“良心”（仁义之心）。“其日夜之所息，平旦之气，其好恶与人相近也者几希”，这句话，从整体上揭示了人的“良心”（仁义之心）的存在方式。此所谓“相近”者，亦即“论才三章”（二）所谓的人之“同类相似”的那个类性。[①]“良心”（仁义之心）即首先表现于此“与人相近也几希”的“好恶”之情；而此见诸“好恶”之情的人之“相近”的类性，则又以“平旦之气”或“夜气”为其存在性的基础。须注意的是，此所言“平旦之气”或“夜气”，其实只是同一个“气”，就其“日夜之所息”而言谓之“夜气”，就其平旦所现之清明状态而言谓之“平旦之气”。它是人心在不受制于外物及思虑计较时所呈现并充盈起来的一种本真存在状态。孟子所谓“养浩然之气”，即以此为其先天内在的基础。这个以“夜气”或“平旦之气”为基础，在“好恶”之情上显现出其“良心”（仁义之心）的存在整体，孟子概括地称之为“才”。魏晋人所言才性、宋明儒从气质之性角度所讲的“才”，特指人的禀赋之差异。与后儒不同，孟子所谓“才”，乃是一个标志人性善之先天普遍性才具的概念。

性即心而显诸情，这是孟子展开性善之内容的基本思路，[②]“才”则是一个统摄此性善之内容的一个总体性概念。“论才三章”（三）所言“才”，统合性、心、情、气为一存在的整体，其重心乃落在“好、恶”这一人心迎拒事物之基本的情感活动，以显现人性所本具之“良心”（仁义之心）。[③]“论才三章”（一）所

---

① 此点我们在下文有详细的讨论。

② 参阅李景林《教养的本原》第十一章，辽宁人民出版社 1998 年版。

③ 儒家对“情”多有论述，不过，人的种种情态，皆可统属于以“好恶”迎拒事物这两种基本的情感表现方式；喜怒哀乐等，则被理解为此迎与拒在心灵上的反应（参李景林《教化视域中的儒学》，中国社会科学出版社 2013 年版，第 155 页）。

言“才”，其重心则落在“四端”之情上来展开论述：

> 孟子曰：“乃若其情，则可以为善矣，乃所谓善也。若夫为不善，非才之罪也。恻隐之心，人皆有之；羞恶之心，人皆有之；恭敬之心，人皆有之；是非之心，人皆有之。恻隐之心，仁也；羞恶之心，义也；恭敬之心，礼也；是非之心，智也。仁义礼智，非由外铄我也，我固有之也，弗思耳矣。故曰：求则得之，舍则失之。或相倍蓰而无算者，不能尽其才者也。”

本章乃即四端之情以言“才”。前述“论才三章”（三）言“才”，以“良心”（仁义之心）见诸“好、恶”之情来作说明。在儒家看来，人心应物之最原初的方式，即以情应物。而人心以情应物，有相对的两个方向，即“好”以迎物，“恶”以拒物。“好、恶”是一个一般的讲法。这“与人相近也几希”的“好、恶”之情，在具体的处身境域中，则会有其当下性的情态表现。如人奉父母而知孝、见长者而知敬、见鸟兽之觳觫而生不忍、见孺子之将入于井而生怵惕恻隐之情等。本章据“才”而言性善，亦落在人的情感表现上说。其言“乃若其情，则可以为善矣，乃所谓善也。若夫为不善，非才之罪也”，“或相倍蓰而无算者，不能尽其才者也”，就表明了这一点。或以为此章的“情”字应解为“实”。这个说法是不妥当的。从上下文可以显见，这“情”字，指的就是“恻隐”等情态表现。此章章指，乃从四端之情表著仁义礼智之心的角度以言“才”。

“端”之普泛意义

“四端”一概念，出自《公孙丑上》“人皆有不忍人之心章”。此章把“恻隐”“羞恶”“辞让（恭敬）”“是非”四者，概括地称作“四端”，这就有了著名的孟子“四端说”。“端”有端绪义，又有始端义。端绪义，言其为“情”之缘境的当下发见；始端义，言其为扩充而成德之初始情态。帛书《五行》篇已在这个意义上使用“端”这个概念，孟子亦延续了对“端”的这种理解。我们要特别强调的是，孟子提出“四端”，是举“恻隐”“羞恶”等四者为例，以集中探讨“性”即“心”而表著于“情”这一精神现象的思想和逻辑内涵，但并未把“端”限制在“四”这个狭窄的范围之内。实质上，“端”这一概念，在《孟子》书中有非常广泛而丰富的涵义，孟子对“端”这一概念的理解亦是很宽泛、开放的，绝不止于“四端”。不过，孟子“四端说”所具有的强概括性、逻辑性及独特性，又常使“端”这一概念的丰富性乃至其初始涵义落入言筌陷阱而被遮蔽。论者不察，往往把“四端”作固化和现成性的理解，好像人心就只有这四个现成的“端”，以至于有用“四心”这个说法来指称孟子所谓的四端者。学者对孟子人性、心性说的种种误解，多由乎此。因此，在讨论“论才三章”（一）据“四端”之情以论“才”的理论内涵之前，我们要对“端”这一概念的初始涵义作一点必要的说明。

马王堆帛书《五行》经部说：“君子杂（集）泰（大）成。能进之，为君子，不能进，客（各）止于其［里］。”[①] 竹简《五行》文与此略同。帛书《五行》说部解释说：“‘能进之，为君子，弗能进，各止于其里’，能进端，能终（充）端，则为君子耳矣。弗能进，各各止于其里。不庄（藏）尤（欲）割（害）人，仁之理也；不受许（吁）差（嗟）者，义之理也。弗能进也，则各止于其里耳矣。终（充）其不庄（藏）尤（欲）割（害）人之心，而仁复（覆）四海；终（充）其不受许（吁）差（嗟）之心，而义襄天下。仁复（覆）四海，义襄天下，而成（诚）繇（由）其中心行［之］亦君子已。”[②] 这里所说的“能进端，能充端”之“端”，即“不藏欲害人之心”“不受吁嗟之心”。这个“端”，也就是仁义之心之当下的情感显现，亦可说为“仁义之端”。人须由此“端”推扩超越自身之限制（“里”），以

① 庞朴《帛书五行篇研究》，第 57 页。
② 庞朴《帛书五行篇研究》，第 58 页。

成就君子之德而化成天下。

《五行》把人的“不藏欲害人之心”和“不受吁嗟之心”称为仁义之“端”。孟子亦以扩充善“端”为人的德性养成之重要途径。此义最典型的例证即《公孙丑上》“人皆有不忍人之心章”的扩充四端说：“以不忍人之心，行不忍人之政，治天下可运之掌上……凡有四端于我者，知皆扩而充之矣，若火之始然，泉之始达。苟能充之，足以保四海；苟不充之，不足以事父母。”但要注意的是，孟子据以扩充以成德之“端”，并不限于“四端”。如《梁惠王上》：“老吾老以及人之老，幼吾幼以及人之幼，天下可运于掌。《诗》云：‘刑于寡妻，至于兄弟，以御于家邦。’言举斯心加诸彼而已。故推恩足以保四海，不推恩无以保妻子。”这两段话皆言“推恩”，其结构语脉亦完全相同；然其所举推恩之“端”却有所不同，一为“四端”，一为亲亲。《尽心上》：“人之所不学而能者，其良能也；所不虑而知者，其良知也。孩提之童，无不知爱其亲也；及其长也，无不知敬其兄也。亲亲仁也，敬长义也。无他，达之天下也。”此据孩提之童皆有爱亲敬长之情，并可由此“达之天下”而成就仁义，以证成其人心本具良能良知之说，是又以“亲亲敬长”之情为推扩成德之“端”。又《尽心下》：“人皆有所不忍，达之于其所忍，仁也；人皆有所不为，达之于其所为，义也。人能充无欲害人之心，而仁不可胜用也；人能充无穿逾之心，而义不可胜用也；人能充无受尔汝之实，无所往而不为义也。”此章内容与前引帛书《五行》“能进之，为君子”那段话意旨相同，且其涵义则更为丰富。《五行》篇举“不藏欲害人之心”和“不受吁嗟之心”为例以言“仁义之心”及扩充之“端”。这“不受吁嗟之心”，与孟子所言“无受尔汝之实”义同，皆指人所具有的羞耻心和自尊心而言。在这里，孟子所举善“端”之例，不仅包涵《五行》所言“不藏欲害人”和“不受吁嗟”，还及于“不忍”“不为”“无穿逾”等内容。由此反观《孟子》一书，其中所举不忍、不为、恻隐、羞恶、辞让、恭敬、是非、孝悌、亲亲、敬长、耻、忸怩、无欲害人、无穿逾、无受尔汝及弗受嘑尔、不屑蹴尔之食等种种情态，皆可为“端”这一概念所摄，吾人亦可由之推扩而成德，并据以建立合理的人伦秩序。不过，我们却不能把前述诸“端”看作一些随意摭取的现成性的天赋道德情感或由后天形成的经验性情感内容。如果那样，我们便无法理解，孟子为何会经常从不同形态的“端”推扩出同样的道德和伦理结果。

“四端”的系统

从以上诸“端”的丰富样态回到前述“论才三章”（三）、（一），我们会看到，在“才”这一概念中，此诸“端”具有一种内在严整的系统性。“论才三章”（三）以“好、恶”这一人心迎拒事物之基本的情感活动，来显现人性所本具之“良心”（仁义之心）；“论才三章”（一）则从“端”上来说明这一点，这就是“四端”的系统。这个“四端”系统的结构，可以分四个层次来看：

第一层，是以不忍恻隐统摄四端而为一体之仁。“四端”之说，出自《公孙丑上》“人皆有不忍人之心章”，其言曰：“所以谓人皆有不忍人之心者，今人乍见孺子将入于井，皆有怵惕恻隐之心。”又曰：“由是观之，无恻隐之心，非人也；无羞恶之心，非人也；无辞让之心，非人也；无是非之心，非人也。恻隐之心，仁之端也；羞恶之心，义之端也；辞让之心，礼之端也；是非之心，智之端也。人之有是四端也，犹其有四体也。”从上下文义看，此章乃以人见孺子入井而生“怵惕恻隐之心”来说明人皆本具“不忍人之心”，并由此引出其“四端”之说。可知“四端”并非四个“心”。此章之旨，乃是以不忍恻隐之心统摄四端而为一整体，来显现人所本具的仁义礼智之性。朱子论四端，称“恻隐是个脑子，羞恶、辞逊、是非须从这里发来”，“恻隐之心，通贯此三者”。[1] 程瑶田也说：“仁义礼智四端一贯，故但举恻隐，

① 《朱子语类》卷五十三。

而羞恶、辞让、是非即具矣。但有仁之端，而义礼智之端已具矣。”[①] 皆以四端为一整体而统摄于恻隐，这是有根据的。

第二层，由四端所显四德，乃统于“仁、义”二者。《离娄上》：“孟子曰：仁之实，事亲是也；义之实，从兄是也；智之实，知斯二者弗去是也；礼之实，节文斯二者是也。”是“礼”和“智”，皆以亲亲敬长之情所显之仁义为其内容。“义”为“羞恶之心”所显。羞恶之“恶”，当读为善恶之“恶（è）”，而不应读为好恶之“恶（wù）”。人心统括于不忍恻隐之“仁”而见其本性为善；人心羞于为恶之情所显之“义”，则表明此人性之善中，本具对非善之“恶”的一种否定或排拒机制，我称之为人性原初的自我捍卫机制。[②] “礼”和“智”之意义，乃依止于仁义而有。

第三层，“是非之心”所显即“知”或“良知”。人的“良心”（仁义之心）会在“与人相近也几希”的好恶之情上呈显出来。这“良心”（仁义之心），包涵“良能”和“良知”两方面内容。《尽心上》“人之所不学而能者章”：“人之所不学而能者，其良能也；所不虑而知者，其良知也。孩提之童，无不知爱其亲也；及其长也，无不知敬其兄也。亲亲仁也，敬长义也，无他，达之天下也。”这里所谓“亲亲仁也，敬长义也”，并非说亲亲即可等同于“仁”，敬长即可等同于“义”。而是说，由此“亲亲”“敬长”之情，可以推扩“达之天下”而成就仁义。故此亲亲、敬长之情，亦可谓之“仁义之端”；这与孟子称“恻隐”等为“四端”是一个道理。孩提幼童皆具亲亲敬长之情或“仁义之端”，是即“论才三章”（三）所称“仁义之心”或“良心”。由此可知，“良能”和“良知”之统一，即是“良心”。良心包涵良能与良知，就其存在性之情态言谓之“能”，就其反身性之自觉觉知言谓之“知”。然则此“知”，乃依止于情之存在性的自觉，

---

① 焦循《孟子正义》引。

② 参阅拙文《论人性本善及其自我捍卫机制》，载《哲学动态》2018 年第 1 期。

而非抽离于人心实存整体之外的一种抽象认知原则。孟子言“良心”，乃以良知依止于良能而统合于“良心”。就四端的结构而言，是非之“智”，亦统摄于不忍恻隐所显之仁心。

第四层，孟子以“是非”言“智”，其作为人心之自觉所包涵肯定与否定两个向度，乃相应于“恻隐”与“羞恶”而有存在性的显现。四端中有“羞恶”一端作为“义”之显现，是为人心对非性之恶的一种排拒或否定机制。“是非之心”作为人心之“智”或自觉作用，包涵肯定与否定两面，“是”乃相应于“恻隐”；“非”则相应于“羞恶”。如相对区分“能”（良能）、“知”（良知），则恻隐和羞恶为“能”，是非为“知”。“知”非一独立的原则和机能，乃依“能”而发用。人心知是知非，乃落实于“好恶”迎拒事物的情态性上而具有当下的实践和道德意义，此即“论才三章”（三）所说的良心（仁义之心）即“与人相近”之“好恶”而显。王阳明《传习录》：“良知只是个是非之心，是非只是个好恶。只好恶就尽了是非，只是非就尽了万事万变。”阳明谓“良知”即“是非之心”，并在“好恶”之情以应物的角度理解“是非之心”的性质，此说可谓深得孟子心性说之真髓。

“能、知”一体与感应初几

过去，学界对孟子所论道德情感多有误读。或把孟子所由以说明性善的亲亲、敬长、不忍、恻隐诸情感理解为一种积习而成之结果，认为其不足以证明人性之善。在西方哲学知情或情理二分的观念影响下，论者亦往往把儒家所言“情”，如喜怒哀乐或喜怒哀惧爱恶欲等情欲表现，理解为一种无任何内容规定的所谓“自然情感”，而将孝悌辞逊等具有道德规定性的情感，理解为一种经践行积习而成的结果。由此形成诸如人有与动物相同的生物本性，人与动物的区别在于其道德性、先秦儒家人性论的主流是“自然人性论”等似是而非的结论。此说其实是对儒家和孟子心性思想的误解。

深入探讨孟子所提出的“才”这一概念，对于我们准确把握其人性论的内涵，具有重要的意义。

“才”这一概念，是在“情”上呈现人的“良心”或“仁义之心”。在这一点上，“论才三章”（一）与（三）是完全一致的。不过，“论才三章”（一）就“四端”之情以言“才”，从另一个角度揭示了人性之更为丰富的内涵。性即心而显诸情，心之活动皆表著于“情”，“情”乃标识心之实存的主体。而在这个心之实存显现的“情”中，却包涵着自身内在的“智”（是非之心）的规定。一方面，“智”或“知”，乃是依止于人心实存情态的一种意义觉知与判断作用，而非脱离人心情感实存的一个独立的认知活动；另一方面，“情”作为心之实存的主体，具有与“知”在原初意义上的必然的关联性。孟子将此理解为人心之原初的存在方式。由此，人心在其以情应事接物的感应之几上，必有“其好恶与人相近”之本然道德定向，并在具体的境域中构成性地显现为种种当下化的情态。如人见孺子入井而生恻隐之心，见鸟兽哀鸣觳觫而生不忍之心，见草木之摧折而生悯恤之心，奉父母而有孝敬之心，见长者而生辞逊之心等等，皆被视为人心以“情、知”本原一体方式随处发见，缘境而生的当下性情态表现，而非某种现成的道德情感。而此人心随处缘境而发生的感应之初几，却又是人的现实德性成就之本原。此为孟子根据其对人心存在性结构之深入思考所揭示的一种独特的精神现象。在孟子看来，人在现实中或放失其良心，而处身于一种分化的状态，然此原初的一体性虽被遮蔽，却并未丧失，且时时会在存在的当下情境中呈显出来。这一精神现象，思孟恰当并形象地名之为“端”。

孟子所举“四端”，乃是其用以分析此一精神现象之逻辑内涵的一种情态。我们可以由之理解“端”这一现象的思想意义，却要避免由此落入言筌，把“端”仅局限于“四”这一狭隘的范围之内。《公孙丑上》“人皆有不忍人之心章”对四端之显现方式，有过很经典的描述：“所以谓人皆有不忍人之心者，今人乍见孺子将入于井，皆有怵惕恻隐之心。非所以内交于孺子之父母也，非所以要誉于乡党朋友也，非恶其声而然也。”在这段描述中，孟子特别着意强调和凸显了恻隐之心显现之当场性、境域性、不待安排的自然本能性、排除思虑计较和功利私意干扰的直接性特征。其一念当下，即知即行，为一纯粹的连续，而无任何人为的间隔。此即前述人心作为“能、知”共属一体的原初存在方式，在其具体境域中的一种当场性和缘构性的必然情态表现。一方面，这恻隐之情不能被理解为一种预设性的现成天赋道德情感，因为在作为“端”而推扩成德的意义上，它并不具备与上述“亲亲”“孝悌”“无欲害人”“无受尔汝”“无穿逾”诸“端”在价值和类型上的区别性。另一方面，它也不能被理解为一种由积习而成的经验性情感，因为其即知即行，并无一般经验行为那种“思而后行”的非连续性特质。

要言之，孟子举四端为例，对“端”这一精神现象的逻辑内涵作了深入的分析。由此我们可以看到，“端”作为一个表征人心本然应物的感应之几的概念，具有普泛的意义。良心以“好恶”迎拒事物，[①] 必缘境而显现为当下性的种种“端”。同时，这“端”的显现，本具“智”的规定，因而其缘境而发生的感应，乃必然具有道德的指向与决断。这个本然的指向，因境域之差异而具肯定与否定两个方面，我们在上述诸“端”中，就可以看到这一点，如不忍、恻隐、恭敬、亲亲等，可为“好”和“是”所摄；而羞恶、不为、耻、忸怩、无受尔汝等，则可为“恶”和“非”所摄。从这个意义上讲，在思孟一系的心性论中，并不存在一种无任何道德指向的现成“自然情感”，由此而来的所谓“自然人性论”亦就无从谈起。

“类”与“类性”

“论才三章”（二）更用“类”性这一概念，来概括人性的内容：

---

① 如前所述，人心以好恶迎拒事物，乃统括传统所说“喜怒哀乐”“喜怒哀惧爱恶欲”诸情感而为言。

> 孟子曰："富岁子弟多赖，凶岁子弟多暴，非天之降才尔殊也，其所以陷溺其心者然也……凡同类者，举相似也……圣人与我同类者……口之于味也，有同耆焉；耳之于声也，有同听焉；目之于色也，有同美焉。至于心，独无所同然乎？心之所同然者何也？谓理也义也，圣人先得我心之所同然耳。故理义之悦我心，犹刍豢之悦我口。"

此章亦据"才"以论"性"。显然，这个"我与圣人同类"的"同类相似"说，是"接着"孔子所说的"性相近"讲的。孔子论人性，讲"性相近也，习相远也"①，孟子乃更进一步，从人作为一个"类"的类性的意义上来理解人性的内涵。在孟子看来，这个"类"性，包涵有作为理性之逻辑规定的"同然"和情感指向的"同悦"。"同然"，是讲人心在理性上对"理、义"具有共同的肯定和认可；不仅如此，人心对于"理、义"，同时又涵具情感实践性的"同悦"。从前述"能""知"一体的观念来看，这里所谓人心对于"理、义"之"同悦"，既非在此"同然"之外的另一种机能，亦非发生于理性认知之后的一种现成情意取向。人心对理义的"同然"和"同悦"，乃人的本心显现之同时俱起且共属一体的两个方面。也就是说，人心不仅在理性上肯定，而且在情感实存上内在真实地拥有这"理、义"。此两者相辅相成，构成了人作为一个"类"的类性之先天的才具（"才"），此即人性的内容。有一种观点，说儒家认为人与动物具有一种相同的生物本性，而人的本质则在于其道德性。也有人举"狼孩"为例来质疑孟子的性善论。这种说法似是而非。孟子严人禽之辨。在思孟的思想论域中，人可以堕落成禽兽，但你却不能把禽兽教化成人。仁义礼智等规定先天内在于人的情感实存，非由外铄而来，因此，人的情欲及肉身实存性与动物的生物本性，亦有着"类性"的本质区别。《尽心上》："孟子曰：形色天性也，惟圣人

---

① 《论语·阳货》。

然后可以践形。”讲的就是这个道理。

综上所论，孟子所谓人性之善，不仅是一种理论的可能性和逻辑的必然性，而且具有存在性的先天内容。因此，这个人性善，是一种具有存在必然性的“本善”，而非仅具某种可能性的“向善”。

五、尊 王 道

在价值观上，孟子贵王贱霸，尊尚仁义。其伦理思想的目标，是要建立一个王道的世界。这个王道世界，乃以仁义为最高的价值原则。王道落实于政治，就是“仁政”。在《孟子》一书里，“仁政”“王政”“王道”这几个概念是相通的。

孔子评价管仲，既有对其“相桓公，霸诸侯，一匡天下”[①] 的赞扬，又有对其“器小”“不知礼”[②] 的批评。这似乎相反的两种评论，表现了孔子对王霸的态度。《论语·子路》：“子曰：如有王者，必世而后仁。”王道之为王道，在于以“仁”为其根本的原则；管仲相齐，虽能匡扶天下，利泽百姓，然其原则实为功利，故其所行，只能是霸道。孔子批评霸道，但对其惠及百姓和社会的功业成就，又是肯定的。

孟子继承和发展了孔子的王道思想，但把王霸之辨阐述得更明确：“以力假仁者霸”，“以德行仁者王”[③]。以此判分王霸，特别强调了王道与霸道在内在道德目的和价值原则上的根本区别性。比较而言，孟子具有一种更强的尊王贱霸的意识。他对弟子拿自己与管仲相提并论，表示出特别的不屑，[④] 明确对齐宣王表示：“仲尼之徒，无道桓文之事者，是以后世无传焉，臣未之闻也。无

---

① 《论语·宪问》。

② 《论语·八佾》。

③ 《孟子·公孙丑上》“以力假仁者霸章”（3.3）。

④ 《孟子·公孙丑上》“夫子当路于齐章”（3.1）。

以，则王乎？”[①]同时，在《孟子》书中，又常常表现出对霸者之功业成就的赞赏和肯定。如《尽心上》：“孟子曰：霸者之民，驩虞如也。王者之民，皞皞如也。”“尧舜性之也，汤武身之也，五霸假之也。久假而不归，恶知其非有也。”都表现出某种对“霸”或“霸者”之成就的肯定。而孟子在论述“王道”时，也特别注重王道之惠民的事功内涵。这一点，似比孔子更为突出。

孟子的王道原则，强调“道义至上”。这个道义至上的原则，可以从诸侯国内部的施政原则与国际之间的关系这两个方面来看。

就诸侯国内部而言，孟子特别强调，国君施政必须以仁义为最高原则。《梁惠王上》：“孟子见梁惠王，王曰：叟不远千里而来，亦将有以利吾国乎？孟子对曰：王何必曰利？亦有仁义而已矣……上下交征利，而国危矣！”这并非排斥利。这里所强调的是，一个伦理共同体内部的最高原则，必须是仁义，而绝不能是利。道理在于：“上下交征利，而国危矣。”《公孙丑上》“知言养气章”记孟子论“古圣人”在王道原则上的相同之点说：“得百里之地而君之，皆能以朝诸侯，有天下。行一不义，杀一不辜，而得天下，皆不为也。是则同。”可以看到，孟子对“仁义”这一最高原则的执行，要求也是非常严格的。

不过，王道与霸道在价值原则上虽有根本的区别，但二者在事功层面上又存在着某种意义的相关性和重叠性。因此，孟子在严王霸之辨的同时，又特别凸显了王道所具有的事功层面的内容。《梁惠王下》孟子论王政：“老而无妻曰鳏，老而无夫曰寡，老而无子曰独，幼而无父曰孤。此四者，天下之穷民而无告者。文王发政施仁，必先斯四者。”《梁惠王上》也说：“使民……养生丧死无憾，王道之始也。”此言文王实行仁政，必先安顿好鳏寡孤独这样的弱势群体，“王道之始”，须能“使民养生丧死无憾”。这个“王道之始”的“始”字，有“初始”义，亦有“本始”和基础义。《梁惠王上》记孟子与齐宣王论明君“制民之产”有云：

---

① 《孟子·梁惠王上》。

“王欲行之，则盍反其本矣：五亩之宅，树之以桑，五十者可以衣帛矣。鸡豚狗彘之畜，无失其时，七十者可以食肉矣。百亩之田，勿夺其时，八口之家可以无饥矣。谨庠序之教，申之以孝悌之义，颁白者不负戴于道路矣。老者衣帛食肉，黎民不饥不寒，然而不王者，未之有也。”“盍反其本”的“本”，即“本始”之义。这个“本”，仍不过是“使民养生丧死无憾”而已。《滕文公上》孟子谓行仁政，必先正经界，为井地，分田制禄，制民之产，以使民有“恒产”因而有“恒心”，然后设为庠序之教，使之“明人伦”之道。这里，首先考虑的就是民生和经济问题。

与此相应，孟子提出一种“民贵”论以为现存政治之合法性的根据。《孟子·尽心下》：“民为贵，社稷次之，君为轻。是故得乎丘民而为天子，得乎天子为诸侯，得乎诸侯为大夫。”又《离娄上》：“桀纣之失天下也，失其民也。失其民者，失其心也。得天下有道，得其民斯得天下矣。得其民有道，得其心斯得民矣。”是言政治或政权之合法性的根据在民心之所向。在《万章上》“尧以天下与舜章”，孟子论王权之来源和根据，认为“天子不能以天下与人”，王者之权只能由“天”来赋予（“天与之”）。并引《尚书·泰誓》的话来做佐证：“《泰誓》曰：天视自我民视，天听自我民听，此之谓也。”是言王权之合法性，其根据和决定之权在于“天”或天命；而这个“天”或天命的内容，则是民或民心之所向。“天视自我民视，天听自我民听”，天和民意又是相通的。探讨王权君权的合法性问题，是儒家政治哲学的一项重要内容。以往我们批判儒家的“君权神授”观念，其实这种学说有其合理性。它所凸显的理念是：现存政治权力的合法性，要由一个超越性的形上本原和根据赋予并施之以限制，而不能由统治者自己来作决定。

如前所述，孟子的王道论，在道义原则的前提下包涵有事功层面的内容。因此，它对一般人乃至执政者之合理的情欲要求，都是持肯定态度的。如齐宣王自谓有“好世俗之乐”“好货”“好色”的毛病，因而不能行仁政。孟子则答云：“今王与百姓同乐，则王矣。”“王如好货，与百姓同之，于王何有！”王如能使治下“内无怨女，外无旷夫”，则“王如好色，与百姓同之，于王何有”![①] 如能与民同欲，满足人民的合理的情欲要求，人君虽多欲，亦无碍于仁政之行。

不过，儒家的王道论对事功和人的欲望要求的肯定，仍以道义为其内在的原则和价值指向。在这一点上，它与霸道有着根本的区别。《梁惠王下》“齐宣王见孟子于雪宫章”（2.4）记孟子与齐宣王论“与民同乐”说：“乐民之乐者，民亦乐其乐。忧民之忧者，民亦忧其忧。乐以天下，忧以天下，然而不王者，未之有也。”人君的“与民同乐”，其实质应是“乐民之乐”，“忧民之忧”，“乐以天下，忧以天下”。由此可见，孟子所要求于人君的“与民同乐”，其动机和目的，其实并不在“乐”“忧”之情和功利本身。人君如能以民之乐为乐，以民之忧为忧，则其忧其乐，实已超越了“忧”“乐”的情欲和功利意义，而具有纯粹的仁道或道义的价值。范仲淹谓士当“先天下之忧而忧，后天下之乐而乐”。非超越个体私己之情，置己身于度外，而怀兼济天下之志者，不能达此境界。所以，孟子所谓“与民同乐”之说，仍是以纯粹的道义为社会或伦理共同体的最高原则。

孟子“王道论”之特点，是突出了在“道义至上”原则基础上道义与功利的内在统一性。我们可以用“以道义原则为基础的一种道义——功利一体论”，来概括孟子王道论的精神特质。

孟子以“道义至上”为原则的王道精神，不仅体现于“国”的范围，而且贯彻在其“天下”的观念中。

先秦人所理解的“天下”，犹今所谓世界或国际社会。东周各国间之关系，与当代世界的国际关系，多有相似之处。孟子的王道论，亦颇多论及“天下”和国际关系的问题。在现实中，国际之间的关系，往往系于一霸主的力量加以维系，因此必须建立一超越的原则以对之有所约束。对这一点，孟子有很深入的讨论。

---

① 《孟子·梁惠王下》。

国际间有大国，有小国，有强国，有弱国。孟子在论到国际关系中“以大事小”和“以小事大”的问题时，即赋予了国际关系原则以超越性的意义。《梁惠王下》：“齐宣王问曰：交邻国有道乎？孟子对曰：有。惟仁者为能以大事小……惟智者为能以小事大……以大事小者，乐天者也；以小事大者，畏天者也。乐天者保天下，畏天者保其国。诗云：畏天之威，于时保之。”这里，从“以小事大”和“以大事小”两个角度，来讨论处理国际关系的王道原则。孟子这里所谓“乐天”和“畏天”，二者互文见义，强调的都是对“天”或“天命”作为至当必然法则的敬畏。

这里，以“畏天”之义讨论国际关系问题，意在凸显王道或道义原则作为处理国际关系之原则的至上性意义。如上所述，道义原则是一个普遍性的原则。不过，相较于诸侯国内部的施政原则，孟子在“天下”的维度上，更强调了这道义原则作为“天道”的超越性意义。其原因在于，诸侯国或伦理共同体内部事务的处理，存在有各种外部力量的制约性或强制性；而“天下”和国际间的关系，在现实上已缺失了其外部制约性，易为强权者所恣意操纵。因此，孟子论国际间的王道原则，尤其强调超越性这一层面，凸显出这一道义原则之高于强权的神圣性意义。

《梁惠王下》言“仁者能以大事小”，《滕文公下》“宋小国也章”举“汤事葛”之事，详细阐发了王政征伐之义。汤居亳时，与葛为邻。葛伯“放而不祀”。古人对祭祀很重视，《左传》说“国之大事，在祀与戎”①，就表现了这一点。汤使人责问葛伯：“何为不祀？”葛伯回答：“无以供牺牲。”汤使人送他牛羊，葛伯食之而不祭。汤又使人责问葛伯：“何为不祀？”葛伯回答：“无以供粢盛”。汤派人替葛伯耕种土地，并派老弱去送饭。“葛伯率其民，要其有酒食黍稻者夺之，不授者杀之。有童自以黍肉饷，杀而夺之。”商汤对葛伯，可谓是仁至义尽；葛伯则是翻云覆雨，怙恶不悛，于是就有了汤对葛的征伐：“《书》曰：‘葛伯仇

① 《左传·成公十三年》。

饷。’此之谓也。为其杀是童子而征之，四海之内皆曰：‘非富天下也，为匹夫匹妇复雠也。’‘汤始征，自葛载。’十一征而无敌于天下。东面而征，西夷怨；南面而征，北狄怨。曰：‘奚为后我？’民之望之，若大旱之望雨也……不行王政云尔，苟行王政，四海之内皆举首而望之，欲以为君。”汤事葛，是以大事小。但其行事，体现的是仁至义尽，行事情之所当然和天理之所必然，而非靠强力的恣意妄为。此即孟子所谓“唯仁者为能以大事小”，其所体现的，乃是对天理之必然的敬畏。应乎天理，则能合乎人情。应乎天而顺乎人，天和人是统一的，故其征伐，师出有名，南征而北怨，东征而西怨，得到天下百姓的欢迎。孟子言《春秋》大义，特重正名。其对“征”与“战”，尤其有严格的区别。《尽心下》：“《春秋》无义战……征者上伐下也，敌国不相征也。”又：“国君好仁，天下无敌焉。南面而征，北狄怨，东面而征，西夷怨……征之为言正也。各欲正己也，焉用战？”王政有征伐而无战争。战的本质是“争”，其目的指向于私利。“征之为言正也”，其原则在道义。王道有征伐，其行为之正义，乃一本于天。是以王者之征伐，表现出对天的一种敬畏的态度，叫做“畏天之威，于时保之”。

天的必然和超越性力量，在客观上表现为顺乎天而应乎人，在主观上则必以道义为唯一的目的。征伐之事，必不得已而为之，此亦是对违背道义之国君的一种强制性的力量。这种力量，其实质乃是替天行道。圣王之征伐，“文王一怒而安天下之民”，“武王亦一怒而安天下之民”。这“怒”已完全超越了私情和功利，乃顺天之道而行。孟子所谓王政征伐，其效为“东征而西怨”，“南征而北怨”，故王道道义至上原则之“天”的超越性，仍落实而表现于民心、民意。

孟子论“以小事大”，举“太王事獯鬻”之例以明之。《梁惠王下》“滕小国也章”记孟子答滕文公问以小国事大国说：“昔者大王居邠，狄人侵之。事之以皮币，不得免焉；事之以犬马，不得免焉；事之以珠玉，不得免焉；乃属其耆老而告之曰：‘狄人之所欲者，吾土地也。吾闻之也，君子不以其所以养人者害人。二三子何患乎无君，我将去之。’去邠，逾梁山，邑于岐山之下居焉。邠人曰：‘仁人也，不可失也。’从之者如归市。”太王即周先公古公亶父。时周尚弱小，太王为狄人所逼，但他优先考虑百姓之利益，而非己之君位，体现了一种道义至上而不计功利、居易以俟命的精神。孟子对此评论说：“苟为善，后世子孙必有王者矣。君子创业垂统，为可继也。若夫成功，则天也。”① 孟子所谓“以小事大”之畏天，与上文所谓“以大事小”之乐天，其义实一，皆所以顺天而行，行事之所必至，而非据主观之私意行事。其所奉行的，正是道义的原则。

总之，在国际关系原则方面，儒家的王道论特别突出了道义至上原则的超越性意义。其表现为天道、天意、仁心、民心、民意、民情之内在的一致性，从而使之具有一种“先天而天弗违，后天而奉天时”的必然性的力量。孟子王道思想所倡导的道义至上的精神，在今天的国际事务中仍具有重要的现实意义。

六、一 天 人

儒学本质上是一种成德之学。不过，这个成德之“德”，不是今人一般所说的规范义的道德。这“德”，既得自于天，又内在于人。故人的德性成就，亦要达到“一天人，合外内”的境界，才能臻于完成。《尽心上》首章对此义作了系统的论述：

> 尽其心者，知其性也；知其性，则知天矣。存其心，养其性，所以事天也。夭寿不贰，修身以俟之，所以立命也。

尽心、知性以知天，存心、养性以事天、立命，这可说是孟子对其整个思想系统的集中概括。

---

① 《孟子·梁惠王下》。

要注意的是，这里所谓“一天人，合外内”，是一种义理意义之合一；其在合一中，又有区分的规定。或者说，这个合一，是一种在区分前提下动态实现历程中的合一。

子思论天人，一言“天命之谓性”，一言“尽性”以位参天地。① 孟子则有所不同。从“天命之谓性”的角度说，人所得自于天者皆可谓之为“性”，是天人在本原上是一体的。孟子继孔子仁与命区分之说，提出“狭义的性命”之区分，以确立仁义礼智诸道德规定先天本具于人性之逻辑的依据。同时，孟子又从性即心而显诸情感实存的意义上，来揭示人性善的内容。此点已如前述。这样，此“尽心、知性、知天”之“知”，亦必是在其情感实存或个体当下生命存在历程中，依个体修为之不同层次所能有之契会与觉知。据此，孟子言“知性”而不言“尽性”，言“知天”而不言“同天”；由之而有存心养性以“事天”，修身以“俟命”“立命”之说。这个讲法，极有分寸。孔子之言“性与天道”，在肯定仁义内在于人的前提下保留着“天”“天道”法则之超越性的意义，因之而有“法天”和“畏天”之说。与子思尽性以位参天地的天人关系论不同，孟子论天人关系，遵循孔子所确立的“性与天道”论的传统，保留并凸显了天道之超越性和敬天畏天这一思想维度。这是值得重视的。

孟子所作“狭义的性命”之区分，一方面标明了性与命之间，存在着一种分位上的区别性；另一方面，亦指出了二者在人的存在实现意义上的内在关联性。此处“事天”之“天”，“俟命”“立命”之“命”，实互文见义，是在与狭义的“性”相对的意义上所谓的天、命，可以狭义的“命”一辞统括之。

此义之“命”，有其正面和负面的价值和意义。《尽心上》第二章提出“正命”的概念：“莫非命也，顺受其正。是故知命者不立乎岩墙之下。尽其道而死者，正命也。桎梏死者，非正命

---

① 《礼记·中庸》：“唯天下至诚，为能尽其性。能尽其性，则能尽人之性。能尽人之性，则能尽物之性。能尽物之性，则可以赞天地之化育。可以赞天地之化育，则可以与天地参矣。”

也。”这个“顺受其正”，乃承首章“立命”之说而来。此处提出“正命”一概念，表明狭义的命，有“正”与“非正”两种相反的价值。知命者不立乎岩墙之下，则强调，此“俟命”非消极无为地等待“命”之悬临。人所奉行的价值原则，对此“命”具有一种赋义的作用。狭义的性命之区分表明，人之修道行义，乃其本分与天职，故人须躬行人道以正定其“命”。人行其所当行，得其所应得，其对道义原则的抉择，将赋予其行为的结果（“命”）以正面的价值，此即所谓的“正命”；反之，如以宿命论的态度消极地对待“命”，或任意妄为，作奸犯科，桎梏致死，其所秉行之恶德，亦将赋予其行为的结果以负面的价值，此即所谓“非正命”。

从“命”的正面价值而言，只有君子有命，小人则可谓“无义无命”[①]。在这个意义上，义与命之间，又存在着一种因果义的内在关联性。从康德所谓自由意志的角度说，奉行道义的原则，为人所唯一能够自作决定者，“命”则人所不能与、不能直接欲求者，故吾人之于“命”，只能修身以“俟”之。《中庸》所谓“君子居易以俟命”，亦此义。然吾人又能够且必须通过对道义之选择和践行，而赋予此“命”以“正”的价值，故此义之“命”，亦必然为吾人之道德抉择和实践所“立”。是此“立命”，又为吾人之当然和必然的道德责任，而不能推诿之于天或天命。

然人由道德之抉择而“立”其“正命”，并非一蹴而就之事，必须要经历一个艰苦的工夫和实践历程才能实现。孟子所谓“尽心”，概括来讲，包括“知”和“养”两个方面。“知性知天”属“知”，“存心养性”属“养”。这个“知”，其要在反躬内求，内省反思。故孟子特重“思”。子思有“诚者天之道也，诚之者人之道也”之说。孟子则说“诚者天之道也，思诚者人之道也”[②]。“诚之”与“思诚”，一字之差，凸显出孟子对“思”的重视。诚是“天道”。在孟子看来，“诚之”的工夫，其要乃由

① 《孟子·万章上》“或谓孔子于卫主痈疽章”（9.8）。
② 《孟子·离娄上》。

“思”而达“天道”。《告子上》：“心之官则思，思则得之，不思则不得也。此天之所与我者。先立乎其大者，则其小者不能夺也。”“仁义礼智，非由外铄我也，我固有之也，弗思耳矣。”此“思”，即本心之反思觉知。“知性”要在反思本心，故此思与知，本身即依止于存在之实现而有。“思则得之”，“先立乎其大者”，要落在“养”上，才能达其实有诸己之效。《告子上》：“养其小者为小人，养其大者为大人。”《尽心上》：“居移气，养移体。”《公孙丑上》又专有“养气”“养浩然之气”之论，都表现了此一思理。知、思落实于养，乃表现为一种道体转化并在人的实存上绽出之效。孟子论性之实现，有“践形”之说：“形色天性也，惟圣人然后可以践形。”① 又《尽心上》：“仁义礼智根于心，其生色也，睟然见于面，盎于背，施于四体，四体不言而喻。”《离娄上》：“存乎人者，莫良于眸子。眸子不能掩其恶，胸中正，则眸子瞭焉；胸中不正，则眸子眊焉。”《尽心下》：“可欲之谓善，有诸己之谓信，充实之谓美，充实而有光辉之谓大，大而化之之谓圣，圣而不可知之之谓神。”“践”者实现义。“践形”，乃表现为一个由内到外，包括情感、气质在内的一系列的实存的转变、转化和升华的历程。由此，那“形色”作为人的“天性”之本有价值，才能真正实现出来，而“道”亦得以在此转化了的实存上实现并放出光明。这一历程，我名之为“教化”。

《易·乾·文言传》：“旁通情也。”《论语·宪问》：“下学而上达，知我者其天乎？”《易》言“旁通”，孔子言“上达”。旁通与上达，概括了儒家教化和工夫历程之不可或分的两方面要素。孔子忠恕之道，孟子推扩之法，可属诸“旁通”；孔子所谓知命知天命，孟子所谓知天立命，乃属诸“上达”。“旁通”，表现为工夫实践历程中个体实存限域的不断超出。孟子言由亲亲及于仁民、爱物，由不忍达于其所忍，以至于四海、天下，是为个体实存限域的超出。“上达”，则表现为天道根于人心的创造与超越，

---

① 《孟子·尽心上》。

孔子谓“下学而上达，知我者其天”，可知此“上达”即达于天人之合一。相对而言，“旁通”，为一种实存上之量的拓展，而“上达”，则表现为一种道的奠基意义上之立体性的贯通。人的工夫历程，不能脱离“旁通”之实存义的量的拓展；然此每一拓展，因其内在“能、知”之共属一体，必将升华其自身为一种质上的超越。人每有天道神性之光明，绽出于其作为有限性之实存者，以此。

天命并非悬临于人之上的一种现成的存在。人由其道德之抉择而“立”其“正命”，既是天命之完成，亦是君子人格之实现。

目　录

卷一 梁惠王通释上

（共 7 章）

1.1 孟子见梁惠王章

孟子见梁惠王。王曰："叟不远千里而来，亦将有以利吾国乎?"孟子对曰："王何必曰利？亦有仁义而已矣。王曰'何以利吾国'，大夫曰'何以利吾家'，士庶人曰'何以利吾身'，上下交征利而国危矣！万乘之国，弑其君者必千乘之家；千乘之国，弑其君者必百乘之家。万取千焉，千取百焉，不为不多矣。苟为后义而先利，不夺不餍。未有仁而遗其亲者也，未有义而后其君者也。王亦曰仁义而已矣，何必曰利?"

【通释】

此章言为政当以"仁义"而非"利"为原则。《梁惠王》上篇 7 章，下篇 16 章，共 23 章，主要内容是表达一种政治的思想。孟子在政治上主张"王政"或"王道"。其实，王政或王道的本质是以"仁"或仁义为为政的最高原则。因此，王政或王道又可以称作"仁政"。王政、仁政、王道这几个概念是相通的。

梁惠王：魏侯罃也，都大梁，僭称王，谥曰惠。乘：古代兵车，一乘通常指一车四马，甲士 3 人，步卒 72 人。万乘之国者，天子畿内地方千里，出车万乘。千乘之家者，天子之公卿采地方百里，出车千乘也。征：取也。餍：足也。

“道义至上”，乃是孟子仁政、王道论的最高原则。这个道义至上的原则，对诸侯国内部的施政和国际之间的关系都是适用的。就国家内部的施政原则而言，孔子讲德治，孟子则特别强调施政必须以仁义为最高原则。《孟子》全书首章即提出了这一原则。

《告子下》“宋牼将之楚”章（12.4）记孟子批评宋牼以利害说秦楚罢兵事，亦论到这一点，可以相互参照：“先生之志则大矣，先生之号则不可。先生以利说秦楚之王，秦楚之王悦于利以罢三军之师，是三军之士乐罢而悦于利也。为人臣者怀利以事其君，为人子者怀利以事其父，为人弟者怀利以事其兄，是君臣、父子、兄弟终去仁义，怀利以相接，然而不亡者，未之有也。先生以仁义说秦楚之王，秦楚之王悦于仁义而罢三军之师，是三军之士乐罢而悦于仁义也。为人臣者怀仁义以事其君，为人子者怀仁义以事其父，为人弟者怀仁义以事其兄，是君臣、父子、兄弟去利，怀仁义以相接也，然而不王者，未之有也。何必曰利？”

在孟子的时代，时君世主皆以富国强兵相尚。孟子乃倡言王道、仁政，时人以孟子之说为“迂远而阔于事情”（《史记·孟子荀卿列传》），不合时宜，是很自然的。不过，此章孟子所谓“亦有仁义而已”，“何必曰利”，其实并非不讲“利”，亦非把义、利对峙起来。孟子把照顾好鳏寡孤独等弱势群体，把使民“养生丧死无憾”看作“王道之始”（《梁惠王上》1.3），又特别强调行仁政必先正经界，为井田，制民之产，使民因有恒产而有恒心（《滕文公上》5.3），表明孟子的仁政王道论特别注重民生和经济问题，并非不言“利”。“先生之志则大矣，先生之号，则不可。”这个“号”，即行事所用之名号、旗号，或公开申明的原则。孟子强调“亦有仁义而已”，“何必曰利”，讲的是为政原则的问题：在一个国家或一个伦理共同体内部，其所奉行的最高原则，必须是“仁义”而绝不能是“利”。孟子对宋牼的评论，从正负两面申述此义，凸显了以“仁义”“道义”为最高施政原则的根本性意义。

一个伦理共同体的最高价值原则何以只能是“仁义”而不能是“利”？因为“上下交征利，而国危矣”！征者取也。国君以利为为政之原则，则上下将相互以取利相尚，必陷国家于危亡的境地。《荀子·礼论》：“人一之于礼义，则两得之矣；一之于情性，则两丧之矣。故儒者将使人两得之者也。”是言人内在地具有道德的要求，同时亦有功利的要求。如能以“礼义”为最高的原则，此两个方面的要求皆能得到实现；反之，如以功利为最高的原则，则此二者都会丧失。在这一原则问题上，荀子与孟子的说法是一致的。《孟子·尽心上》(13.38)：“形色，天性也，惟圣人然后可以践形。”孟子亦肯定形色为人之天性，故亦须肯定人的功利之要求。然人之形色与功利要求须在人格完成的前提下，乃能实现其作为人之天性的固有本质与价值。因此，一方面，把“仁义”作为最高的价值原则挺立起来，人的功利性层面作为整体才能真正得到实现；同时，这功利性亦才能被点化、升华，从而真正作为“人”的价值被实现出来。此为中外、古今之通谊，吾人亦当深长思之。

1.2　王立于沼上章

孟子见梁惠王。王立于沼上，顾鸿雁麋鹿曰：“贤者亦乐此乎?”孟子对曰：“贤者而后乐此，不贤者虽有此，不乐也。《诗》云：‘经始灵台，经之营之，庶民攻之，不日成之。经始勿亟，庶民子来。王在灵囿，麀鹿攸伏，麀鹿濯濯，白鸟鹤鹤。王在灵沼，於牣鱼跃。’文王以民力为台为沼，而民欢乐之，谓其台曰灵台，谓其沼曰灵沼，乐其有麋鹿鱼鳖。古之人与民偕乐，故能乐也。《汤誓》曰：‘时日害丧，予及女偕亡。’民欲与之偕亡，虽有台池鸟兽，岂能独乐哉?”

【通释】

此章言王者当与民同乐、后民之乐而乐之义。

鸿：大雁。麋：大鹿。所引诗为《大雅·灵台》之篇，朱熹注：“经，量度也。灵台，文王台名也。营，谋为也。攻，治也。不日，不终日也。亟，速也，言文王戒以勿亟也。子来，如子来趋父事也。麀，牝鹿也。伏，安其所，不惊动也。濯濯，肥泽貌。鹤鹤，洁白貌。於，叹美辞。牣，满也。”《汤誓》:《尚书·商书》篇名。时：是也。日：指夏桀。害：何也。

孟子以“仁义”而非“利”为为政的最高原则，但他既不否定人的情欲要求，也不否定执政者的情欲要求。此章孟子论“乐”，有两个要点：第一，“贤者而后乐此”；第二，“与民偕乐”。

先来看“与民偕乐”。这里的“乐”，即今语所谓物质享受。孟子并不否认执政者可以有物质享受，但却强调君民者应有“与民偕乐”之“乐”，而不能有“独乐”之“乐”。并举《灵台》诗以说明此义。文王经营灵台，爱惜民力，使民以时，仁民及物，民如子之事父，乐为其所用。故与民偕乐，乃能拥有真乐。与此相反，夏桀竭民之力以穷其私欲，人民厌苦之，以至欲与之偕亡，是其欲“独乐”而不能“乐”也。

《孟子》对此义多有论述。《梁惠王下》“明堂章”（2.5）记有孟子与齐宣王论“与民同乐”的对话。齐宣王谓“寡人有疾”，既“好货”，又“好色”，因此不能行王政。孟子则答云：“王如好货，与百姓同之，于王何有?”“王如好色，与百姓同之，于王何有?”“好货”“好色”，是人所皆有的欲望要求。王如好货，那就要让百姓富足。王如好色，那就要让你的治下能够“内无怨女，外无旷夫”，姑娘都能嫁出去，小伙子都能娶上媳妇。其于行王政并无妨碍。孟子不否定统治者有情欲要求，其所要求者，是人君要与百姓同欲、同忧、同乐，满足人民的生存要求。这样，人君虽多欲，亦无碍于仁政之行。《梁惠王下》“庄暴见孟子章”（2.1）记孟子与齐宣王言“乐”，亦谓王如能“与百姓同乐”，“与众乐乐”而非“独乐乐”，则足可以行王政。可见，孟子讲王道王政，强调道义至上的原则，看起来似陈义甚高，但其内容，却是很切实的。

再来看“贤者而后乐此”。对这个“贤者而后乐此”，可以有两种解释。一种解释，以“后”字为对“贤者”而言。其意为，只有修养达到“贤者”的境界，然后才能享受此“乐”。另一种解释，是以“后”为对“民”而言。其意为，后民之乐而乐，或后天下之乐而乐。前一种解释，涉及到道德哲学中所讨论的“德福”的关系问题；后一种解释，则涉及到为政是以道义还是以功利为原则的问题。后者可以涵括前者的意义，前者则不能涵括后者的意义。故吾取后者。

从“贤者而后乐此”这一命题来看，孟子的仁政王道论对事功和人的欲望的肯定，乃仍以道义为其内在的原则和价值指向。《梁惠王下》“齐宣王见孟子于雪宫章”（2.4）记载孟子与齐宣王一段对话：“齐宣王见孟子于雪宫。王曰：贤者亦有此乐乎？孟子对曰：有……乐民之乐者，民亦乐其乐。忧民之忧者，民亦忧其忧。乐以天下，忧以天下，然而不王者，未之有也。”“贤者亦有此乐乎”，与本章梁惠王所问（“贤者亦乐此乎”）义同。孟子“乐以天下，忧以天下”的回答，所揭示的，显然就是本章“贤者而后乐此”的内涵。

仁义、道义并不是一个抽象的原则。当人君能够“乐民之乐，忧民之忧”的时候，他的乐和忧，其实已经超越了功利的意义。如为人子者，以父母之乐为乐，以父母之忧为忧，昏定晨省，冬温夏清，真切地关心父母的饮食起居和喜恶忧乐，其所思所行其实已超越了“忧”“乐”之情感情绪及物质欲望的满足本身，而本然地具有“孝”的道德价值。为人君之于臣、为人臣之于君、为人父之于子等等，亦皆如此。“乐民之乐”，“忧民之忧”，“乐以天下，忧以天下”，讲的即是这个道理。“乐民之乐”，“忧民之忧”，“乐以天下，忧以天下”，其动机和目的，亦并不在“乐”“忧”的情欲、情绪和功利本身，而是内在地指向于道义原则。范希文谓士当“先天下之忧而忧，后天下之乐而乐”。非超越个体私己之情，置己身于度外，而怀兼济天下之志者，不能达此境界。因此，《梁惠王下》“齐宣王见孟子于雪宫章”（2.4）所言与民同乐，“乐民之乐”，“忧民之忧”，“乐以天下，忧以天下”，其忧其乐，实已超越了“忧”“乐”的情欲和功利意义，而具有纯粹的仁道或道义的价值。张栻《癸巳孟子说》卷一所谓“乐民之乐者，以民之乐为己之乐也；忧民之忧者，以民之忧为己之忧也……忧乐不以己而以天下，是天理之公也”，讲的就是这个道理。人君与民同乐，能以民之忧为己之忧，以民之乐为己之乐，其忧乐所表现的，正是“天理之公”，而非情欲和功利。由此可知，孟子所谓“与民同乐”之说，实非以功利为原则，而仍是以纯粹的道义为为政或伦理共同体的最高原则。

以道义还是以功利为原则，既规定了王道与霸道之本质区别，亦规定了道德与否的本质区别。有德者然后乃能有福，亦为此一道义原则的题中应有之义。

1.3　寡人之于国也章

梁惠王曰："寡人之于国也，尽心焉耳矣。河内凶，则移其民于河东，移其粟于河内。河东凶亦然。察邻国之政，无如寡人之用心者。邻国之民不加少，寡人之民不加多，何也？"

孟子对曰："王好战，请以战喻。填然鼓之，兵刃既接，弃甲曳兵而走，或百步而后止，或五十步而后止。以五十步笑百步，则何如？"

曰："不可。直不百步耳，是亦走也。"

曰："王如知此，则无望民之多于邻国也。不违农时，谷不可胜食也。数罟不入洿池，鱼鳖不可胜食也。斧斤以时入山林，材木不可胜用也。谷与鱼鳖不可胜食，材木不可胜用，是使民养生丧死无憾也。养生丧死无憾，王道之始也。

"五亩之宅，树之以桑，五十者可以衣帛矣。鸡豚狗彘之畜，无失其时，七十者可以食肉矣。百亩之田，勿夺其时，数口之家，可以无饥矣。谨庠序之教，申之以孝悌之义，颁白者不负戴于道路矣。七十者衣帛食肉，黎民不饥不寒，然而不王者，未之有也。

"狗彘食人食而不知检，涂有饿莩而不知发，人死，则曰：'非我也，岁也。'是何异于刺人而杀之，曰：'非我也，兵也。'王无罪岁，斯天下之民至焉。"

【通释】

此章言“养生丧死无憾，王道之始也”，是以民生富足为王道基础也。

河内、河东：皆魏国之地。填：鼓音也。数罟：密网也。庠序：古时学校之称，夏曰校，殷曰序，周曰庠。检：制止也。饿死者曰莩。发：发仓廪以赈济也。岁：谓收成之好坏。

孔子评价管仲，高度赞扬其“相桓公，霸诸侯，一匡天下，民到于今受其赐”（《论语·宪问》）的霸业成就。孟子亦如之。孟子主张王道，严王霸之辨，但在事功的层面上，对霸道又有充分的肯定。《尽心上》：“孟子曰：霸者之民，驩虞如也。王者之民，皞皞如也。”（13.13）又：“尧舜性之也，汤武身之也，五霸假之也。久假而不归，恶知其非有也。”（13.30）可见，孟子对霸者惠民功业的肯定，与其为政者要“与民同乐”的观念，是一致的。

“不违农时，谷不可胜食也；数罟不入洿池；鱼鳖不可胜食也；斧斤以时入山林；材木不可胜用也。谷与鱼鳖不可胜食，材木不可胜用，是使民养生丧死无憾也。养生丧死无憾，王道之始也。”古时租税常有劳役形式。当时是农业社会，使民以时，不仅有生态学的意义，更体现（王者）君子“爱民”之义。《论语·学而》：“子曰：道千乘之国，敬事而信，节用而爱人，使民以时。”即此义。由此，孟子乃以“使民养生丧死无憾”为“王道之始”。“王道之始”，这个“始”，既有开始义，又有“本始”义。《梁惠王上》“齐桓晋文之事章”（1.7）亦有类似的说法：孟子劝说齐宣王行王政，“王欲行之，则盍反其本”。这个“本”，就是“制民之产，必使仰足以事父母，俯足以畜妻子，乐岁终身饱，凶年免于死亡”。因此，设立制度，使民有恒产，“仰足以事父母，俯足以畜妻子”，养生丧死无憾，既是王道之开端，亦是王道之根本和基础所在。

“五亩之宅，树之以桑，五十者可以衣帛矣。鸡豚狗彘之畜，无失其时，七十者可以食肉矣。百亩之田，勿夺其时，数口之家，可以无饥矣。谨庠序之教，申之以孝悌之义，颁白者不负戴于道路矣。七十者衣帛食肉，黎民不饥不寒，然而不王者，未之有也。”“齐桓晋文之事章”（1.7）论“制民之产”，其说与此亦大体相同。在《滕文公上》“滕文公问为国章”（5.3），孟子更详细论述井田之制，以为其王政王道论之经济方面的基础。其有关民生之经济制度的论述，可谓极尽其详。姑且无论此种制度安排是否合理，由此已足见民生问题在孟子王道蓝图设计中的重要地位。当然，王政以此为“本”但并不限于此。以此为“本”，然后“教以人伦”，施之以德教，乃能有王道之实现。“谨庠序之教，申之以孝悌之义……然而不王者，未之有也”，讲的就是这个意思。《滕文公上》“有为神农之言章”（5.4）讲得更具体：“人之有道也，饱食暖衣逸居而无教，则近于禽兽。圣人有忧之，使契为司徒，教以人伦：父子有亲，君臣有义，夫妇有别，长幼有序，朋友有信。放勋曰：‘劳之来之，匡之直之，辅之翼之，使自得之，又从而振德之。’圣人之忧民如此。”“自得之”，朱子《集注》释为“使自得其性”，是对的。圣人忧民设教，其目的乃在使其“自得”于道而成其性。王者之爱民，其根本在“爱民以德”，而非仅以利之而已。王道之教化，其要在于“教以人伦”使民成德，而成就其为“王者之民”〔《尽心上》“霸者之民章”(13.13)〕，并建立良好的社会伦理秩序，乃能最终达于王道的实现。

“狗彘食人食而不知检，涂有饿莩而不知发，人死，则曰：‘非我也，岁也。’是何异于刺人而杀之，曰：‘非我也，兵也。’王无罪岁，斯天下之民至焉。”梁惠王不知爱民之义，人民生灵涂炭，而不能反躬责己。故孟子深责之，而期其自省也。

1.4 寡人愿安承教章

梁惠王曰：“寡人愿安承教。”

孟子对曰：“杀人以梃与刃，有以异乎？”

曰：“无以异也。”

“以刃与政，有以异乎？”

曰：“无以异也。”

曰：“庖有肥肉，厩有肥马，民有饥色，野有饿莩，此率兽而食人也。兽相食，且人恶之。为民父母，行政不免于率兽而食人，恶在其为民父母也？仲尼曰：‘始作俑者，其无后乎？’为其象人而用之也。如之何其使斯民饥而死也？”

【通释】

此接上章更进一步申言为政当爱民之义。

梃：木杖。俑：从葬木偶人。

上章孟子以杀人而诿过于刀为喻，批评梁惠王不知反躬自省其虐民之罪。此章乃因梁惠王之问进一步申论为政者当以爱民为其本分之义。孟子告诫梁惠王为政者当"为民父母"。今人有批评传统"父母官"之称谓者。是不知"为民父母"，乃是儒家对为政者之要求，而非谓为政者可自居民之父母之义。《礼记·大学》："《诗》云：'乐只君子，民之父母。'民之所好好之，民之所恶恶之，此之谓民之父母。"说的就是这个意思。《孟子》亦多处申明此义。儒家强调爱民、保民为为政者之职责所在，如父母爱子那样爱民保民，乃人君执政合法性之基础。古书常见有"视民如伤""如保赤子"一类说法，亦此义。据此，若为政者只知厚敛于民以自奉，任其人民饥而死，则已失其为政之合法性。

"仲尼曰：'始作俑者，其无后乎？'为其象人而用之也。如之何其使斯民饥而死也？"孔子反对用象人之木偶随葬。《礼记·檀弓上》："孔子曰：之死而致死之，不仁而不可为也。之死而致生之，不知而不可为也。是故竹不成用，瓦不成味，木不成斫，琴瑟张而不平，竽笙备而不和，有钟磬而无簨虡，其曰明器，神明之也。"以人偶象人陪葬，在孔子看来，是不人道的行为。孟子引此以批评梁惠王为人君使民饥而死，乃表现出一种"人道"之原则和对人的存在之"人道"关切。用人偶尚且不可，今为人君饫甘餍肥，而使民有饥而死者，此非"率兽食人"而何？孟子如此当面严厉指斥国君，其抗议及为民请命之精神于此可见一斑。

1.5　晋国天下莫强焉章

梁惠王曰："晋国，天下莫强焉，叟之所知也。及寡人之身，东败于齐，长子死焉；西丧地于秦七百里；南辱于楚。寡人耻之，愿比死者一洒之，如之何则可？"

孟子对曰："地方百里而可以王。王如施仁政于民，省刑罚，薄税敛，深耕易耨；壮者以暇日修其孝悌忠信，入以事其父兄，出以事其长上，可使制梃以挞秦楚之坚甲利兵矣。彼夺其民时，使不得耕耨以养其父母，父母冻饿，兄弟妻子离散。彼陷溺其民，王往而征之，夫谁与王敌？故曰：'仁者无敌。'王请勿疑！"

【通释】

此章亦言王道，并提出"仁者无敌"说，以强调"王道"之至高无上的价值。

晋国：魏本晋卿，与韩、赵三家分晋，号称三晋，故惠王自称魏为晋国。比：犹为也。洒：洗也，欲为死者雪耻也。易耨：易，整治；耨，锄草。

梁惠王从雪耻复仇之私意角度提出问题，孟子则答以王道："地方百里而可以王。"言王道、王政必以德政得民心为途径，而非以强力所可取。《公孙丑上》"以力假仁者霸章"（3.3）论王、霸之别，对王道概念作了清晰的界定："孟子曰：以力假仁者霸，霸必有大国。以德行仁者王，王不待大：汤以七十里，文王以百里。以力服人者，非心服也，力不赡也；以德服人者，中心悦而诚服也，如七十子之服孔子也。《诗》云：'自西自东，自南自北，无思不服。'此之谓也。"此言王霸之别，要在其所遵循的原则是"仁"还是"力"，是"以力服人"还是"以德服人"。但"王"与"霸"，在事功层面有内容上的重叠和交叉。

"彼陷溺其民，王往而征之，夫谁与王敌？故曰：'仁者无敌。'"此言王政征伐，仁者无敌，涉及德政和王道原则的问题。在这个问题上，孟子特别强调"征"与"战"的区别，体现了上述道义至上的原则精神。

孟子言《春秋》大义，特重正名。其对"征"与"战"，有严格的区别。《尽心下》："《春秋》无义战……征者上伐下也，敌国不相征也。"（14.2）又："有人曰：'我善为陈，我善为战。'大罪也。国君好仁，天下无敌焉。南面而征北狄怨，东面而征西夷怨……征之为言正也。各欲正己也，焉用战？"（14.4）《离娄上》："君不行仁政而富之，皆弃于孔子者也，况于为之强战？争地以战，杀人盈野；争城以战，杀人盈城。此所谓率土地而食人肉，罪不容于死。故善战者服上刑。”（7.14）是王政有征伐而无战争。“征”与“战”，其根本的分野在“正”与“争”。“战”的本质是“争”，其目的指向要在于私利。战争导致残杀，可说是“率土地而食人肉”，故孟子深恶之。这一观念，与孔子“善人为邦百年，亦可以胜残去杀”的思想是一致的。“征之为言正也”，其原则在道义，故孟子亟称之。所谓“仁者无敌”，要在于此。

1.6　孟子见梁襄王章

孟子见梁襄王，出，语人曰：“望之不似人君，就之而不见所畏焉。卒然问曰：‘天下恶乎定？’吾对曰：‘定于一。’‘孰能一之？’对曰：‘不嗜杀人者能一之。’‘孰能与之？’对曰：‘天下莫不与也。王知夫苗乎？七八月之间旱，则苗槁矣。天油然作云，沛然下雨，则苗浡然兴之矣。其如是，孰能御之？今夫天下之人牧，未有不嗜杀人者也。如有不嗜杀人者，则天下之民皆引领而望之矣。诚如是也，民归之由水之就下，沛然谁能御之？’”

【通释】

此章言“一”统乃能定天下。可见时人思“一”之取向。

梁襄王：梁惠王子。望者远观，就者近察。不见所畏：朱注：“无威仪也。”卒然：犹猝然，急遽之貌。人牧：谓牧民之君也。由：与犹通用。

“望之不似人君，就之而不见所畏焉。”德不可掩，诚于中者必形于外。观其威仪，其德可知。战国之世，天下离乱久矣，故人心思定。梁襄王无人君之威仪，然亦思天下之安定。襄王问“天下恶乎定”，孟子答以“定于一”，而能一之者，必行仁义而不嗜杀人者可。此亦仁政王道之说也。孟子论王道，以行仁义，以德服人为原则，是以极力反对战争。可联系上章“通释”理解此义。

1.7 齐桓晋文之事章

齐宣王问曰：“齐桓、晋文之事，可得闻乎？”

孟子对曰：“仲尼之徒无道桓、文之事者，是以后世无传焉。臣未之闻也。无以，则王乎？”

曰：“德何如，则可以王矣？”

曰：“保民而王，莫之能御也。”

曰：“若寡人者，可以保民乎哉？”

曰：“可。”

曰：“何由知吾可也？”

曰：“臣闻之胡龁曰：王坐于堂上，有牵牛而过堂下者，王见之，曰：‘牛何之？’对曰：‘将以衅钟。’王曰：‘舍之。吾不忍其觳觫，若无罪而就死地。’对曰：‘然则废衅钟与？’曰：‘何可废也？以羊易之。’不识有诸？”

曰：“有之。”

曰：“是心足以王矣！百姓皆以王为爱也，臣固知王之不忍也。”

王曰：“然，诚有百姓者。齐国虽褊小，吾何爱一牛？即不忍其觳觫，若无罪而就死地，故以羊易之也。”

曰：“王无异于百姓之以王为爱也。以小易大，彼恶知之？王若隐其无罪而就死地，则牛羊何择焉？”

王笑曰："是诚何心哉？我非爱其财而易之以羊也。宜乎百姓之谓我爱也。"

曰："无伤也，是乃仁术也，见牛未见羊也。君子之于禽兽也，见其生，不忍见其死；闻其声，不忍食其肉。是以君子远庖厨也。"

王说，曰："《诗》云：'他人有心，予忖度之。'夫子之谓也。夫我乃行之，反而求之，不得吾心。夫子言之，于我心有戚戚焉。此心之所以合于王者，何也？"

曰："有复于王者曰：'吾力足以举百钧，而不足以举一羽；明足以察秋毫之末，而不见舆薪。'则王许之乎？"

曰："否。"

"今恩足以及禽兽，而功不至于百姓者，独何与？然则一羽之不举，为不用力焉；舆薪之不见，为不用明焉；百姓之不见保，为不用恩焉。故王之不王，不为也，非不能也。"

曰："不为者与不能者之形何以异？"

曰："挟太山以超北海，语人曰'我不能'，是诚不能也；为长者折枝，语人曰'我不能'，是不为也，非不能也。故王之不王，非挟太山以超北海之类也；王之不王，是折枝之类也。老吾老以及人之老，幼吾幼以及人之幼，天下可运于掌。《诗》云：'刑于寡妻，至于兄弟，以御于家邦。'言举斯心加诸彼而已。故推恩足以保四海，不推恩无以保妻子。古之人所以大过人者无他焉，善推其所为而已矣。今恩足以及禽兽，而功不至于百姓者，独何与？权，然后知轻重；度，然后知长短。物皆然，心为甚。王请度之。抑王兴甲兵，危士臣，构怨于诸侯，然后快于心与？”

王曰：“否，吾何快于是？将以求吾所大欲也。”

曰：“王之所大欲，可得闻与？”王笑而不言。

曰：“为肥甘不足于口与？轻煖不足于体与？抑为采色不足视于目与？声音不足听于耳与？便嬖不足使令于前与？王之诸臣，皆足以供之。而王岂为是哉？”

曰：“否，吾不为是也。”

曰：“然则王之所大欲可知已：欲辟土地，朝秦楚，莅中国，而抚四夷也。以若所为求若所欲，犹缘木而求鱼也。”

王曰：“若是其甚与？”

曰：“殆有甚焉！缘木求鱼，虽不得鱼，无后灾。以若所为求若所欲，尽心力而为之，后必有灾。”

曰：“可得闻与？”

曰：“邹人与楚人战，则王以为孰胜？”

曰：“楚人胜。”

曰：“然则小固不可以敌大，寡固不可以敌众，弱固不可以敌强。海内之地，方千里者九，齐集有其一。以一服八，何以异于邹敌楚哉？盖亦反其本矣！今王发政施仁，使天下仕者皆欲立于王之朝，耕者皆欲耕于王之野，商贾皆欲藏于王之市，行旅皆欲出于王之涂，天下之欲疾其君者皆欲赴愬于王。其若是，孰能御之？”

王曰：“吾惛，不能进于是矣。愿夫子辅吾志，明以教我。我虽不敏，请尝试之。”

曰：“无恒产而有恒心者，惟士为能。若民，则无恒产，因无恒心。苟无恒心，放辟邪侈，无不为已。及陷乎罪，然后从而刑之，是罔民也。焉有仁人在位，罔民而可为也？是故明君制民之产，必使仰足以事父母，俯足以畜妻子，乐岁终身饱，凶年免于死亡。然后驱而之善，故民之从之也轻。今也制民之产，仰不足以事父母，俯不足以畜妻子，乐岁终身苦，凶年不免于死亡。此惟救死而恐不赡，奚暇治礼义哉？王欲行之，则盍反其本矣。五亩之宅，树之以桑，五十者可以衣帛矣。鸡豚狗彘之畜，无失其时，七十者可以食肉矣。百亩之田，勿夺其时，八口之家可以无饥矣。谨庠序之教，申之以孝悌之义，颁白者不负戴于道路矣。老者衣帛食肉，黎民不饥不寒，然而不王者，未之有也。”

【通释】

此章言王道之人性论根据与“保民而王”之义。

衅钟：钟新铸，以血涂之。觳觫：牛恐貌。钧：三十斤为一钧。折枝：杨伯峻先生指出，古代有三种解释：折取树枝、弯腰行礼、按摩搔痒。御：临也。权：铨衡也。度：丈尺也。

“仲尼之徒，无道桓文之事者，是以后世无传焉，臣未之闻也。无以，则王乎？”较孔子而言，孟子具有一种更强的尊王贱霸意识。他对于弟子公孙丑将自己与管仲相提并论，表示出特别的不屑：“管仲，曾西（曾子之孙）之所不为也，而子为我愿之乎？”（《公孙丑上》3.1）本章齐宣王问“齐桓晋文之事”，孟子则答以“仲尼之徒无道桓文之事者，是以后世无传焉。臣未之闻也。无以，则王乎”？齐宣王之问，表现出其对桓文霸业的企慕之心。孟子并不像回答弟子那样直接表示出对霸者的不屑，而是答以孔门无传，臣未之闻，既表示出与桓文道不相同之意，又巧妙地把话题转移到“王道”“王政”上面来。

此章言王道政治，主要谈了两个方面的问题：一是讲“保民而王”，即王道的内容；二是由“保民而王”进一步引申出对王道之人性论（人皆有不忍人之心）基础及其达成的途径（推恩、忠恕）的讨论。

孟子与齐宣王言王道。齐宣王问何德可以王天下，孟子的回答是：“保民而王”。“保民”，即要使天下百姓有和谐安定的生活。其原则是以仁义之心即爱人爱民之心对待天下百姓。然此仁义和爱民，并非一个抽象的原则。它落实下来，很具体也很切实。“王欲行之，则盍反其本”，欲行王道，当先知其根本。这个“本”就是“制民之产”，使民有恒产因而有恒心。为民制定产业，“必使仰足以事父母，俯足以畜妻子，乐岁终身饱，凶年免于死亡”。在“老者衣帛食肉，黎民不饥不寒”的基础上，“谨庠序之教，申之以孝悌之义”，“驱而之善”，教化而使民成为“王者之民”。孟子所谓“保民而王”，其实很简单，即在保障民生的基础上教化使之向善。此义可参阅本篇“寡人之于国也章”（1.3）之“通释”。

关于仁政、王政的人性论基础，孟子提出“推恩”说，即推扩“不忍人之心”和“亲亲之情”以达于王政的实现。

齐人以牛衅钟，齐宣王即此表现出一种不忍禽兽觳觫之情。孟子据此指点齐宣王，谓“是乃仁术”，即人所本具的仁心之表现。“今恩足以及禽兽，而功不至于百姓者，独何与？然则一羽之不举，为不用力焉。舆薪之不见，为不用明焉。百姓之不见保，为不用恩焉。故王之不王，不为也，非不能也。”是由此推“恩”及于百姓及家国天，则百姓可保，王业可成。此即行王道之所以可能的根据所在。

这推恩的前提，就是人所皆具的“不忍人之心”。《公孙丑上》“人皆有不忍人之心章”（3.6）提出“四端”说，对此作了详细的讨论：“人皆有不忍人之心，先王有不忍人之心，斯有不忍人之政矣。以不忍人之心，行不忍人之政，治天下可运之掌上。所以谓人皆有不忍人之心者，今人乍见孺子将入于井，皆有怵惕恻隐之心。非所以内交于孺子之父母也，非所以要誉于乡党朋友也，非恶其声而然也。由是观之，无恻隐之心，非人也；无羞恶之心，非人也；无辞让之心，非人也；无是非之心，非人也。恻隐之心，仁之端也；羞恶之心，义之端也；辞让之心，礼之端也；是非之心，智之端也。人之有是四端也，犹其有四体也。有是四端而自谓不能者，自贼者也；谓其君不能者，贼其君者也。凡有四端于我者，知皆扩而充之矣，若火之始然，泉之始达。苟能充之，足以保四海；苟不充之，不足以事父母。”人见“孺子”将入于井而生“怵惕恻隐之心”，是人心一念发动处当下的一种直感。它表明，人虽然生活在一个文化和习俗化的世界中，但从人的道德和情感生活的体验中，却可以随时发现人心摆脱并先在于思虑计较及功利私意干扰的纯粹自然表现，它本然地指向于善。此即人心在其以情应事接物的感应之几上所显现之善“端”。由是先天之善“端”推扩开来，必能保民而王。“人皆有不忍人之心章”（3.6）这段话，与本章所言推恩说，逻辑理路与用语大体相同，但论述更细致。

《公孙丑上》“人皆有不忍人之心章”（3.6）举“四端”以说明人性之善。不过，孟子言善“端”，并不局限于“四端”。朱子《集注》：“端，绪也。”“端”有端绪义，言其为“情”之缘境的当下发见。性即心而显诸情。人心以情应物，其本心良知，在具体处境中必缘境而有当下性的种种情态表现，如人见鸟兽之觳觫而生不忍之情，见孺子之将入于井而生怵惕恻隐之情，奉父母而生亲亲之情等等，皆可谓之善“端”。“端”，又有始端义。赵岐注：“端者，首也。”首，即开端、始端。“首”，是言此善“端”为扩充而成德之初始的情态。由此善端推扩开来，皆可以实现仁德，建立良好的社会秩序。下文说：“故王之不王，非挟太山以超北海之类也。王之不王，是折枝之类也。老吾老以及人之老，幼吾幼以及人之幼，天下可运于掌。《诗》云：‘刑于寡妻，至于兄弟，以御于家邦。’言举斯心加诸彼而已。故推恩足以保四海，不推恩无以保妻子。古之人所以大过人者无他焉，善推其所为而已矣。”我们注意到，上文孟子与齐宣王言“推恩”，其“推恩”之前提，是“不忍之心”。这里却又说“老吾老以及人之老，幼吾幼以及人之幼”，“刑于寡妻，至于兄弟，以御于家邦”，乃以“亲亲”为“推恩足以保四海”之前提。这是因为，在孟子看来，“亲亲”与“不忍之心”，原是同一个良知本心在不同境域中的当下情态表现，其作为善“端”，具有相同的价值和意义。《孟子·尽心上》：“人之所不学而能者，其良能也；所不虑而知者，其良知也。孩提之童，无不知爱其亲也；及其长也，无不知敬其兄也。亲亲仁也，敬长义也。无他，达之天下也。”乃以孩提之童皆具爱亲敬长之情，由之可以推扩“达致天下”为据，而证人心本具良知良能，也可以说明这一点。

人性本善，为王道所以可能之根据；此本善之性，必即心而表著为善“端”，推扩此善端及于家国天下，则为王道实现之根本途径。

卷二　梁惠王通释下

（共 16 章）

2.1　庄暴见孟子章

庄暴见孟子，曰："暴见于王，王语暴以好乐。暴未有以对也。"曰："好乐何如？"

孟子曰："王之好乐甚，则齐国其庶几乎？"

他日，见于王，曰："王尝语庄子以好乐，有诸？"

王变乎色，曰："寡人非能好先王之乐也，直好世俗之乐耳。"

曰："王之好乐甚，则齐其庶几乎！今之乐犹古之乐也。"

曰："可得闻与？"

曰："独乐乐，与人乐乐，孰乐？"

曰："不若与人。"

曰："与少乐乐，与众乐乐，孰乐？"

曰："不若与众。"

"臣请为王言乐。今王鼓乐于此，百姓闻王钟鼓之声，管籥之音，举疾首蹙頞而相告曰：'吾王之好鼓乐，夫何使我至于此极也？父子不相见，兄弟妻子离散。’今王田猎于此，百姓闻王车马之音，见羽旄之美，举疾首蹙頞而相告曰：‘吾王之好田猎，夫何使我至于此极也？父子不相见，兄弟妻子离散。’此无他，不与民同乐也。今王鼓乐于此，百姓闻王钟鼓之声，管籥之音，举欣欣然有喜色，而相告曰：‘吾王庶几无疾病与？何以能鼓乐也？’今王田猎于此，百姓闻王车马之音，见羽旄之美，举欣欣然有喜色，而相告曰：‘吾王庶几无疾病与？何以能田猎也？’此无他，与民同乐也。今王与百姓同乐，则王矣！”

【通释】

此章亦论“与民同乐”则王之义，可与《梁惠王上》“王立于沼上章”（1.2）互相参照。

庄暴：齐臣也。管：笙也。籥：如笛而六孔，或三孔。疾首：头痛也。蹙頞：愁貌。頞：鼻梁。

齐臣庄暴以齐王好乐告孟子。孟子因以阐发与民同乐则可达王道之义。值得注意的是，儒家注重乐教，但又特别强调乐之雅俗、正邪之辨。《论语·阳货》：“子曰：恶紫之夺朱也，恶郑声之乱雅乐也，恶利口之覆邦家者。”《论语·卫灵公》：“颜渊问为邦。子曰：行夏之时，乘殷之辂，服周之冕，乐则韶舞，放郑声，远佞人。郑声淫，佞人殆。”孔子在雅乐与俗乐之间做严格的区分，是注重乐之教化的意义。不仅如此，孔子甚至还在韶乐与武乐之间作出区别。《论语·八佾》：“子谓《韶》，尽美矣，又尽善也；谓《武》，尽美矣，未尽善也。”是以善为判定音乐艺术的最高标准。孟子亦如之。《尽心上》“仁言不如仁声章”（13.14）：“仁言不如仁声之入人深也，善政不如善教之得民也。善政，民畏之；善教，民爱之。善政得民财，善教得民心。”赵岐注：“仁言，政教法度之言也；仁声，乐声雅颂也。”说明孟子亦注重雅乐或古典音乐对于人的教化的意义。齐宣王亦深知这一点，故孟子称其“好乐”，齐宣王则忸怩不安，解释其“非能好先王之乐也，直好世俗之乐耳”。可见他亦知二者的区别及孟子的态度。

不过，孟子对齐宣王的劝导，所重则在于“与民同乐”，亦即满足人民的生活和欲望要求。“世俗之乐”，偏重在感性欲望的满足和享乐。孟子并不否定这一点，在“与民同乐”的角度，孟子肯定“今之乐犹古之乐也”。在此基础上，孟子通过与齐宣王的对话，启发他超克个人的满足与享乐，达到对“与人乐乐”和“与众乐乐”之价值的认可，由此更进一步引申出“与民同乐”，“与百姓同乐，则王矣”的结论。

可见，孟子的思想，既有“极高明”的超越性维度，又不乏“道中庸”之平实与通情达理。孟子之教人，在坚持原则的前提下，又具有因人施教的灵活性和论辩的技巧性。

2.2 文王之囿章

齐宣王问曰：“文王之囿，方七十里，有诸？”

孟子对曰：“于传有之。”

曰：“若是其大乎？”

曰：“民犹以为小也。”

曰：“寡人之囿，方四十里，民犹以为大，何也？”

曰：“文王之囿方七十里，刍荛者往焉，雉兔者往焉，与民同之。民以为小，不亦宜乎？臣始至于境，问国之大禁，然后敢入。臣闻郊关之内，有囿方四十里，杀其麋鹿者如杀人之罪。则是方四十里，为阱于国中。民以为大，不亦宜乎？”

【通释】

此章亦云与民同欲也，可与《梁惠王上》“王立于沼上章”（1.2）互相参照。

囿：养殖鸟兽之所。刍荛者：割草取薪之人。雉兔者：猎人。

古时天子诸侯设苑囿，有禽兽林池以供游猎。文王苑囿方七十里民以为小，齐宣王苑囿四十里民犹以为大。齐宣王不解，因以问孟子。孟子指出，问题并不在苑囿之大小，而在于是否能“与民同之”。文王苑囿，不禁民之取薪狩猎，利益与民同之，宜乎民以为小也。齐宣王苑囿，则己独享之，民有猎禽兽者与杀人同罪，其苑囿陷民于罪，无异设陷阱于国中，宜乎民以为大也。此亦与民同欲、同乐之说也。此说在今天仍有现实意义。

2.3　交邻国有道章

齐宣王问曰：“交邻国有道乎？”

孟子对曰：“有。惟仁者为能以大事小，是故汤事葛，文王事昆夷。惟智者为能以小事大，故大王事獯鬻，句践事吴。以大事小者，乐天者也；以小事大者，畏天者也。乐天者保天下，畏天者保其国。《诗》云：‘畏天之威，于时保之。’”

王曰：“大哉言矣！寡人有疾，寡人好勇。”

对曰：“王请无好小勇。夫抚剑疾视曰：‘彼恶敢当我哉！’此匹夫之勇，敌一人者也。王请大之。《诗》云：‘王赫斯怒，爰整其旅，以遏徂莒，以笃周祜，以对于天下。’此文王之勇也。文王一怒而安天下之民。《书》曰：‘天降下民，作之君，作之师。惟曰其助上帝，宠之四方。有罪无罪，惟我在，天下曷敢有越厥志？’一人衡行于天下，武王耻之。此武王之勇也。而武王亦一怒而安天下之民。今王亦一怒而安天下之民，民惟恐王之不好勇也。”

【通释】

此章从“以大事小”和“以小事大”两个角度提出了一个处理国际关系的原则。这是其王道原则在国际关系上的表现。

獯鬻：狄人，当时北方少数民族。赫：大怒貌。爰：于也。旅：众也。遏：《诗》作“按”，止也。徂：往也。笃：厚也。祜：福也。对：答也，以答天下仰望之心也。

先秦人所理解的“天下”，其意义犹今所谓世界或国际社会。东周各国间之关系，与当代国际关系，多有相似之处。春秋五霸挟天子以令诸侯，与今日美国、北约对联合国之关系，亦颇相仿佛。孟子的王道理论，对国际关系问题多有讨论，这一章即集中讨论国际关系问题。其中所提出的观点，对我们今天理解和建立合理的国际关系原则，亦颇有启示意义。

齐宣王问“交邻国”之道。国际间有大国，有小国，有强国，有弱国。孟子的回答，即从“以大事小”与“以小事大”两个角度，提出了处理国际关系的王道原则：“惟仁者为能以大事小，是故汤事葛，文王事昆夷。惟智者为能以小事大，故太王事獯鬻，句践事吴。以大事小者，乐天者也；以小事大者，畏天者也。乐天者保天下，畏天者保其国。诗云：‘畏天之威，于时保之。’”朱子《集注》：“大之事小，小之事大，皆理之当然也。自然合理，故曰乐天；不敢违理，故曰畏天。”孟子从“以小事大”和“以大事小”两个角度，来讨论处理国际关系的王道原则。孟子这里所谓“乐天”和“畏天”，其义实一。“乐天”“畏天”，二者互文见义，强调的都是对“天”或“天命”作为至当必然法则的敬畏。孟子引《诗经·周颂·我将》“畏天之威，于时保之”诗句以证成其“乐天者保天下，畏天者保其国”之说，就表明了这一点。

关于“乐天”和“畏天”。《易·系辞上》：“乐天知命故不忧。”是“乐天”实即“乐天知命”。孔子把是否“知命”“知天命”“畏天命”看作区别君子和小人的一个根本尺度。《论语·尧曰》：“子曰：不知命，无以为君子也。”《论语·季氏》：“孔子曰：君子有三畏：畏天命，畏大人，畏圣人之言。小人不知天命而不畏也，狎大人，侮圣人之言。”孔子自述“五十而知天命，六十而耳顺，七十而从心所欲不逾矩。”（《论语·为政》）“耳顺”“从心所欲不逾矩”，为人之道德自由的表现。可见，知天命、畏天命，乃是人达到德性人格完成的前提和内在基础。

而儒家所谓知天命和畏天命，其内容实质上是人对道义作为人类存在之至当必然法则的终极性敬畏和自觉。《中庸》："君子居易以俟命，小人行险以徼幸。"《孟子·尽心上》（13.1）："尽其心者，知其性也；知其性，则知天矣。存其心，养其性，所以事天也。夭寿不贰，修身以俟之，所以立命也。"又："莫非命也，顺受其正，是故知命者不立乎岩墙之下。尽其道而死者，正命也；桎梏死者，非正命也。"（13.2）人的价值的实现表现为天人的合一。这个天人之合的意义，集中表现在"立命"和"正命"这两个重要的概念上。儒家所谓"天命"或"天命之谓性"，不是一个现成性的概念。"天命"及人所得自于天命之"性"，须经由人的终极性的价值抉择及其担当践履的历程才能得以实现。按照孟子的理解，从"命"之本来意义（正命）而言，只有君子有"命"，小人则"无义无命"。是说在"义、命"之间，有一种内在的因果关系。人在其特定的历史际遇中，对其行为原则所作之抉择，将赋予其结果以正面和负面的价值（"正命""非正命"）。孟子所谓"立命"，是言人直面承当其实存之历史际遇，以其人道之抉择，躬行仁义以正定其命，乃能赋予其"命"以正面的存在价值，此即孟子所谓"正命"。而这"正命"之实现，正出于人的价值抉择之所"立"。这"立命"所具有的奠立人的存在超越性价值的赋值作用，既出于人的必然的道德抉择，同时亦本原于天道。君子成就其为君子，圣王成就其为圣王，皆本原于此。儒家既言君子"畏天"，又言王者"畏天"，这对天的敬畏，同时亦即对人类超越性道德法则的敬畏。

孟子以"畏天"之义讨论国际关系问题，所强调的乃是王道或道义原则作为处理国际关系原则的至上性意义。王道和道义原则是一个普遍的原则，不过，相比于国家内部的施政原则来说，孟子更强调了这道义原则作为"天道"的超越性意义。这是因为，一国或一伦理共同体内之行事，尚存在着各种外部之制约性或强制性；而处理天下或国际间的关系，在现实中，则已无外部之制约，易流于为强权者所恣意操纵。在现实中，国际之间的关系，往往系于一霸主的力量加以维系。当今美国之于北约，进而之于联合国，即可目之为这样的一种霸主，其所行，是霸道而非王道。因此，必须建立一超越的原则以对之有所约束。故孟子论国际间的王道原则，尤其强调其超越性，凸显出这种原则之高于霸权的神圣性意义。

关于论"仁者能以大事小"，本章举"汤事葛，文王事昆夷"作为例证，但对其内容并无具体的论述。《滕文公下》"万章问宋小国章"

(6.5) 则对“汤事葛”之事，作了详细的叙述，并据以阐发了王政征伐之义：

> 万章问曰：“宋，小国也，今将行王政，齐楚恶而伐之，则如之何？”
>
> 孟子曰：“汤居亳，与葛为邻。葛伯放而不祀，汤使人问之曰：‘何为不祀？’曰：‘无以供牺牲也。’汤使遗之牛羊。葛伯食之，又不以祀。汤又使人问之曰：‘何为不祀？’曰：‘无以供粢盛也。’汤使亳众往为之耕，老弱馈食。葛伯率其民，要其有酒食黍稻者夺之，不授者杀之。有童子以黍肉饷，杀而夺之。《书》曰：‘葛伯仇饷。’此之谓也。为其杀是童子而征之，四海之内皆曰：‘非富天下也，为匹夫匹妇复雠也。’‘汤始征，自葛载。’十一征而无敌于天下。东面而征，西夷怨；南面而征，北狄怨。曰：‘奚为后我？’民之望之，若大旱之望雨也。归市者弗止，芸者不变，诛其君，吊其民，如时雨降。民大悦。《书》曰：‘徯我后，后来其无罚。’‘有攸不惟臣，东征，绥厥士女，匪厥玄黄，绍我周王见休，惟臣附于大邑周。’其君子实玄黄于匪以迎其君子，其小人箪食壶浆以迎其小人。救民于水火之中，取其残而已矣。《太誓》曰：‘我武惟扬，侵于之疆，则取于残，杀伐用张，于汤有光。’不行王政云尔，苟行王政，四海之内皆举首而望之，欲以为君。齐楚虽大，何畏焉？”

汤之事葛，是“以大事小”。然其行事，并非因其无外在的强力制约而恣意妄为，而是一本于天道之必然，亦即是一本于“天命”。孟子谓王者有征伐而无战争。《尽心下》：“《春秋》无义战……征者上伐下也，敌国不相征也。”又：“有人曰：‘我善为陈，我善为战。’大罪也。国君好仁，天下无敌焉。南面而征，北狄怨，东面而征，西夷怨……征之为言正也。各欲正己也，焉用战？”王道之征伐，一出于道义之最高原则；而此道义原则之超越性，则在于行事之必然或天命；而此天之命，乃表现于民心之所向，“南面而征，北狄怨，东面而征，西夷怨”，说的就是这个意思。

所以征伐之事，必不得已而为之，此亦是对违背道义之国君的一种强制性的力量。这种力量，其实质乃是“天工人其代之”。而此代天工者，则命之为“天民”（《尽心上》13.19：“有天民者，达可行于天下，而后行之者也”）、“天吏”（《公孙丑上》3.5：仁者“无敌于天下”，而“无敌于天下者，天吏也”）。朱子释“天吏”“天民”曰：“顺天行道者天民；顺天为政者天吏也。”（朱熹《孟子精义》卷十三）圣王之征伐，“文王一怒而安天下之民”，“武王亦一怒而安天下之民”。文王之“怒”、武王之“怒”，已完全超越了私情和功利，乃顺天之道而行。此就个体言，为能“从心所欲不逾矩”，此即所谓“乐天者也”。就现实言，其能顺乎天而应乎人（《易·革卦·彖传》：“汤武革命，顺乎天而应乎人”），所谓“东征而西怨”，“南征而北怨”，就表现了这一点。故王道道义至上原则之“天”的超越性，仍落实而表现于民心、民意。

关于“以小事大”之例，可见《梁惠王下》“滕小国也章”（2.15），孟子答滕文公问以小国事大国：

> 滕文公问曰：“滕，小国也，竭力以事大国，则不得免焉，如之何则可？”
>
> 孟子对曰：“昔者大王居邠，狄人侵之。事之以皮币，不得免焉；事之以犬马，不得免焉；事之以珠玉，不得免焉；乃属其耆老而告之曰：‘狄人之所欲者，吾土地也。吾闻之也，君子不以其所以养人者害人。二三子何患乎无君，我将去之。’去邠，逾梁山，邑于岐山之下，居焉。邠人曰：‘仁人也，不可失也。’从之者如归市。或曰：‘世守也，非身之所能为也。效死勿去。’君请择于斯二者。”

又“齐人将筑薛章”（2.14）：

> 滕文公问曰：“齐人将筑薛，吾甚恐，如之何则可？”
>
> 孟子对曰：“昔者大王居邠，狄人侵之，去之岐山之下居焉。非择而取之，不得已也。苟为善，后世子孙必有王者矣。君子创业垂统，为可继也。若夫成功，则天也。君如彼何哉？强为善而已矣。”

此所谓“以小事大”之“畏天”，与上文所谓“以大事小”之“乐天”，其义实一，皆所以顺天而行，行事之所必至，而非据主观之私意行事。其所奉行的原则，是道义。太王事獯鬻（狄），是以小事大，太王行事，惟百姓之生命为目的，而不以君位为念。此亦体现了一种以道义为上，而不计功利，居易以俟命之精神。同时，孟子据此强调德与福之间有一种必然的联系。

总之，国际关系原则方面，孟子的王道论，特别突出了道义至上原则的超越性意义。其表现为天道、天意、仁心、民心、民意、民情之内在的一致性，从而使之具有一种“先天而天弗违，后天而奉天时”的必然性力量。国际关系的原则，与“天下”观念相关。对人类的整体存在而言，“天下”为无外，为至大。因此，一方面，国际关系的原则，具有关涉人类存在整体的意义，乃直接关联于超越和形上的境域；另一方面，大国尤其是强国在现实上已不再有实质上的外部制约性，故国际关系的原则极易为霸权者所任性操纵。今日的国际关系，往往缺乏一贯性和自洽性的原则。如美国作为当今国际社会之“桓文”，一方面常以正义的面目在国际事务中出现；另一方面，又常常不加掩饰地以本国国家利益作为出师名义。这实已形成一种为国际社会所容忍的惯例，由此导致了国际事务处理中行事原则的随意性。如何认识和建立国际关系“王道原则”的必然性和内在一致性，仍是当今国际社会所面临的一项重要课题。孟子王道思想所倡导的道义至上主义精神，在今天国际事务的处理中，仍具有重要的现实和理论意义。

2.4 齐宣王见孟子于雪宫章

齐宣王见孟子于雪宫。王曰：“贤者亦有此乐乎？”

孟子对曰：“有。人不得，则非其上矣。不得而非其上者，非也。为民上而不与民同乐者，亦非也。乐民之乐者，民亦乐其乐；忧民之忧者，民亦忧其忧。乐以天下，忧以天下，然而不王者，未之有也。

“昔者齐景公问于晏子曰：‘吾欲观于转附、朝儛，遵海而南，放于琅邪，吾何修而可以比于先王观也？’晏子对曰：‘善哉问也！天子适诸侯曰巡狩。巡狩者，巡所守也。诸侯朝于天子曰述职。述职者，述所职也。无非事者。春省耕而补不足，秋省敛而助不给。夏谚曰："吾王不游，吾何以休？吾王不豫，吾何以助？一游一豫，为诸侯度。"今也不然，师行而粮食，饥者弗食，劳者弗息。睊睊胥谗，民乃作慝。方命虐民，饮食若流。流连荒亡，为诸侯忧。从流下而忘反谓之流，从流上而忘反谓之连，从兽无厌谓之荒，乐酒无厌谓之亡。先王无流连之乐、荒亡之行，惟君所行也。'景公说，大戒于国，出舍于郊。于是始兴发补不足。召太师曰：'为我作君臣相说之乐。'盖《徵招》《角招》是也。其诗曰：'畜君何尤？'畜君者，好君也。"

【通释】

此章亦言"与民同乐"之义。

齐景公：春秋时齐国国君，姜姓，名杵臼。晏子：即晏婴，春秋齐国贤臣。朝儛：皆山，或云朝，水名。夏谚：夏世谚语。睊睊：侧目相视。胥：交相也。慝：怨恶。方命：违背王命。徵招、角招：所作乐章名。招：同韶。畜：爱也。

此章言"与民同乐"，其义要在于"乐民之乐者，民亦乐其乐。忧民之忧者，民亦忧其忧。乐以天下，忧以天下，然而不王者，未之有也"。此言以天下百姓之乐为乐、之忧为忧，其所忧所乐，非以享乐为目的。此忧乐，犹范仲淹"先天下之忧而忧，后天下之乐而乐"，乃一种纯粹的道德感，已超越于满足感性欲望和功利的范围。此点可结合《梁惠王上》"王立于沼上章"（1.2）来理解。

下文又举景公与晏子的一段佚事以明此义。景公欲参比先王，筹划其游观之行，因问于晏子。晏子于是为景公陈述天子巡狩诸侯述职之义：古代天子、诸侯有巡狩、述职之礼，其意不在游乐，而在政事。除巡守述职之外，又有省耕省敛之事。春季考察耕种，秋季考察收成，对贫穷者予以补助，其意亦在农事，而不在游乐。古代天子诸侯出游有度，有益民生，故能得到人民的欢迎和歌颂。今国君出游，劳师动众，消耗粮食，使饥者不得食，劳者不得休。百姓无不切齿痛恨，侧目而视。此种出游，违背天命，暴虐百姓，浪费粮食，穷极其欲，以为流连荒亡之行。先王之游，意在政事民生，而无此流连荒亡之行，劝君效而行之。景公悦晏子之言，由是改弦更张，效法先王而为恤济百姓之游。晏子是能真爱其君者也。

孟子为齐宣王陈景公与晏子事，意在说明“与民同乐”之义，以劝诫宣王。

2.5 明堂章

齐宣王问曰：“人皆谓我毁明堂。毁诸？已乎？”

孟子对曰：“夫明堂者，王者之堂也。王欲行王政，则勿毁之矣。”

王曰：“王政可得闻与？”

对曰：“昔者文王之治岐也，耕者九一，仕者世禄，关市讥而不征，泽梁无禁，罪人不孥。老而无妻曰鳏，老而无夫曰寡，老而无子曰独，幼而无父曰孤。此四者，天下之穷民而无告者。文王发政施仁，必先斯四者。《诗》云：‘哿矣富人，哀此茕独。’”

王曰：“善哉言乎！”

曰：“王如善之，则何为不行？”

王曰“寡人有疾，寡人好货。”

对曰：“昔者公刘好货。《诗》云：‘乃积乃仓，乃裹餱粮。于橐于囊，思戢用光。弓矢斯张，干戈戚扬，爰方启行。’故居者有积仓，行者有裹粮也。然后可以爰方启行。王如好货，与百姓同之，于王何有？”

王曰："寡人有疾，寡人好色。"

对曰："昔者大王好色，爱厥妃。《诗》云：'古公亶父，来朝走马，率西水浒，至于岐下。爰及姜女，聿来胥宇。'当是时也，内无怨女，外无旷夫。王如好色，与百姓同之，于王何有？"

【通释】

此章论王政，亦言人君要"与民同欲"。

明堂：谓泰山明堂，本周天子东巡狩朝诸侯之处。讥而不征：讥，稽查；征，征税。泽梁：泽，池塘；梁，渔梁，即拦水为梁，用以捕鱼。罪人不孥：孥者，妻子也；谓罪人仅及其身而不牵连妻子也。茕独：茕者，孤独义。公刘：后稷曾孙，周代创业始祖。于橐于囊：谓裹餱粮于橐囊也。餱粮：干粮也。思戢用光：思安民以光其业也。戚扬：戚，斧也；扬，钺也。亶父：太王名。率：循也。浒：涯也。胥宇：相屋宇也。

本章孟子因答齐宣王"毁明堂"之问，引出王政问题的讨论。对于此所谓"毁明堂"，有不同的说法。观本章上下文义，孟子主张勿毁明堂，既表现出儒家"尔爱其羊，我爱其礼"（《论语·八佾》）的复古精神，[①] 同时亦要在由"明堂者，王者之堂"引出其"王政"之说，其关注点并不在"明堂"本身。

孟子与齐宣王言王政，特别注重民生富足对于行王政的基础性意义，并举文王治岐为例来说明这一点："耕者九一，仕者世禄，关市讥而不征，泽梁无禁，罪人不孥。"文王这些为政举措，其要在于薄赋敛，轻刑罚，与民共利，使民得富足。尤其是强调，为政当先安顿好鳏寡孤独等弱势群体，此亦文王爱民之心的表现。

齐宣王谓已有"好货""好色"之病，因此不能行王政。孟子乃举公刘、太王之例，说明人君好货好色，只要能与百姓同欲，并不影响王政之实行。此章引《大雅·公刘》诗，乃言公刘所谓"好货"，实欲使

---

① 儒家在礼制上持一种"复古"的立场。所谓复古，并非回到古代，而是主张在文明的创制上贯彻一种文质合一的精神。参阅李景林《孔子"述、作"之义与文化的继承性》，《天津社会科学》2002年6期。

国家、百姓皆能财用富足；引《大雅·绵》诗，乃言太王所谓“好色”，实欲使百姓男女皆能有室家之安。此所谓“好货”“好色”，表现的是公心而非私欲。孟子由是结论说：“王如好货、好色”，“与百姓同之，于王何有”。此义可参阅《梁惠王上》“王立于沼上章”（1.2）、“寡人之于国也章”（1.3）“通释”。

2.6　王之臣章

孟子谓齐宣王曰：“王之臣有托其妻子于其友而之楚游者，比其反也，则冻馁其妻子，则如之何？”

王曰：“弃之。”

曰：“士师不能治士，则如之何？”

王曰：“已之。”

曰：“四境之内不治，则如之何？”

王顾左右而言他。

【通释】

此章言君臣上下当各司其职，任其责。

比：及也。弃：绝也。士师：狱官也。

孟子举二事为齐宣王陈为君当尽其职责之义。受人之托，当忠人之事，有受托于友人而冻馁其妻子者，理当弃之。为士师而不能治士，是未尽其职官之责，亦当罢去之。由此推之，为人君不能治国，是不能胜其任，其当作何处置，则不言而喻矣。故齐宣王不能答。《孟子》一书，多记有其当面批评国君之事，表现了一种士人的独立人格和道义担当精神。

2.7　故国章

孟子见齐宣王，曰：“所谓故国者，非谓有乔木之谓也，有世臣之谓也。王无亲臣矣。昔者所进，今日不知其亡也。”

王曰：“吾何以识其不才而舍之？”

曰：“国君进贤，如不得已，将使卑逾尊，疏逾戚，可不慎与？左右皆曰贤，未可也。诸大夫皆曰贤，未可也。国人皆曰贤，然后察之，见贤焉，然后用之。左右皆曰不可，勿听。诸大夫皆曰不可，勿听。国人皆曰不可，然后察之，见不可焉，然后去之。左右皆曰可杀，勿听。诸大夫皆曰可杀，勿听。国人皆曰可杀，然后察之，见可杀焉，然后杀之。故曰，国人杀之也。如此，然后可以为民父母。”

【通释】

此章言用人之道也。

在用人上，孟子主张用世臣，而慎举新进。“世臣”，朱子《集注》：“世臣，累世勋旧之臣，与国同休戚者也。亲臣，君所亲信之臣，与君同休戚者。”赵岐注“世臣”则说：“累世修德之臣，常能辅其君以道，乃为旧国可法则也。”按孟子主张用贤，亲近贤臣，下文“国君进贤”，亦表现了这一点。赵注突出世臣“累世修德”之义，较朱注更切近孟子此章之意旨，可从。孟子在举新进，黜旧人上显得比较谨慎，亦因知贤用贤不易，非经一个审慎的考察过程不可。

齐宣王问辨用贤才之法，孟子因之提出其选贤之原则与方法。“国人皆曰贤”，“国人皆曰不可”，“国人皆曰可杀”，一出于国人之公断。而以国人之公断为评断贤愚、善恶之标准，则须人君不偏听偏信，而秉持以民为本之公心。非如此，则不可以“为民父母”，此亦评国君贤与不贤之铨衡也。

2.8 汤放桀章

齐宣王问曰："汤放桀，武王伐纣，有诸？"

孟子对曰："于传有之。"

曰："臣弑其君，可乎？"

曰："贼仁者，谓之贼；贼义者，谓之残；残贼之人，谓之一夫。闻诛一夫纣矣，未闻弑君也。"

【通释】

此章言王权政权之合法性根据，亦正名之说也。

贼：害也。残：伤也。一夫：一者独也，一夫即众叛亲离的独夫。

齐宣王以寻常君臣关系评断汤武革命，孟子则应之以正"君"与"贼"、"弑"与"诛"之名。孟子论王道，以"仁义"为最高的原则，此处亦以"仁义"或人道为王权政权之合法性的最高标准，亦由之以正"君"与"残贼""独夫"、"诛"与"弑"之名。儒家尊君，是尊其为伦理共同体的代表，而非愚忠也。以后荀子主张"从道不从君"（《荀子·臣道篇》），"诛桀纣若诛独夫"（《荀子·议兵篇》），亦此义也。

孟子之答宣王，崖岸高峻，壁立万仞，言辞激切，有雷霆万钧之势，足以针砭当世，警策时主。其好辩敢言，激烈冷峻的性格，跃然而出。

2.9 为巨室章

孟子见齐宣王，曰："为巨室，则必使工师求大木。工师得大木，则王喜，以为能胜其任也。匠人斫而小之，则王怒，以为不胜其任矣。夫人幼而学之，壮而欲行之，王曰'姑舍女所学而从我'，则何如？今有璞玉于此，虽万镒，必使玉人雕琢之。至于治国家，则曰‘姑舍女所学而从我’，则何以异于教玉人雕琢玉哉？”

【通释】

此章言人各有所能，社会各有分职。人君治国，当因其所能，使各安其分职。

工师：匠人之长。斫：砍削。镒：二十两为一镒。

孟子有很强的社会分工的观念，《滕文公上》“有为神农之言章”（5.4）谓“物之不齐，物之情也”，“一人之身，而百工之所为备”，故必须在社会分工的前提下，乃能建立合理的伦理生活。此章亦言此义。人君为政治国，当设官分职，任人之所能，不可凭一己之私意，令人舍弃其“所学而从我”，越权而干预之。孟子此论，在今日仍很有现实意义。

2.10　齐人伐燕胜之章

齐人伐燕，胜之。宣王问曰：“或谓寡人勿取，或谓寡人取之。以万乘之国伐万乘之国，五旬而举之，人力不至于此。不取，必有天殃。取之，何如？”

孟子对曰：“取之而燕民悦，则取之。古之人有行之者，武王是也。取之而燕民不悦，则勿取。古之人有行之者，文王是也。以万乘之国伐万乘之国，箪食壶浆以迎王师，岂有他哉？避水火也。如水益深，如火益热，亦运而已矣。”

2.11　齐人伐燕取之章

齐人伐燕，取之。诸侯将谋救燕。宣王曰：“诸侯多谋伐寡人者，何以待之？”

孟子对曰：“臣闻七十里为政于天下者，汤是也。未闻以千里畏人者也。《书》曰：‘汤一征，自葛始。’天下信之。东面而征，西夷怨；南面而征，北狄怨。曰：‘奚为后我？’民望之，若大旱之望云霓也。归市者不止，耕者不变，诛其君而吊其民，若时雨降。民大悦。《书》曰：‘徯我后，后来其苏。’今燕虐其民，王往而征之，民以为将拯己于水火之中也，箪食壶浆以迎王师。若杀其父兄，系累其子弟，毁其宗庙，迁其重器，如之何其可也？天下固畏齐之强也，今又倍地而不行仁政，是动天下之兵也。王速出令，反其旄倪，止其重器，谋于燕众，置君而后去之，则犹可及止也。”

【通释】

2.10 与 2.11 两章，皆论齐伐燕之事，可互参。此外，《公孙丑下》“沈同以其私问章”（4.8）也涉及对此事的讨论，亦可相参酌。

箪：竹器。食：饭也。运：转也。徯：待也。后：君也。苏：复生也。旄：老人。倪：即儿，小孩。

关于伐燕的正当性问题，孟子乃从仁政王道的角度作答。

齐宣王五年，燕王哙昏聩，让位于子之，国人不服，三年而国乱，百姓怨声载道。太子平起兵攻子之，为子之所杀，数月间，死者数万人。宣王乘机举兵攻之，轻易取胜。① 宣王见其易，遂欲取之，故问孟子。

齐宣王之问，出自兼并之私意。齐宣王认为伐燕获胜之速，取之似为天意：“以万乘之国伐万乘之国，五旬而举之，人力不至于此。不取，必有天殃。”孟子仍以仁义道义为最高的原则，分析汤伐桀，武王伐纣，皆顺乎天而应乎人，南征而北怨，东征而西怨，民之从之如归。如齐之

① 参阅《战国策》之《齐策》《燕策》。

伐燕，乃乘民怨而胜之，而不能行仁政，而以拓疆之私欲而兼并之，则是益燕民之苦难，必将招致天下之兵燹与战乱。必“反其旄倪，止其重器，谋于燕众，置君而后去之”，方可制止将起之祸乱。

2.12　邹与鲁閧章

邹与鲁閧。穆公问曰：“吾有司死者三十三人，而民莫之死也。诛之，则不可胜诛；不诛，则疾视其长上之死而不救，如之何则可也？”

孟子对曰：“凶年饥岁，君之民老弱转乎沟壑，壮者散而之四方者，几千人矣。而君之仓廪实，府库充，有司莫以告，是上慢而残下也。曾子曰：‘戒之戒之，出乎尔者，反乎尔者也。’夫民今而后得反之也。君无尤焉！君行仁政，斯民亲其上、死其长矣。”

【通释】

此章亦言德政仁政也。

閧：斗也。转：朱子《集注》：“饥饿辗转而死也。”尤：过也。

邹国与鲁国发生冲突，官吏死者三十三人，国民却无人为之死难。邹穆公欲因民见长上之死不救而惩罚之。孟子则因以劝说其行仁政。邹国遇到灾年，民之老弱者饥饿辗转死于沟壑，少壮流散逃亡者近千人。国家府库充盈，官吏却无以告而赈济之，是上傲慢而残贼人民者也。如曾子所言，出乎尔者，必反乎尔。今民不死其长，责在官吏，而不在民。故孟子因以劝告穆公：“君行仁政，斯民亲其上，死其长矣。”

2.13　滕小国章

滕文公问曰：“滕，小国也，间于齐楚，事齐乎？

事楚乎？”

孟子对曰：“是谋非吾所能及也。无已，则有一焉：凿斯池也，筑斯城也，与民守之，效死而民弗去，则是可为也。”

【通释】

此章言民心为政治之基础。焦循论此章章指：“言事无礼之国，不若得民心与之守死善道也。”其说是也。

2.14 齐人将筑薛章

滕文公问曰：“齐人将筑薛，吾甚恐。如之何则可？”

孟子对曰：“昔者大王居邠，狄人侵之，去之岐山之下居焉。非择而取之，不得已也。苟为善，后世子孙必有王者矣。君子创业垂统，为可继也。若夫成功，则天也。君如彼何哉？强为善而已矣。”

2.15 滕小国也章

滕文公问曰：“滕，小国也，竭力以事大国，则不得免焉，如之何则可？”

孟子对曰：“昔者大王居邠，狄人侵之。事之以皮币，不得免焉；事之以犬马，不得免焉；事之以珠玉，不得免焉。乃属其耆老而告之曰：‘狄人之所欲者，吾土地也。吾闻之也，君子不以其所以养人者害人。二三子何患乎无君？我将去之。’去邠，逾梁山，邑于岐山之下，居焉。邠人曰：‘仁人也，不可失也。’从之者如归市。或曰：‘世守也，非身之所能为也。效死勿去。’君请择于斯二者。”

【通释】

2.14 与 2.15 两章皆言国际关系中“以小事大”之原则和方法，可以互参。

创：造也。统：绪也。属：会集。耆老：泛指老者。邑：作邑，用为动词。

本篇“交邻国有道章”（2.3）提出了“以大事小”和“以小事大”的国际关系处理原则。其中“以小事大”之原则，孟子以“惟智者为能以小事大”“畏天者也”“畏天者保其国”论之。2.14、2.15 两章孟子即引太王居邠之史实具体讨论这一“以小事大”的国际关系原则。此义“交邻国有道章”（2.3）之“通释”已作过解说，可参考。

滕以小国，为齐楚两大国所逼，文公甚忧惧之，因以求教于孟子。2.13 孟子答以观民心之向背，2.14 与 2.15 两章皆举太王居邠事狄故事，以阐明小国事大国之方。不过，2.14 只是一般性地提出守死善道，行其所当行，居易以俟天命之道。2.15 则对太王居邠事狄一事作具体分析以明此义。太王事狄，奉之以皮帛、犬马、珠玉，皆不得免。知狄人侵逼不已，其欲在吾土地，是以决心去之。太王之行事，不以己之君位为念，而惟以保全百姓为目的，体现了一种不计功利，守死善道，居易俟命的精神。是以能够得民心，为人民所拥戴，其后世子孙，亦得以王天下。

孟子此说，亦表现了一种天命与民意、德与福内在统一的义理精神。

2.16　鲁平公章

鲁平公将出，嬖人臧仓者请曰：“他日君出，则必命有司所之。今乘舆已驾矣，有司未知所之，敢请。”

公曰：“将见孟子。”

曰：“何哉，君所为轻身以先于匹夫者？以为贤乎？礼义由贤者出，而孟子之后丧逾前丧。君无见焉。”

公曰：“诺。”

乐正子入见，曰：“君奚为不见孟轲也？”

曰：“或告寡人曰‘孟子之后丧逾前丧’，是以不往见也。”

曰：“何哉，君所谓逾者？前以士，后以大夫；前以三鼎，而后以五鼎与？”

曰：“否。谓棺椁衣衾之美也。”

曰：“非所谓逾也，贫富不同也。”

乐正子见孟子，曰：“克告于君，君为来见也。嬖人有臧仓者沮君，君是以不果来也。”

曰：“行，或使之；止，或尼之。行止非人所能也。吾之不遇鲁侯，天也。臧氏之子焉能使予不遇哉？”

【通释】

此章言君子不以天下俭其亲之义也。

嬖人：被宠幸之人。逾：过也。乐正子：名克，孟子弟子。鼎：牲器也，古代祭祀用以盛载动物类祭品。三鼎：士祭礼三鼎。五鼎：大夫祭礼五鼎。棺椁：分指内棺和外棺。沮、尼：皆止之之意。

鲁平公将见孟子，其嬖臣臧仓以孟子“后丧逾前丧”，不合礼义为由沮止之。孟子母后丧于父，其葬母厚于其父。乐正克的解释是：“非所谓逾也，贫富不同也。”《公孙丑下》“孟子自齐葬于鲁章”（4.7）记孟子解释其葬母棺椁之美曰：“古者棺椁无度，中古棺七寸，椁称之。自天子达于庶人，非直为观美也，然后尽于人心。不得，不可以为悦；

无财，不可以为悦。得之为有财，古之人皆用之，吾何为独不然？且比化者，无使土亲肤，于人心独无恔乎？吾闻之也：君子不以天下俭其亲。”可以参考。儒家重视丧礼，其义要在称情立文，使人子得以尽其心而成其德。孟子葬母之事，即体现了这一精神。

孟子之答乐正子嬖人沮君之说，亦表现了一种“君子居易俟命”“修身以立命”的精神。

卷三　公孙丑通释上

（共9章）

3.1　夫子当路于齐章

公孙丑问曰："夫子当路于齐，管仲、晏子之功，可复许乎？"

孟子曰："子诚齐人也，知管仲、晏子而已矣。或问乎曾西曰：'吾子与子路孰贤？'曾西蹵然曰：'吾先子之所畏也。'曰：'然则吾子与管仲孰贤？'曾西艴然不悦，曰：'尔何曾比予于管仲？管仲得君，如彼其专也；行乎国政，如彼其久也；功烈，如彼其卑也。尔何曾比予于是？'"曰："管仲，曾西之所不为也，而子为我愿之乎？"

曰："管仲以其君霸，晏子以其君显。管仲、晏子犹不足为与？"

曰："以齐王，由反手也。"

曰："若是，则弟子之惑滋甚。且以文王之德，百年而后崩，犹未洽于天下。武王、周公继之，然后大行。今言王若易然，则文王不足法与？"

曰："文王何可当也？由汤至于武丁，贤圣之君六七作，天下归殷久矣，久则难变也。武丁朝诸侯，有天下，犹运之掌也。纣之去武丁未久也，其故家遗俗，流风善政，犹有存者。又有微子、微仲、王子比干、箕子、胶鬲，皆贤人也，相与辅相之，故久而后失之也。尺地莫非其有也，一民莫非其臣也，然而文王犹方百里起，是以难也。齐人有言曰：'虽有智慧，不如乘势。虽有镃基，不如待时。'今时则易然也，夏后、殷、周之盛，地未有过千里者也，而齐有其地矣；鸡鸣狗吠相闻，而达乎四境，而齐有其民矣。地不改辟矣，民不改聚矣，行仁政而王，莫之能御也。且王者之不作，未有疏于此时者也；民之憔悴于虐政，未有甚于此时者也。饥者易为食，渴者易为饮。孔子曰：'德之流行，速于置邮而传命。'当今之时，万乘之国行仁政，民之悦之，犹解倒悬也。故事半古之人，功必倍之。惟此时为然。"

【通释】

此章论行仁政以王天下之形势条件。

公孙丑：齐人，孟子弟子。曾西：赵岐注："曾子之孙。"或谓曾西为曾参之子曾申，字子西。蹵然：不安貌。艴然：不悦之色。微子：纣兄，名启。微仲：微子弟，名衍。王子比干：纣叔父。箕子：亦纣叔父。胶鬲：纣臣。镃基：锄一类耕田的工具。置邮：古时驿站。

孟子不屑比于管仲、晏婴，以曾西例之。曾西极推重子路，而鄙视管仲。管仲之功业成就，孔子曾亟称之。子路在孔子之门，虽列政事之科，其功业不过为季氏宰，而曾西则敬畏之。曾西评价管仲，则曰："管仲得君，如彼其专也；行乎国政，如彼其久也；功烈，如彼其卑也。尔何曾比予于是？"《论语・微子》记子路的话说："君子之仕也，行其义也。道之不行，已知之矣。”（18.7）可知曾西对子路与管仲的评价，要在行事原则上的义利、王霸之辨。这正是孟子欲借曾西之口所要表达的意思。

孟子谓“以齐王，由反手也”，弟子公孙丑则以文武周公王业之艰而疑之。孟子乃从时势入手对此作了具体的分析：自汤至于武丁之经营，天下归殷久之，久则难变。而“纣之去武丁未久”，“其故家遗俗，流风善政，犹有存者”，又有微子、微仲、王子比干、箕子、胶鬲诸贤人相与辅相之。彼时天下人民，皆为其所有，文王仅以百里之地，故难。而在当时，齐已有千里之地，王者不作，时日已久，百姓久受虐政之苦，渴望出水火而解倒悬。“虽有智慧，不如乘势”，此时齐以万乘之国而行王政，将事半而功倍于古人。这个分析，起码在逻辑上是自洽的。

3.2 知言养气章

公孙丑问曰：“夫子加齐之卿相，得行道焉，虽由此霸王不异矣。如此，则动心否乎？”

孟子曰：“否，我四十不动心。”

曰：“若是，则夫子过孟贲远矣。”

曰：“是不难，告子先我不动心。”

曰：“不动心有道乎？”

曰：“有。北宫黝之养勇也，不肤挠，不目逃，思以一豪挫于人，若挞之于市朝。不受于褐宽博，亦不受于万乘之君。视刺万乘之君，若刺褐夫；无严诸侯，恶声至，必反之。孟施舍之所养勇也，曰：‘视不胜犹胜也，量敌而后进，虑胜而后会，是畏三军者也。舍岂能为必胜哉？能无惧而已矣。’孟施舍似曾子，北宫黝似子夏。夫二子之勇，未知其孰贤，然而孟施舍守约也。

昔者曾子谓子襄曰：‘子好勇乎？吾尝闻大勇于夫子矣：自反而不缩，虽褐宽博，吾不惴焉；自反而缩，虽千万人，吾往矣。’孟施舍之守气，又不如曾子之守约也。”

曰：“敢问夫子之不动心与告子之不动心，可得闻与？”

“告子曰：‘不得于言，勿求于心；不得于心，勿求于气。’不得于心，勿求于气，可；不得于言，勿求于心，不可。夫志，气之帅也；气，体之充也。夫志至焉，气次焉。故曰：持其志，无暴其气。”

“既曰‘志至焉，气次焉’，又曰‘持其志，无暴其气’者，何也？”

曰：“志壹则动气，气壹则动志也。今夫蹶者趋者，是气也，而反动其心。”

“敢问夫子恶乎长？”

曰：“我知言，我善养吾浩然之气。”

“敢问何谓浩然之气？”

曰：“难言也。其为气也，至大至刚。以直养而无害，则塞于天地之间。其为气也，配义与道；无是，馁也。是集义所生者，非义袭而取之也。行有不慊于心，则馁矣。我故曰告子未尝知义，以其外之也。必有事焉而勿正，心勿忘，勿助长也。无若宋人然：宋人有闵其苗之不长而揠之者。芒芒然归，谓其人曰：‘今日病矣，予助苗长矣。’其子趋而往视之，苗则槁矣。天下之不助苗长者寡矣。以为无益而舍之者，不耘苗者也；助之长者，揠苗者也——非徒无益，而又害之。”

“何谓知言？”

曰：“诐辞知其所蔽，淫辞知其所陷，邪辞知其所离，遁辞知其所穷。生于其心，害于其政；发于其政，害于其事。圣人复起，必从吾言矣。”

“宰我、子贡善为说辞，冉牛、闵子、颜渊善言德行，孔子兼之，曰：‘我于辞命，则不能也。’然则夫子既圣矣乎？”

曰：“恶！是何言也？昔者子贡问于孔子曰：‘夫子圣矣乎？’孔子曰：‘圣则吾不能，我学不厌而教不倦也。’子贡曰：‘学不厌，智也；教不倦，仁也。仁且智，夫子既圣矣夫。’夫圣，孔子不居，是何言也？”

“昔者窃闻之：子夏、子游、子张皆有圣人之一体，冉牛、闵子、颜渊，则具体而微。敢问所安。”

曰：“姑舍是。”

曰：“伯夷、伊尹何如？”

曰：“不同道。非其君不事，非其民不使，治则进，乱则退，伯夷也。何事非君，何使非民，治亦进，乱亦进，伊尹也。可以仕则仕，可以止则止，可以久则久，可以速则速，孔子也。皆古圣人也。吾未能有行焉。乃所愿，则学孔子也。”

“伯夷、伊尹于孔子，若是班乎？”

曰：“否。自有生民以来，未有孔子也。”

曰：“然则有同与？”

曰：“有。得百里之地而君之，皆能以朝诸侯、有天下。行一不义、杀一不辜而得天下，皆不为也。是则同。”

曰："敢问其所以异？"

曰："宰我、子贡、有若，智足以知圣人，污不至阿其所好。宰我曰：'以予观于夫子，贤于尧舜远矣。'子贡曰：'见其礼而知其政，闻其乐而知其德。由百世之后，等百世之王，莫之能违也。自生民以来，未有夫子也。'有若曰：'岂惟民哉？麒麟之于走兽，鳳凰之于飞鸟，太山之于丘垤，河海之于行潦，类也。圣人之于民，亦类也。出于其类，拔乎其萃。自生民以来，未有盛于孔子也。'"

【通释】

此章论养气与知言。

孟贲：古代勇士。朱子《集注》："肤挠，肌肤被刺而挠屈也。目逃，目被刺而转睛逃避也。挫，犹辱也。褐，毛布。宽博，宽大之衣，贱者之服也。不受者，不受其挫也。刺，杀也。严，畏惮也，言无可畏惮之诸侯也。"会：交锋会战。缩：朱子《集注》："直也。"惴：使之恐惧。慊：愉悦，满足。正：预期也。揠：拔。诐：偏颇也。淫：放荡也。邪：邪僻也。遁：逃避也。垤：蚁封也。

此章讲到三个问题：养浩然之气；知言；对孔子和自我的评价。这是孟子思想中的几个重要问题，需要做深入的讨论。

关于养浩然之气：

养浩然之气，可以说是孟子的工夫论和修养学说，它对中国文化浩然阔达的精神人格之养成，有重要的精神引领作用。文天祥的《正气歌》："天地有正气，杂然赋流形。下则为河岳，上则为日星。于人曰浩然，沛乎塞苍冥。皇路当清夷，含和吐明庭。时穷节乃见，一一垂丹青。"就是其集中的体现。

冯友兰先生指出，"浩然之气"是"概括地讲一种精神境界"，① 这

① 冯友兰《中国哲学史新编》第二册，人民出版社 1984 年第 2 版，第 92 页。

是正确的。更确切地讲，浩然之气是落实于“气”或人的实存而实现出来的一种精神境界。这样，它才同时具有一种存在义的动力性质和推动实存转变的教化意义。所以，此章论养气，乃以志于“道、义”为本并由之而转化实存（“气”）作为其根本的途径。

此章论养气，包括两个部分：一是论“养勇”；一是论“养浩然之气”。前者是后者的一个铺垫。

此章提出三种达到不动心的方法。一是“守气”，即培养勇气，使心不动。二是通过对自己行为合理性的自觉，养成一种“大勇”，从而做到不动心。第三种即告子的方法，其要点是强制其心使它不活动：“不得于言，勿求于心；不得于心，勿求于气。”是说在语言上有所不明，就不要求助于心来理解它；同样，对于心未安的事情，也不要向外求助于气。总之，是要把捉此心，强使之不动。孟子也讲“不动心”，但他认为上述方法都有缺陷。为了说明这一点，孟子首先引入“气”这一概念，在理论上讨论了身心及知行的关系问题。

孟子以志、气并举。“志”，赵岐注：“心所念虑也。”朱熹注：“志固心之所之。”志乃心的表现，具体说来，就是心在其自觉中确立志向，作出决定。在儒家哲学中，孟子首先系统地论到“气”这一概念。气，与人的肉体活动或物质性存在相关：“气，体之充也。”人的身体由气所充满。但是，孟子所言气，讨论的并不是构成事物的质料，而是人的精神生活，不能归结为一个单纯的物质概念。这里的气，可以概括为一种与肉体活动相统一的精神力量或精神状态。今语“理直气壮”的气，还保留了与此相近的涵义。在孟子之前，已有对“气”的这种用法。《左传·庄公十年》记载曹刿论战说：“夫战，勇气也。一鼓作气，再而衰，三而竭。”战鼓所激励起来的将士的力量，是一种精神力量；但它如果不同时表现为一种情绪的激动、肌肉的紧张的力量，就不会使之发为制胜的行动。所以，志与气是不可分的。

心是人的“大体”；身或形色、耳目口鼻四肢为“小体”。但身心不可分，圣人践形，心之德必睟面盎背，见乎四体，就说明了这一点。身心关系，从道德行为的角度讲，即志气关系。身心，亦即志气的统一，才能产生必然的、自然的道德行为。就志气关系说，一方面，志是核心，是气的统帅，决定着气之趋归的方向；另一方面，意志所以有力量，能发动人的行为，亦因它与气不可分。“志至焉，气次焉。”志统帅着气，与意志的指向相一致，气也必然伴随而至。同时，气也影响志。“今夫蹶者趋者，是气也，而反动其心。”譬如，行走间跌了一跤，亦会使人感到灰心丧气，对志产生负面的影响。因此，如果忽视和损坏了气的培养，志就会失去支持的力量。是以单讲“养勇”，不知反省本心，就把握不住根本。同样，仅强制其心不动，忽视气的培养，亦不能达自然自由之境。要达到道德人格上的自由，必须“持其志，无暴其气”。

有关“养勇”的讨论，涉及到“志、气”两端。“夫志，气之帅也；气，体之充也。夫志至焉，气次焉。故曰：持其志，无暴其气。”“持其志，无暴其气”，是讲志与气乃互成之两端，不可偏废。而志为“气之帅”，“志至”“气次”，则言“养勇”之方，应以对义理之持守为其根本。孟子对北宫黝、孟施舍和曾子三家养勇之法的评价，亦印证了这一点。北宫黝之养勇，“不肤挠，不目逃，思以一毫挫于人，若挞之于市朝”，其所重，在血气的训练。孟施舍之养勇，“视不胜犹胜也，量敌而后进，虑胜而后会，是畏三军者也。舍岂能为必胜哉？能无惧而已矣”。知不求必胜，而能返归于内心之“无惧”。其养勇之法，则较之北宫黝为“守约”。“约”训要。“守约”，即更能抓住要害。不过，孟施舍之养勇，仍偏在单纯“守气”一端。未能真正抓住根本。曾子得闻“大勇”于孔子，其所言，真正把握到了“养勇”的根本所在。“吾尝闻大勇于夫子矣：自反而不缩，虽褐宽博，吾不惴焉；自反而缩，虽千万人，吾往矣。”“缩”，赵岐注：“缩，义也。”朱子《集注》：“缩，直也。”可见，曾子的养勇，其要点是通过反思和持守内心之正义，以养成真正的“大勇”。

孟子既言“养气”，何以又批评北宫黝、孟施舍之“守气”？这要与《告子上》“牛山之木章”（11.8）有关“才”的论述联系起来理解。在孟子看来，人的存在或本然之“气”，乃是由仁义或理义贯通其中并显现“仁义之心”或“良心”之才具。故不能把“气”的意义单纯地归结为血气之属。“牛山之木章”所谓“操则存”，“仁义之心”“存乎人”，正是指仁义、良心贯乎“气”之显现而言。北宫黝、孟施舍的“守气”之法，偏离了这个根本，其所守之“气”，便失去了其本然的“性”之才具的意义。孟子批评北宫黝、孟施舍之“守气”，而认同曾子养大勇之法，道理即在于此。

此章有关“养浩然之气”的讨论，亦贯彻了这一精神。“养浩然之气”，看起来很难解，但抓住这一根本点，也就容易理解了。

孟子“养浩然之气”的方法，可以归结为三句话：1.“是集义所生者”；2. “以直养而无害”；3. “配义与道”。“集义所生”是总提；“直养无害”和“配义与道”是分说。

“以直养而无害”，讲“浩然之气”的培养要顺乎自然。朱子《集注》以“自反而缩”解“以直养”，虽不能算错，但并不稳妥。确切地讲，“自反而缩”，乃相应于“配义与道”，不好直接拿来讲“以直养而无害”。此章下文“必有事焉而勿正，心勿忘，勿助长也。无若宋人然……以为无益而舍之者，不耘苗者也。助之长者，揠苗者也——非徒无益，而又害之”，正是这个“以直养而无害”之的解。孟子在这里强调了一个问题的两方面：“必有事”“心勿忘”，是强调不能忽视“气”的培养；“勿正”“勿助”，是强调“气”的培养应顺乎自然，由其自然养成。“以为无益而舍之”，就是“忘”，即忽视“气”的培养；揠苗助长，就是“正”和“助”，即以故意和人为外在地干预其生长的自然进程，这不仅无益，反倒有害。这两点合起来，就叫做“以直养而无害”。

“其为气也，配义与道，无是，馁也”，此言“浩然之气”的培养，必须以“道义”为其本。“配”，旧注多以与“气”相配合解之，似不够确切。相互配合者，应是两物。孟子言性善，以德性规定内在于情感实存为其根本义。故此章下文特别指出：“我故曰告子未尝知义，以其外之也。”这个“我故曰”，是接着“气”与“道、义”关系的语脉讲的。“外之”，即外于人的实存（包括人的情感生活和肉体实存在内）以言“义”。由《告子上》“孟季子问公都子章”（11.5）对告子“仁内义外”说所作的分析可知，告子讲“仁内义外”，实质上是由对道德法则与情感、肉体实存相互外在的理解，而提出一种人性的“白板论”。孟子判定告子“不知义”，其理由即在于此。仁义、道义既为人的实存之内在规定，二者实一体而不可分，故“养浩然之气”，亦当以操存、挺立内在的道义或仁义原则为其根本。“其为气也，配义与道，无是馁也”，说的就是这个道理。这与孟子之推重曾子养勇之法及“志为气帅”的观念，都是一致的。

统合以上两点，养浩然之气，可以归结为一句话：“是集义所生者，非义袭而取之也”。“以直养而无害”，是从“气”的一端说；“配义与道”是从内在地持守道义一端说；“集义所生”，则是统合二者总论浩然之气的养成。

这里，“集义”和“义袭”二语特别关键。“义袭”，是行为偶然的合“义”，即把“义”作为一个外在的规则来行。下文接着说：“行有不慊于心，则馁矣。我故曰告子未尝知义，以其外之也。”可知这个“义袭而取”，其特点一是以“义”为“外”；二是行为间断而不连续。这两点是告子修养方法的特点。关于“集义”，赵岐注和焦循《正义》以“杂”与“合”解“集”字义，释“集义”为气“与义合生”或“与义杂生，从内而出”。此以气与义为二物，显然与孟子之说不侔。朱子《集注》：“集义，犹言积善，盖欲事事皆合于义也。”此解较赵岐、焦循略好。但朱子以行为上的“积善”解释“集义”，仍是一种间断性。“集义”之方，正与“义袭”相反，其所强调的是仁义的内在于“气”和道德创造的连续性。对这一点，旧注多不能相契。“集义”之“集”，既不能理解为“积累”，亦不能理解为“杂合”。真正说来，要理解这个“集义所生”的意义，要由乎义理，而不能局限于文字。约言之，“集义所生”，关乎“义”与“气”两端，其所强调者，乃是由“道义”贯通转化实存而达道德创造之连续。

“义”是“浩然之气”之生生与充盈的内在本原。“行有不慊于心则馁矣”，这“馁”，即因无“义”的支撑而失其生生之本，“气”亦不能充盈。就人的行为之合“义”而言，单纯的行为，只是经验之事实，其本身不具道德的必然性和连续性。所以，如果把“集义”只理解为道德行为之积累意义上的“积善”，这其实还只能是“义袭而取”。因此，“集义所生”，其着眼点在于“道义”内在于实存之本原贯通，由此引生“气”之“纯亦不已”的生生创造。孔孟常以水为喻来揭示这种道德创造的意义。《离娄下》“徐子曰仲尼亟称于水章”（8.18）：“徐子曰：仲尼亟称于水，曰：‘水哉！水哉！’何取于水也？孟子曰：原泉混混，不舍昼夜，盈科而后进，放乎四海，有本者如是。是之取尔。苟为无本……其涸也，可立而待也。”又《尽心上》“孔子登东山而小鲁章”（13.24）：“观水有术，必观其澜。日月有明，容光必照焉。流水之为物也，不盈科不行。君子之志于道也，不成章不达。”“广土众民章”（13.21）：“君子所性，仁义礼智根于心，其生色也，睟然见于面，盎于背，施于四体，四体不言而喻。”水之不舍昼夜，生生连续，以其“有本”。人的道德生命亦如是。君子志道，本原挺立，一以贯之，则其形气实存和现实行为亦因之而转化，表现为内在道德生命之生生创造和溥博涌流。

关于知言：

“知言”，实质上就是“知义”。此章所谓“知言”，是针对着告子把以人的肉体实存（气）、情感生活与道义相互外在的观念而发的。告子所谓“不得于言，勿求于心；不得于心，勿求于气”，正是这一观念的表现。

此章论“知言”：“诐辞知其所蔽，淫辞知其所陷，邪辞知其所离，遁辞知其所穷。生于其心，害于其政；发于其政，害于其事。圣人复起，必从吾言矣。”这里，并未对此“诐辞”“淫辞”“邪辞”“遁辞”的内容，及其如何“生于其心”而“害于其政”“其事”作出说明。《滕文公下》“公都子问好辩章”（6.9）篇有一段与此相似的论述，可以参照：

> 圣王不作，诸侯放恣，处士横议，杨朱、墨翟之言盈天下。天下之言，不归杨，则归墨。杨氏为我，是无君也；墨氏兼爱，是无父也。无父无君，是禽兽也……杨墨之道不息，孔子之道不著。是邪说诬民，充塞仁义也。仁义充塞，则率兽食人，人将相食。吾为此惧，闲先圣之道，距杨墨，放淫辞，邪说者不得作。作于其心，害于其事；作于其事，害于其政。圣人复起，不易吾言矣。昔者禹抑洪水而天下平，周公兼夷狄、驱猛兽而百姓宁，孔子成《春秋》而乱臣贼子惧。《诗》云：‘戎狄是膺，荆舒是惩，则莫我敢承。’无父无君，是周公所膺也。我亦欲正人心，息邪说，距诐行，放淫辞，以承三圣者。岂好辩哉？予不得已也。能言距杨墨者，圣人之徒也。

这段话与“知言养气”章所论“知言”的内容和语气，大致相同。比照二者，可知：1. 孟子所谓“诐辞”“淫辞”“邪辞”“遁辞”的内容，主要是指败坏“仁义”或与之相悖离的伦理原则。2.“知言养气”章批评的是告子，而《滕文公下》所批评者则为杨、墨。墨子的伦理学说，一方面以人的本性为功利，而又倡一普遍的兼爱原则。《孟子》亦批判墨者夷之的伦理原则为“二本”论〔《滕文公上》“墨者夷之章”(5.5)〕。墨子曾“学儒者之业，受孔子之术”（《淮南子·要略》），并以“兼爱”释“仁义”（《墨子·兼爱下》：“兼：即仁矣、义矣”），颇有孔子所极端厌恶的“紫之夺朱”之嫌。告子的“义外”，正与墨家伦理原则的“二本”论相近。这也为学术界有关告子为墨子弟子之说，提供了一个有力的佐证。① 3. 孟子特别反对告子的“不得于言，勿求于

① 钱穆《先秦诸子系年》，商务印书馆2001年版，第214—215页。

心”之说。这是因为，在孟子看来，“言”本于“心”，并非一种无关乎人生和存在的抽象的理论。在这里，孟子抨击杨墨之言是“无君无父”，“充塞仁义”，“率兽食人”。《告子上》“性犹杞柳章”（11.1）批评告子的仁义外在于人性之说云：“率天下之人而祸仁义者，必子之言夫”。二者相较，又何其相似乃尔？由此可知，孟子所谓“知言”，其内容正是“知义”，即强调仁义内在于人的实存。孟子所论“知言”与“养气”，有着内在的关联性。

关于对孔子和自我的评价：

需要强调的是，本章的内容，是孟子答弟子公孙丑对他评价的提问。简言之，就是弟子提问，让孟子做一个自我评价。前两个问题，是由孟子的自我评价引申出来的。第三个问题，其实是提出了一个道统学统反思的问题。

一个时代思想的建构，依赖于这一时代思想不断的自身反思以建立一种学术传统。这需要有一种思想学术本身的自觉。孟子就是这样一位有学统道统意识的思想家。孟子自觉地把自己与孔子的思想联系起来，并接续曾子、子思的学脉，以建立一种思想的谱系。

在本章中，孟子比较古圣人，认为孔子是“圣之时者”，“自有生民以来，未有孔子也”。并借孔子弟子之口以印证此点：“圣人之于民，亦类也。出于其类，拔乎其萃。自生民以来，未有盛于孔子也。”《万章下》“伯夷目不视恶色章”（10.1）则称赞孔子是圣之“集大成者”：“孟子曰：伯夷，圣之清者也；伊尹，圣之任者也；柳下惠，圣之和者也；孔子，圣之时者也。孔子之谓集大成。集大成也者，金声而玉振之也。金声也者，始条理也；玉振之也者，终条理也。始条理者，智之事也；终条理者，圣之事也。”此章孟子言己之志，则曰“皆古圣人也。吾未能有行焉。乃所愿，则学孔子也。”值得注意的是，公孙丑问：“夫子既圣矣乎？”孟子的回答是：“圣，孔子不居，是何言也？”孔子不居圣，是已圣已，吾亦不居。可见其中消息。

孟子又有圣道传承之说，《孟子》全书最后一章〔《尽心下》“由尧舜至于汤章”（14.38）〕说：

孟子曰：“由尧舜至于汤，五百有余岁，若禹、皋陶，则见而知之；若汤，则闻而知之。由汤至于文王，五百有余岁，若伊尹、莱朱，则见而知之；若文王，则闻而知之。由文王至于孔子，五百有余岁，若太公望、散宜生，则见而知之；若孔子，则闻而知之。由孔子而来至于今，百有余岁，去圣人之世，若此其未远也；近圣人之居，若此其甚也。然而无有乎尔，则亦无有乎尔。”

《公孙丑下》“孟子去齐充虞路问章”（4.13）：

孟子去齐，充虞路问曰：“夫子若有不豫色然。前日虞闻诸夫子曰：‘君子不怨天，不尤人。’”曰：“彼一时，此一时也。五百年必有王者兴，其间必有名世者。由周而来，七百有余岁矣。以其数则过矣，以其时考之，则可矣。夫天未欲平治天下也，如欲平治天下，当今之世，舍我其谁也！吾何为不豫哉？”

这里，孟子提出了一个圣道之传承系统。这个系统，成为后儒道统论的一个思想的渊源。按照孟子的说法，在这个“道”的传承过程中，存在着两类“道”的承载者或担当者：尧、舜、汤、文王、孔子为一类，他们是“闻而知之”者；禹、皋陶、伊尹、莱朱、太公望、散宜生为一类，他们是“见而知之”者。这里的“闻而知之”“见而知之”之“之”，所指即“道”。孟子此处所举“闻而知之”者，皆儒家所谓的圣人；所举“见而知之”者，基本上属于儒家所说的贤人或智者。这两类人还有一个重要的区别，这就是，此所列“闻而知之”的圣人，大体上都是一种新时代或文明新局面的开创者；而“见而知之”的贤人或智者，则大体上是一种既成事业的继承者。孟子有关“闻而知之”和“见而知之”两种“知道”方式的区分，并非一个偶然的说法。出土简帛《五行》篇明确提出“闻而知之者圣”“见而知之者智”的命题，并对此有相当系统的论述。简帛《五行》篇为子思学派文献。① 这些文献，孟子应当看到过。因为《孟子》书中，与简帛《五行》相联系的内容很多。孟子此说，实渊源有自，为孔门相传旧义，并非偶然的说法。

在这里所引的《尽心下》《公孙丑下》两章中，孟子明确说：“由孔子而来至于今，百有余岁，去圣人之世若此其未远也，近圣人之居若此

---

① 参李景林《从郭店简看思孟学派的性与天道论——兼谈郭店简儒家类著作的学派归属问题》，台湾《孔孟月刊》38卷5期，2000年1月。

其甚也，然而无有乎尔，则亦无有乎尔。”“五百年必有王者兴，其间必有名世者。”“（天）如欲平治天下，当今之世，舍我其谁也。”其以孔子道统之继承者自认的志向，跃然纸上。

3.3　以力假仁者霸章

孟子曰：“以力假仁者霸，霸必有大国。以德行仁者王，王不待大。汤以七十里，文王以百里。以力服人者，非心服也，力不赡也。以德服人者，中心悦而诚服也，如七十子之服孔子也。《诗》云：‘自西自东，自南自北，无思不服。’此之谓也。”

【通释】

此章言王霸之辨。

力：谓土地甲兵之力。赡：足也。思：助词，无实义。

“以力假仁者霸，霸必有大国。以德行仁者王，王不待大。”在孟子看来，霸者非不行“仁”，然其行仁，却只是手段；其为政，靠的则是强力。故“霸必有大国”，必须要借助于“大国”的力量。王者之行，则是“以德服人”，以仁德和道义作为其内在的目的和原则，所依赖者非强力。所谓“王不待大”，特别强调，王道所依据者为道义的力量，而非大国之强力。孟子的王者“以德服人”说，与孔子“居其所而众星共之”“德风德草”“修文德以来远人”的德治、德化思想也是一致的。用“以德行仁”和“以力假仁”来判分“王”“霸”，特别强调了王道与霸道在内在道德目的和价值原则上的根本区别。

孟子对王、霸的区分，其思想源自孔子。孔子对管仲的评价，实开孟子王道说之先河。在事功方面，孔子对管仲大加称赞。《论语·宪问》(14.17)：“子路曰：‘桓公杀公子纠，召忽死之，管仲不死。’曰：‘未仁乎?’子曰：‘桓公九合诸侯，不以兵车，管仲之力也。如其仁！如其仁！’”又《论语·宪问》（14.18)：“子贡曰：‘管仲非仁者与？桓公杀公子纠，不能死，又相之。’子曰：‘管仲相桓公，霸诸侯，一匡天下，民到于今受其赐。微管仲，吾其被发左衽矣。岂若匹夫匹妇之为谅也，自经于沟渎而莫之知也。'”同时，在行为原则上，孔子对管仲又有严厉的批评。《论语·八佾》（3.22）：“子曰：‘管仲之器小哉！’或曰：‘管仲俭乎？’曰：‘管氏有三归，官事不摄，焉得俭？’‘然则管仲知礼乎？’曰：‘邦君树塞门，管氏亦树塞门。邦君为两君之好，有反坫，管氏亦有反坫。管氏而知礼，孰不知礼？’”上引《宪问》和《八佾》篇孔子对管仲的评论，表现了两个不同的评价角度。在《宪问》篇中，孔子盛赞管仲相桓公，霸诸侯，匡扶天下，利泽百姓，维系华夏文化的成就，是从事功效果的角度讲问题。邢昺疏谓此两章孔子评价管仲，是“但美管仲之功，亦不言召忽不当死”；朱子《集注》亦谓《宪问》篇孔子对管仲的评价，其要乃在“称其功”，谓“管仲虽未得为仁人，而其利泽及人，则有仁之功矣”，都指出了这一点。而《八佾》篇的批评性评价，则是从为政、为人臣和做人或行为原则的角度讲问题。这是两个不同层面的问题，二者并不矛盾。

《论语·雍也》：“子贡曰：如有博施于民而能济众，何如？可谓仁乎？子曰：何事于仁，必也圣乎！尧舜其犹病诸！夫仁者，己欲立而立人；己欲达而达人。能近取譬，可谓仁之方也已。”《宪问》篇：“子路问君子。子曰：修己以敬。曰：如斯而已乎？曰：修己以安人。曰：如斯而已乎？曰：修己以安百姓。修己以安百姓，尧舜其犹病诸！”这两章都讲到事功成就的问题。“仁”这一概念，注重在德性的内在性一面。“圣”训“通”，强调的是内外、人我乃至天人的一体贯通。君子成就仁德，必以诚敬修己为本。修己非独成己而已，同时亦要在成人上才能得以完成。“成人”当然必不同程度地显于功业、事功效果。然功业、事功效果之成就与大小，与人所处之历史境遇有关，受种种历史和现实条件之限制。用孔子的话说，此乃属于“命”的范围。因此，就“博施济众”和“修己以安百姓”而言，以尧舜之圣，亦有所难能。君子修己，固有不同程度的功业效果，但却不能以功业效果作为评断仁德之依据。“博施济众”当为己立立人、己达达人之极致，故亦包含于仁、圣之全体大用中。然“仁”之要在“修己”，仅以“博施济众”之事功，则不可当仁、圣之名。

在《宪问》篇孔子对管仲的评论中，孔子明言管仲“相桓公，霸诸侯，一匡天下”，所行为“霸道”。仅就事功成就来说，这霸道虽可以与圣人的“王道”相比拟，但就价值而言，“霸”与“王”，却有着根本性、原则性的区别。《论语·子路》："子曰：如有王者，必世而后仁。"可见，孔子已经对"霸""王"之别作出了明确的规定。而"王道"的根本特性，则在于以"仁"为其根本的原则。孔子说："道二：仁与不仁而已矣。"（《离娄上》7.2引）"道"，出于"仁"则入于"不仁"，不能有第三条道路。"王""霸"之辨，在儒家是很严格的。孔子评价管仲"器小"。为什么说管仲"器小"？张栻有一个很好的解释："管氏急于功利，而不知道义之趋，大抵其器小也。"（张栻《癸巳论语解》卷二）管仲相齐，虽有匡扶天下、利泽百姓之功，然其内在的原则，实为功利；故其所为只能是霸道，而与仁道或王道无涉。孟子继承发展了孔子的王道思想，把"王""霸"之辨，阐述得更简洁明确，这就是："以力假仁者霸"，"以德行仁者王"。

在上述孔子有关管仲的评论中，我们既可以看到"王"与"霸"在内在价值原则层面上的根本分野，也可以看到"王"与"霸"在惠及社会乃至人类之功业成就的层面上，具有一种意义的相关性和重叠性。这就使得儒家能够在严厉批评"霸道"的同时，又在价值上给予其充分的肯定。

孟子既严王霸之辨，又常常表现出对霸者之功业成就的赞赏和肯定。如《尽心上》："孟子曰：霸者之民，驩虞如也。王者之民，皞皞如也。"（13.13）"尧舜性之也，汤武身之也，五霸假之也。久假而不归，恶知其非有也。"（13.30）都表现出某种对"霸"或"霸者"之成就的肯定。而孟子在论述"王道"时，特别注重王道之惠民的事功内涵。这一点，则比孔子更为突出。

王霸之别，要在其所遵循的原则是"仁"还是"力"，是"以德服人"还是"以力服人"。但"王"与"霸"，在事功层面有意义的交叉。孟子的王道论，是很切近人情的。

3.4　仁则荣章

孟子曰："仁则荣，不仁则辱。今恶辱而居不仁，是犹恶湿而居下也。如恶之，莫如贵德而尊士，贤者在位，能者在职，国家闲暇，及是时，明其政刑，虽大国必畏之矣。《诗》云：'迨天之未阴雨，彻彼桑土，绸缪牖户。今此下民，或敢侮予？'孔子曰：'为此诗者，其知道乎？能治其国家，谁敢侮之？'今国家闲暇，及是时，般乐怠敖，是自求祸也。祸福无不自己求之者。《诗》云：'永言配命，自求多福。'《太甲》曰：'天作孽，犹可违；自作孽，不可活。'此之谓也。"

【通释】

本章言为政当以仁为原则。

《诗》云"迨天之未阴雨……"：见《诗经·豳风·鸱鸮》。彻：取也。桑土：即桑杜。杜：根也。桑杜：指桑根之皮。绸缪：缠绕补葺也。般：大也。《诗》云"永言配命，自求多福"：见《诗经·大雅·文王》。《太甲》：《尚书》篇名。

"仁则荣，不仁则辱。"孟子强调为政当以"仁"或仁义为最高的原则和目的。此章乃从德、福之关系入手来说明这一点。人莫不好荣而恶辱，然却又常反其道而行之。为政以仁为原则，当贵德而尊士，使贤者在位，能者在职，则人各安其位，政修民安，国家无事。又当于此国家闲暇之时，明其政教，治其刑典，则国家强盛，虽诸侯大国，亦必畏服之矣。此家国之福也。反之，如国家闲暇，却不知居安思危，溺于享乐，怠惰遨游，是自取祸患者也。由此可知，祸福虽属诸命，其来却必由人自取。《大雅·文王》诗"永言配命，自求多福"，《书·太甲》"天作孽，犹可违。自作孽，不可活"之训，讲的就是这个意思。

孟子虽区分"性、命"，同时，又强调人须"存心""养性""修身"以"立命"，表明在德福之间，存在着一种动态的统一性。此章即从德福一致，福祸皆由自取的角度，告诫人君为政须以"仁"为原则和目的的道理。

3.5 尊贤使能章

孟子曰："尊贤使能，俊杰在位，则天下之士皆悦而愿立于其朝矣。市廛而不征，法而不廛，则天下之商皆悦而愿藏于其市矣。关讥而不征，则天下之旅皆悦而愿出于其路矣。耕者助而不税，则天下之农皆悦而愿耕于其野矣。廛无夫里之布，则天下之民皆悦而愿为之氓矣。信能行此五者，则邻国之民仰之若父母矣。率其子弟，攻其父母，自生民以来未有能济者也。如此则无敌于天下。无敌于天下者，天吏也。然而不王者，未之有也。”

【通释】

此亦言王政，其要在得民心。

俊杰：朱子《集注》：“才德之异于众者。”廛而不征、法而不廛：主要有两解，朱子引张子说：“或赋其市地之廛，而不征其货；或治之以市官之法，而不赋其廛。”杨伯峻则采郑众说：“廛谓市中之地未有肆而可居以畜藏货物者也。”谓“货物储藏于市中而不租税也”。“其有货物久滞于廛而不售者，宜以法为居取之，故曰法而不廛。”讥而不征：稽查而不征税。助而不税：助是劳役地租，谓助耕公田而不再收税。廛无夫里之布：廛，民居；布，钱；夫布，一夫力役之税；里布：所居地税。氓：民也。

行仁政者，必尊贤使能，使德能皆当其位。视民如子，其政宽而不猛，薄赋敛而厚施于民，则民亦视之如父母。此亦德政也。行德政而民归之如流，故能无敌于天下。此亦所谓“仁者无敌”也。其征伐，乃顺天而行，代天行事，故谓之“天吏”也。

3.6　人皆有不忍人之心章

孟子曰：“人皆有不忍人之心，先王有不忍人之心，斯有不忍人之政矣。以不忍人之心，行不忍人之政，治天下可运之掌上。所以谓人皆有不忍人之心者，今人乍见孺子将入于井，皆有怵惕恻隐之心。非所以内交于孺子之父母也，非所以要誉于乡党朋友也，非恶其声而然也。由是观之，无恻隐之心，非人也；无羞恶之心，非人也；无辞让之心，非人也；无是非之心，非人也。恻隐之心，仁之端也；羞恶之心，义之端也；辞让之心，礼之端也；是非之心，智之端也。人之有是四端也，犹其有四体也。有是四端而自谓不能者，自贼者也；谓其君不能者，贼其君者也。凡有四端于我者，知皆扩而充之矣，若火之始然，泉之始达。苟能充之，足以保四海；苟不充之，不足以事父母。"

【通释】

此章提出"四端"说以明人性本善之义。

内：读为纳，结也。要：平声，求也。怵惕：惊动貌。恻：伤之切也。隐：痛之深也。羞恶的恶：旧注多读为厌恶之恶（wù），不妥，应读为善恶之恶（è），指所羞之对象。

《梁惠王上》"齐桓晋文之事章"（1.7）"通释"，已从仁政之人性论基础的角度论到此章。这里，我们主要来讨论其人性心性论的意义。

首先应注意的是，此章论四端，非分别言之，乃以"不忍人之心"或"怵惕恻隐"之心统括之。有人把四端讲成"四心"，不妥。心只有一个，心之现行则为"情"。"端"赵岐注："端者，首也。"朱子《集注》："端者，绪也。""首"乃就其始发言，以其为扩充而成德之初始情态。"绪"就其外显言，以其为"情"之缘境的当下发见。总之，皆是就情的显现以言心，由情之显发包含道德之普遍性规定而显性善之义。

这个四端之情，统体是"人皆有不忍人之心"的表现。"所以谓人皆有不忍人之心者，今人乍见孺子将入于井，皆有怵惕恻隐之心。"按此章文意，恻隐实即"不忍人之心"的一个例证。孟子举人乍见孺子将入于井其心之当下反应以言不忍恻隐之心的特征。这不忍恻隐之心，实可统摄四端为一体。“由是观之，无恻隐之心，非人也；无羞恶之心，非人也；无辞让之心，非人也；无是非之心，非人也”，即举不忍、恻隐之心而统括四端为一心。所以，四端、四德，其中包含有恻隐同情之“仁”，敬长尊贤之“义”，等差区别之“礼”，是非判断之“智”。然四者非各有本原，礼、义非单纯区分之规定，“智”亦非单纯认知之知解作用。四者统归于一心，而以恻隐之仁统括四者而为一生命贯通之整体。

朱子论四端关系说：“恻隐是个脑子，羞恶、辞逊、是非须从这里发来。若非恻隐，三者俱是死物了。恻隐之心，通贯此三者。”（《朱子语类》卷五十三）。焦循《正义》引程瑶田说：“仁主于爱，与忍相反……凡视听言动之入于非礼者，皆生于己心之忍。忍则己去仁，己去仁则已去礼，故曰克己复礼为仁……仁义礼智四端一贯，故但举恻隐，而羞恶、辞让、是非即具矣。但有仁之端，而义、礼、智之端已具矣。”都把四端看作一“心”之整体的表现。

要言之，孟子以不忍恻隐之心统摄四端，实该兼二义：第一，不忍恻隐之心即包含羞恶、辞让、是非三者；第二，四端在其表现中，内在地贯通着不忍恻隐之心的意义在其中。是性由心显，而心通体表现为情。孟子论性，是落实到心性的论域来显示其整体性的意义。也就是说，性善，不仅是一种抽象的要素和可能性，而是具有先天的内容的。这与西方哲学单从抽象要素分析的角度论人性，是不同的。

其次，“四端”之内容可统归于“恻隐”“羞恶”两端。对人性之善的肯定，在情感上的表现就是“恻隐之心”，对非性之恶的否定，在情感上的表现即“羞恶之心”。

此处“羞恶之心”的“恶”字，旧注多读为“好恶”之“恶（wù）”，此与孟子有关“心性”之论述多无法相应。我认为，此“羞恶”之“恶”当读为“善恶”之“恶（è）”。“羞恶”之“恶”如读为“好恶”的“恶”，则其所羞、所恶之内容乃甚含糊而不知其所指。朱子已明确地意识到了这一点，因此对这个所羞、所恶的所指做了一种内容上的规定：“羞，耻己之不善也。恶，憎人之不善也。”此朱子之明见处。不过，朱子仍将这个“恶”读为“好恶”之“恶”，他把“羞”和“恶”分成两面，以所羞之“恶（è）”为对己而言，以所恶之“恶（è）”为对人而言，这里存在两个方面的问题。一是孟子“四端”本为一种自省之说，人一念之发，善恶自知，皆对己而言，此为一切道德判断之本源。若分之为“羞”“恶（wù）”两边，乃始成二本，与此章义旨不能切合。二是此将“羞恶（è）”读为“羞恶（wù）”，而把“恶（è）”确定为羞、恶（wù）之内容，复增一“恶（è）”字作为此羞、恶之对象，这不仅使上下文意曲折复重，而且更人为造成一种增字解经之弊。

其实，《孟子》书中对这个“羞恶之心”的内容有很明确的解说。《尽心下》“人皆有所不忍章”（14.31）：“人皆有所不忍，达之于其所忍，仁也；人皆有所不为，达之于其所为，义也。人能充无欲害人之心，而仁不可胜用也；人能充无穿逾之心，而义不可胜用也；人能充无受‘尔’‘汝’之实，无所往而不为义也。”所言与本章之义理结构基本相同，皆是通过扩充本心以达德性之实现。不过，本章言推扩本心，乃统就“不忍恻隐之心”和“四端”而言，《尽心下》“人皆有所不忍章”（14.31）论推扩本心，则特别强调了“人有所不为”这一方面的意义。

《尽心下》“人皆有所不忍章”（14.31）以“不忍之心”（恻隐之心）为“仁之端”，由此扩充以达于“仁”；而以“有所不为”为“义”之端，由此扩充以达于“义”。这里举“人能充无穿逾之心，而义不可胜用也；人能充无受‘尔’‘汝’之实，无所往而不为义也”为例，来说明这个“有所不为之心”的内涵。这“人有所不为”的内容，包括“无欲害人之心，无穿逾之心，无受‘尔’‘汝’之实”在内。而这个“无穿逾之心，无受‘尔’‘汝’之实”的扩充是对“义”而言。参照本章可知，这个“人皆有所不为”亦即四端所属的“羞恶之心”的内容。值得注意的是，这里所言“无欲害人之心”同时又属于“不忍人之心”的内容，这表明在孟子看来，这个“有所不为”或“羞恶之心”亦是“仁德”之一内在的规定。“无受‘尔’‘汝’之实”即《告子上》“鱼我所欲也”章所言人有不受嗟来之食之义，这表明人心本具排拒外来干扰而守死善道的能力。

《论语·里仁》：“子曰：士志于道，而耻恶衣恶食者，未足与议也。”《子罕》“子曰：‘衣敝缊袍，与衣狐貉者立，而不耻者，其由也与？不忮不求，何用不臧？’子路终身诵之。子曰：‘是道也，何足以臧？’”这里如耻“恶衣恶食”，耻“衣敝缊袍，与衣狐貉者立”之类，皆流俗之所尚，习气之所执，显然不在孔孟所言羞耻心之列，而为其所鄙弃。若依旧注读为“羞恶（wù）”，分羞、恶为两边，则此羞和恶之内容便不能确指。此显与孟子所言“四端”之义相乖违，朱子明确看到了这一点，故不得已增字解经，附以“耻己之不善”“憎人之不善”来说明此“羞”“恶（wù）”的对象。如据《尽心下》“人皆有所不忍”章“人皆有所不为”之说，读为“羞恶（è）”，则此“羞恶之心”之内涵确然无疑，则以往由“羞恶（wù）”这一读法所生之种种歧义可因之而廓清，而“四端”之义理亦不再自相抵牾，而能够条然贯通而无所窒碍矣。

要注意的是，本章既以“不忍恻隐”统括四端，又以“恻隐之心”“羞恶之心”相对而言。而《尽心下》“人皆有所不忍章”（14. 31），则说“充其无欲害人之心，而仁不可胜用也”。这表明“恻隐之心”与“羞恶之心”虽可相对分而言之，但实质上人心之“有所不为”亦即“羞恶之心”，乃是“不忍恻隐之心”的一种内在规定性，二者本为一体而不可或分。

由此可以说，这个“有所不为”或“羞恶之心”，乃先天本具于人心与人性之中，构成了人性本善之自我保持与捍卫机制。故孟子说：“无羞恶之心，非人也。”又说：“人之有是四端也，犹其有四体也。有是四端而自谓不能者，自贼者也；谓其君不能者，贼其君者也。凡有四端于我者，知皆扩而充之矣，若火之始然，泉之始达。苟能充之，足以保四海；苟不充之，不足以事父母。”是以“羞恶之心”，广义上说羞耻之心，乃为人性所本有，而非由外铄所得。相对而言，“不忍恻隐之心”表现人心对善的肯定性一面，“羞恶之心”或羞耻心则表现人心对恶的排拒和否定性一面。此“羞恶之心”为人的良知本心所本具。人心对善的肯定之中必包涵有对自身之善的保持与捍卫机制，此两者乃一体两面，共同构成了孟子“人性本善”说的理论内涵。①

再次，本章对恻隐之心及四端之显现方式及其特征作了一种具有经典意义的描述。“非所以内交于孺子之父母也，非所以要誉于乡党朋友也，非恶其声而然也。”恻隐之心，乃是一种人对他人生存状况（尤其死亡危险）之关切、同情的一种不假思索、有类于本能性的当下直感。它一方面表现为一种情绪、情感的内在力量，同时，在此直感冲动中，即具有确然无疑的道德指向，并内涵“是非之心”作为“应该”的自觉判断。孟子以情显性，把仁义礼智统归于仁，以不忍恻隐之情统括四端，其中有一要义，就是即人心当下自然呈显上揭示人之知情的本原一体性。

---

① 关于“羞恶之心”的理解，可详参李景林、马晓慧《论人性本善及其自我捍卫机制》，载《哲学动态》2018 年第 1 期。

由这段描述可见，恻隐之心的显现，具有一种当场性、境域性、直接性、不待安排、排除思虑计较和功利私意干扰的自然本能性之特征。后儒对此十分重视，多所阐发。程门高足谢上蔡对此有一段很精当的解释："所谓天理者，自然底道理，无毫发杜撰。今人乍见孺子将入于井，皆有怵惕恻隐之心。方乍见时，其心怵惕，即所谓天理也。要誉于乡党朋友，内交于孺子父母兄弟，恶其声而然，即人欲耳……任私用意，杜撰做事，所谓人欲肆矣。"(《宋元学案》卷二十四《上蔡学案》)上蔡以"自然"解释孟子所谓恻隐之心的意义，可谓深契孟子本义。这里所谓"自然"，即不借人为、思虑而当体直接显著于情。人生存的现实，是一个人文化的世界。在这个世界中，人总处于由理智所设定的种种人文规定中。人的语言、知识、伦理、行为原则、身份地位，甚至生存的技能之获得，皆依理知而处于一种分化的状态。这个状态，今人习称之为"异化"。平常，人的知识、行为是学之而后能，思之而后得。动机与行为间往往有一个思虑计度的间隔。不过，在孟子看来，人心那个"自然"的整全性，并未在此分化了的人文世界中丧失，它时时会在人的现实生活中当下显露出来。孟子所举"不忍恻隐"之情，不是一与"知"相对峙的抽象的主观性，而是包含自觉之判断（智、是非之心）和普遍性规定于其中的一个整全性。其所以是"自然"，乃在于它是人心在"方乍见时"，不假思索，不受任何思虑计较、功利私意干扰的一种有类于本能性之表现。由一念之发到行为是一纯粹的连续，无任何人为安排之间隔。一经思索，便可能杂入理智分别和私意间隔而成为不自然。依照这个解释，人虽然必然地生活在一个文化和习俗化的世界中，但从人的道德和情感生活的体验中，却可以随时发现人心摆脱并先在于思虑计较及功利私意干扰的纯粹自然表现，它本然地指向于善。此即人之"本心"或"良心"的直接呈显。这正是孟子主张人性本善（而非仅是向善）的根据所在。

复次，这个人性本善的观念，构成了人的价值的实现方式与道德责任之形上的根据。"人之有是四端也，犹其有四体也。有是四端，而自谓不能者，自贼者也；谓其君不能者，贼其君者也。"《离娄上》"自暴者不可与有言章"（7.10）也说："自暴者，不可与有言也；自弃者，不可与有为也。言非礼义，谓之自暴也；吾身不能居仁由义，谓之自弃也。"是言人之道德的根据，本原于人性之"本善"。由此，人之行义行善，为其必然的责任和天赋之义务；相反，人之为恶，则为"自暴"

“自弃”“自贼”，亦必由其自身来承担罪责。孟子以人性为本善，故其言为学之道，亦简易直截，这就是“求放心”，反躬内求。这也涉及到教化的方式和途径的问题。

3.7　矢人岂不仁于函人章

孟子曰：“矢人岂不仁于函人哉？矢人惟恐不伤人，函人惟恐伤人。巫匠亦然。故术不可不慎也。孔子曰：‘里仁为美。择不处仁，焉得智？’夫仁，天之尊爵也，人之安宅也。莫之御而不仁，是不智也。不仁不智，无礼无义，人役也。人役而耻为役，由弓人而耻为弓，矢人而耻为矢也。如耻之，莫如为仁。仁者如射，射者正己而后发。发而不中，不怨胜己者，反求诸己而已矣。”

【通释】

此章论“择术”之重要性。

矢人：制作弓矢者。函人：制作铠甲者。函：甲也。巫：指为人祈祝，而求人之生。匠：为死者做棺椁而愿人之死。由：与犹通。

“仁，天之尊爵也，人之安宅也”。《告子上》“天爵人爵章”（11.16）亦说：“有天爵者，有人爵者。仁义忠信，乐善不倦，此天爵也；公卿大夫，此人爵也。”“爵”，爵位，标志尊贵之地位者也。“天爵”，为天之所赋予我之最尊贵者。此即人性之“善”，仁义忠信，皆此之属。此为人之最本己的规定，亦是人的本质之所在。故为“人之安宅”。

人本具仁义之心。在这一点上，制作铠甲的人与制作弓矢的人并无不同。然而后天之所习，将会遮蔽此得自于天之善性。人在现实中之分工，为人之存在分化之表现，亦会对人之本性有所助益或造成遮蔽。一方面，人之择术，需要谨慎。但社会中之事，总会要有人去做。现代职业之分工，亦更有不得已之处。孟子所谓函人、矢人，只是举例而言择术当慎重，但并非否定职业之分工。他要强调的是，职业虽有分工，但应“修其天爵而人爵从之”（《告子上》11.16），而不是相反。要反求诸己，反思本性，“求其放心”，以奠定人之存在的超越性基础。“先立乎其大者，则其小者不能夺也”（《告子上》11.15）。

我们可以联系孔子“志于道，据于德，依于仁，游于艺”（《论语·述而》）和《左传》“太上有立德，其次有立功，其次有立言”来理解此分工与德行修养的关系。

3.8 子路人告之以有过章

孟子曰：“子路，人告之以有过，则喜。禹闻善言，则拜。大舜有大焉，善与人同，舍己从人，乐取于人以为善。自耕、稼、陶、渔以至为帝，无非取于人者。取诸人以为善，是与人为善者也。故君子莫大乎与人为善。”

【通释】

此章言为善之道，亦其工夫和修养论也。

善与人同：朱子《集注》：“公天下之善而不为私也。”与人为善：与，偕同。谓偕同人共进于善也。

此处言为善之三个层次：子路闻过则喜；禹闻善言则礼敬之；大舜善与人同，与人为善。闻过则喜，是能克己改过，日进于善者也；闻善言则拜，则己心无滞碍，而能从善如流者也；善与人同，与人为善，则胸中无物，以善为天道而不在己，而能与人共进于道矣。

3.9 伯夷非其君不事章

孟子曰：“伯夷非其君不事，非其友不友。不立于恶人之朝，不与恶人言。立于恶人之朝，与恶人言，如以朝衣朝冠坐于涂炭。推恶恶之心，思与乡人立。其冠不正，望望然去之，若将浼焉。是故诸侯虽有善其辞命而至者，不受也。不受也者，是亦不屑就已。柳下惠不羞污君，不卑小官，进不隐贤，必以其道。遗佚而不怨，阨穷而不悯。故曰：'尔为尔，我为我。虽袒裼裸裎于我侧，尔焉能浼我哉？'故由由然与之偕而不自失焉，援而止之而止。援而止之而止者，是亦不屑去已。"孟子曰："伯夷隘，柳下惠不恭。隘与不恭，君子不由也。"

【通释】

此章言伯夷、柳下惠之行事与人格特征，以论君子之行事原则。

伯夷：古孤竹国君之长子。涂炭：涂，泥也；炭，墨也。望望：去而不顾之貌。浼：污也。柳下惠：鲁大夫展禽，号柳下惠。阨：困也。悯：忧也。袒裼裸裎：袒裼：脱衣露出上身；裸裎，裎音程，裸露身体。由由然：自得之貌。

伯夷、柳下惠，皆古之贤人，其行亦皆有自己的原则。伯夷之为人，自居清流，不屑与恶人共事，恐其有污于己也。然其行事自守至严而崖岸过峻，偏于机械狭隘。柳下惠之为人，不羞污君，不辞小官，行事随和，必以其道，处身污世，而自信清者自清，人不能污我。其行事自由随和却又偏于不恭（不严肃）。"伯夷隘，柳下惠不恭；隘与不恭，君子不由也"，孟子所倡导的，则是一种时措之宜的中道精神。

卷四　公孙丑通释下

（共 14 章）

4.1　天时不如地利章

孟子曰："天时不如地利，地利不如人和。三里之城，七里之郭，环而攻之而不胜。夫环而攻之，必有得天时者矣。然而不胜者，是天时不如地利也。城非不高也，池非不深也，兵革非不坚利也，米粟非不多也，委而去之，是地利不如人和也。故曰：域民不以封疆之界，固国不以山溪之险，威天下不以兵革之利。得道者多助，失道者寡助。寡助之至，亲戚畔之；多助之至，天下顺之。以天下之所顺，攻亲戚之所畔，故君子有不战，战必胜矣。"

【通释】

此章言"得道者多助，失道者寡助"的战争观。

郭：外城。环：围也。池：城壕也。委：弃也。域：界限也。

朱子《集注》："天时，谓时日支干、孤虚王相之属也；地利，险阻、城池之固也；人和，得民心之和也。"此说取自赵岐《注》。张栻《癸巳孟子说》卷二说："所谓天时者，用兵乘机得其时也；地利者，得其形势也；人和者，上下一心而协同也。”其实孟子“天时不如地利，地利不如人和”中之天时、地利、人和，皆指得天时、得地利、得人和而言，而非仅指“时日支干”之类，更非指“孤虚王相”之类天人神秘感应的东西。张栻之说可从。《荀子·富国》：“上得天时，下得地利，中得人和。”荀子亦以天时、地利与人和并举。不过，孟子乃单就战争而言，认为得“人和”最为重要。由此提出“得道者多助，失道者寡助”一命题。此“道”，亦指王政、王道也。

4.2　孟子将朝王章

孟子将朝王，王使人来，曰：“寡人如就见者也，有寒疾，不可以风。朝将视朝，不识可使寡人得见乎？”

对曰：“不幸而有疾，不能造朝。”

明日，出吊于东郭氏。公孙丑曰：“昔者辞以病，今日吊，或者不可乎？”

曰：“昔者疾，今日愈，如之何不吊？”

王使人问疾，医来。

孟仲子对曰：“昔者有王命，有采薪之忧，不能造朝。今病小愈，趋造于朝，我不识能至否乎？”

使数人要于路，曰：“请必无归，而造于朝。”

不得已而之景丑氏宿焉。景子曰：“内则父子，外则君臣，人之大伦也。父子主恩，君臣主敬。丑见王之敬子也，未见所以敬王也。”

曰：“恶，是何言也！齐人无以仁义与王言者，岂以仁义为不美也？其心曰‘是何足与言仁义也’云尔，则不敬莫大乎是。我非尧舜之道，不敢以陈于王前，故齐人莫如我敬王也。”

景子曰：“否，非此之谓也。《礼》曰：‘父召，无诺；君命召，不俟驾。’固将朝也，闻王命而遂不果，宜与夫礼若不相似然。”

曰：“岂谓是与？曾子曰：‘晋楚之富，不可及也。彼以其富，我以吾仁；彼以其爵，我以吾义。吾何慊乎哉！’夫岂不义而曾子言之？是或一道也。天下有达尊三：爵一，齿一，德一。朝廷莫如爵，乡党莫如齿，辅世长民莫如德。恶得有其一以慢其二哉！故将大有为之君，必有所不召之臣。欲有谋焉，则就之。其尊德乐道不如是，不足与有为也。故汤之于伊尹，学焉而后臣之，故不劳而王。桓公之于管仲，学焉而后臣之，故不劳而霸。今天下地丑德齐，莫能相尚，无他，好臣其所教，而不好臣其所受教。汤之于伊尹，桓公之于管仲，则不敢召。管仲且犹不可召，而况不为管仲者乎？”

【通释】

此章论“将大有为之君，必有所不召之臣”之义。

东郭氏：赵岐注：“齐大夫家也。”孟仲子：赵岐注：“孟子之从昆弟，从学于孟子者也。”采薪之忧：《礼记·曲礼下》：“君使士射，不能，则辞以疾。言曰：某有负薪之忧。”言病不能采薪，谦辞也。景丑：齐大夫。父召无诺：《礼记·曲礼上》：“父召无诺，先生召无诺，唯而起。”君命召，不俟驾：《论语·乡党》：“君命召，不俟驾行矣。”慊：恨也，少也。丑：朱子注：“类也。”尚：过也。

在《公孙丑上》“知言养气章”（3.2），孟子以孔子道统之继承者自任，此章则借曾子故事，提出“将大有为之君，必有所不召之臣”这一观念，表现了一种“以德抗位”的精神。

孟子本要去见齐王，正好这时齐王来召见它，孟子便称病不见。景子认为，这样做，既不合礼，亦于王不敬。孟子的回答则出人意料：“齐人无以仁义与王言者，岂以仁义为不美也？其心曰‘是何足与言仁义也’云尔，则不敬莫大乎是。我非尧舜之道，不敢以陈于王前，故齐人莫如我敬王也。”按照孟子的说法，以为齐王不足与言仁义而降低道德的原则以逢迎之，既是对齐王的不敬，亦表现了游说者曲意逢迎的功利态度。战国游士，常常鼓舌如簧，干禄诸侯，毫无原则。而在这里，孟子不仅展示了他的无碍辩才，更重要的是表现了他“守死善道”的道义精神。

孟子进一步陈述理由，所引述曾子的故事，与《万章下》“敢问不见诸侯章”（10.7）所记子思之事，内容基本相同，兹引述如下：

> 为其多闻也，则天子不召师，而况诸侯乎？为其贤也，则吾未闻欲见贤而召之也。缪公亟见于子思，曰：“古千乘之国以友士，何如？”子思不悦，曰：“古之人有言曰：事之云乎？岂曰：友之云乎？”子思之不悦也，岂不曰：“以位，则子，君也；我，臣也，何敢与君友也？以德，则子事我者也，奚可以与我友？”千乘之君，求与之友而不可得也，而况可召与？

孟子对曾子、子思推重有加。《离娄下》“曾子居武城章”（8.31）说：“曾子子思同道。”孟子所理解的这个“同道”之道，于此可见一斑，即为政行事，皆秉持“仁义”以为内在的原则。

“晋楚之富，不可及也。彼以其富，我以吾仁；彼以其爵，我以吾义。吾何慊乎哉！”曾子以仁义自任，而不屑晋楚之富与其爵位之尊。“以位，则子君也，我臣也，何敢与君友也？以德，则子事我者也，奚可以与我友？”子思则以德自任，而强调“德”高于“位”。应注意的是，孟子据这两个故事，得出了一个相同的结论：“将大有为之君，必有所不召之臣”；“天子不召师”。

在《公孙丑上》“知言养气章”（3.2），孟子自谓“乃所愿，则学孔子也”，以孔子道统的继承者自任。这个继承者，亦要有一个承传的谱系。这样一个传承的谱系，既是一个事实，同时亦要有一种自觉的建构。曾子和子思，经孟子的自觉和诠释，乃形成了一个精神的传统。这个精神传统，一是体现为一种内在的思想原则，即以“仁义”和“德”或道义为最高的原则；二是体现了一种精神气质，可以用“以德抗位”这四个字来概括。这个“位”，指君主之势位。它认为德性要高于君主的势位。这个“以德抗位”，体现了一种道义担当与超越于政治权势的独立自由的精神。司马迁说孟子“受业子思门人”，孟子也自称经“私淑诸人”而上接孔子之道。孟子之道，与曾子、子思具有一脉相承的关系。

这样一个系统，既是一个客观的事实，同时，它的形成，亦与一种思想的自觉的反思意识有关。孟子有这样一种自觉的意识，以后每一代具有原创性思想的儒者如朱子、阳明等，也都有很强的道统意识。这种道统意识，强调道义为伦理共同体的最高原则，德高于位，超越于为政者和政统之上，构成为现实政治之合法性的根据。

4.3 陈臻问章

陈臻问曰：“前日于齐，王馈兼金一百而不受；于宋，馈七十镒而受；于薛，馈五十镒而受。前日之不受是，则今日之受非也；今日之受是，则前日之不受非也。夫子必居一于此矣。”

孟子曰：“皆是也。当在宋也，予将有远行，行者必以赆。辞曰：‘馈赆。’予何为不受？当在薛也，予有戒心。辞曰：‘闻戒，故为兵馈之。’予何为不受？若于齐，则未有处也。无处而馈之，是货之也。焉有君子而可以货取乎？”

【通释】

此章言立身行事，辞受取予之原则也。

陈臻：孟子弟子。兼金：赵岐注："好金也。其价兼倍于常者，故谓之兼金。一百，百镒也。古者以一镒为一金。一镒是为二十四两也。故云，兼金一百，百镒也。"赆：赵岐注："送行者赠贿之礼也，时人谓之赆。"货：贿赂。

君子行事，当以义为原则。然君子之行义，常于进退行止，取予辞受之间，表现出一种适时变通的灵活性，而非执一固定的规矩而外在地服从之。《论语·里仁》："君子之于天下也，无適也，无莫也，义之与比。"《孟子·离娄下》"大人者言不必信章"（8.11）："大人者，言不必信，行不必果，惟义所在。"讲的就是这个道理。本章言孟子于齐，齐王馈赠兼金百镒，孟子不受。而在宋，宋君馈赠七十镒，在薛，薛君馈赠五十镒，孟子俱受之。弟子陈臻对此不能理解，以为孟子于受与不受之间，固有是与非之自相乖违处。孟子则解释说，宋君以吾将远行，而有馈赆之遗，于礼当受之。薛君以吾行有备患之需，而有兵馈之赠，于礼亦当受之。我在齐国，齐王馈赠兼金百镒，并无任何理由，有货吾之嫌，是取之不义也。故吾不受于齐王而受于宋、薛，"惟义所在"，"义之与比"而已。

4.4　孟子之平陆章

孟子之平陆，谓其大夫曰："子之持戟之士，一日而三失伍，则去之否乎？"

曰："不待三。"

"然则子之失伍也亦多矣：凶年饥岁，子之民老羸转乎沟壑，壮者散而之四方者，几千人矣。"

曰："此非距心之所得为也。"

曰："今有受人之牛羊，而为之牧之者，则必为之求牧与刍矣。求牧与刍而不得，则反诸其人乎？抑亦立而视其死与？"

曰："此则距心之罪也。"

他日见于王，曰："王之为都者，臣知五人焉。知其罪者，惟孔距心。"为王诵之。

王曰："此则寡人之罪也。"

【通释】

此章言为君为官之职责在于保民。

平陆：赵岐注："齐之邑也。"大夫：治邑大夫也。持戟：战士也。转：转尸于沟壑也。失伍：伍者，行列也。求牧：牧者，牧地也，求牧即寻找牧场。诵：述说也。

孟子以战士失伍当去为喻，警示平陆邑宰孔距心当知保民之职责，失职则当去之。复以孔距心之事警示晓谕齐王，使知其保民之职责。孟子虽常面折直谏，由此亦可见其善辩之技巧也。

4.5 孟子谓蚳鼃章

孟子谓蚳鼃曰："子之辞灵丘，而请士师，似也，为其可以言也。今既数月矣，未可以言与？"

蚳鼃谏于王而不用，致为臣而去。

齐人曰："所以为蚳鼃，则善矣；所以自为，则吾不知也。"

公都子以告。曰："吾闻之也：有官守者，不得其职则去；有言责者，不得其言则去。我无官守，我无言责也，则吾进退，岂不绰绰然有余裕哉？"

【通释】

此章言为官之责与进退之义。

蚳鼃：齐大夫。灵丘：齐国边邑。士师：治狱官。公都子：孟子弟子。

孟子言为官当各尽其职守。有职任者，无法尽其职责则退；有进言之责者，其言不得用则去。其进与退，唯义之所在也。

4.6　孟子为卿于齐章

孟子为卿于齐，出吊于滕，王使盖大夫王驩为辅行。王驩朝暮见，反齐滕之路，未尝与之言行事也。

公孙丑曰："齐卿之位不为小矣，齐滕之路不为近矣，反之而未尝与言行事，何也？"

曰："夫既或治之，予何言哉？"

【通释】

此章言待小人之道。

盖：齐邑。辅行：副使。王驩：齐之谄人，有宠于齐，后为右师。

《易·遯卦·象传》："天下有山，遯。君子以远小人，不恶而严。"待小人之法，保持距离，待之以礼，以规矩与之而已。

4.7　孟子自齐葬于鲁章

孟子自齐葬于鲁，反于齐，止于嬴。充虞请曰："前日不知虞之不肖，使虞敦匠。事严，虞不敢请。今愿窃有请也：木若以美然？"

曰："古者棺椁无度，中古棺七寸，椁称之，自天子达于庶人。非直为观美也，然后尽于人心。不得，不可以为悦；无财，不可以为悦。得之为有财，古之人皆用之，吾何为独不然？且比化者，无使土亲肤，于人心独无恔乎？吾闻之：君子不以天下俭其亲。”

【通释】

此章言孝子葬亲之义。

自齐葬于鲁：赵岐注：“孟子仕于齐，丧母而归葬于鲁也。”嬴：齐南邑。充虞：孟子弟子。敦匠：敦，厚也；匠即做棺。事严：事，丧事也；严，急也。木：棺木也。以美：以与已通，过也，太也；以美，过美也。比：为也。化者：死者。恔：快也。

孟子葬母，弟子充虞疑棺椁过美，因以问孟子。《梁惠王下》“鲁平公章”（2.16）鲁平公亦曾以孟子“后丧逾前丧”，即葬母“棺椁衣衾之美”超过其父而质疑孟子，孟子弟子乐正克乃答以“非所谓逾也，贫富不同也”。是言孟子父丧时为士，母丧时为大夫，其禄秩不同，是贫富有殊也。可知充虞所疑“木若以美然”，与鲁平公所谓“后丧逾前丧”之疑有关。

弟子充虞与鲁平公之疑，皆着眼于外在的形式（葬母“棺椁衣衾之美”超过葬父）。孟子的解释，则关涉到丧仪之内在的精神。孟子答充虞之问说，中古（周公）以来棺椁之制，自天子至于庶人不异，其义“非直为观美”，而要在“尽于人心”也。“不得，不可以为悦；无财，不可以为悦。得之为有财，古之人皆用之，吾何为独不然？且比化者，无使土亲肤，于人心独无恔乎？吾闻之：君子不以天下俭其亲。”“得”谓得礼制之许可。我今“得之”且“有财”，取古制而尽吾为人子之孝心，何为而不可？儒家重丧礼，其义要在“称情而立文”，使人得以“情文俱尽”，尽其孝心而达成其德。孟子答充虞之问，即表现了这一精神。

4.8 沈同以其私问章

沈同以其私问曰：“燕可伐与？”

孟子曰：“可。子哙不得与人燕，子之不得受燕于子哙。有仕于此，而子悦之，不告于王而私与之吾子之禄爵。夫仕也，亦无王命而私受之于子，则可乎？何以异于是？”

齐人伐燕。或问曰：“劝齐伐燕，有诸？”

曰：“未也。沈同问‘燕可伐与’，吾应之曰：‘可。’彼然而伐之也。彼如曰：‘孰可以伐之？’则将应之曰：‘为天吏，则可以伐之。’今有杀人者，或问之曰：‘人可杀与？’则将应之曰：‘可。’彼如曰：‘孰可以杀之？’则将应之曰：‘为士师，则可以杀之。’今以燕伐燕，何为劝之哉？”

【通释】

此章论政权合法性之根据在天命、民意。

沈同以其私问：赵岐注：“沈同，齐大臣。自以私情问，非王命也，故曰私。”仕：为官也。士：即从仕之人也。二字古多通用。

燕王哙昏聩，效古代禅让故事，让国于国相子之，造成国家大乱（参《战国策》之《齐策》《燕策》）。齐宣王乘机伐燕取之。孟子对此事的评论，表现了他对政治合法性根据的深刻理解。

孟子指出，政权之授受，其根据不在于人，而在于“天”。“子哙不得与人燕，子之不得受燕于子哙。有仕于此，而子悦之，不告于王而私与之吾子之禄爵。夫仕也，亦无王命而私受之于子，则可乎？何以异于是？”这是说，燕王哙让国于子之，是出于己意，私相授受，无合法性的依据。在这个意义上，燕可伐。

然则“孰可以伐之”？燕可伐，谁可行此伐燕之权？答案是：“为天吏，则可以伐之。”沈同问“燕可伐与”，孟子回答可伐。齐人伐燕，人或谓孟子劝齐伐燕，孟子不承认自己曾劝齐伐燕，因为孟子所说的“燕可伐”，只是指出了燕王哙政权授受的不合法，并未肯定齐可伐燕。“为天吏，则可以伐之”，不仅回答了何者（天吏）可行使伐燕者之权，更揭示出了现实政权之合法性的根据（天）。

孟子讲“仁者无敌”〔《梁惠王上》“晋国天下莫强焉章”（1.5）〕，

又说："无敌于天下者，天吏也。然而不王者，未之有也。"〔《公孙丑上》"尊贤使能章"（3.5）〕朱子《集注》引吕氏曰："奉行天命谓之天吏。废兴存亡，惟天所命不敢不从，若汤武是也。"仁者或王者无敌于天下。然而王道之征伐，在客观上必顺乎天而应乎人，在主观上则必以道义为唯一的目的。其征伐，一怒而安天下，其喜怒不系于主观的好恶和私意而系于民心、事理与天道。因此，王者之行，其实质乃是人代天工行事（《尚书·皋陶谟》："天工人其代之"）。此代天工者，可谓之"天民""天吏"。以此衡之，齐之伐燕，乃据兼并之私意而伐之，其实质乃是"以燕伐燕"。政权及其交接之根据或其合法性的依据，在超越性的天、天命或民意，而非出于私意。它是客观的，而非主观的。

此章内容，与《梁惠王下》"齐人伐燕胜之章"（2.10）、"齐人伐燕取之章"（2.11）相关，可互相参照。

4.9 燕人畔章

燕人畔。王曰："吾甚惭于孟子。"

陈贾曰："王无患焉。王自以为与周公孰仁且智？"

王曰："恶！是何言也！"

曰："周公使管叔监殷，管叔以殷畔。知而使之，是不仁也；不知而使之，是不智也。仁智，周公未之尽也，而况于王乎？贾请见而解之。"

见孟子，问曰："周公何人也？"

曰："古圣人也。"

曰："使管叔监殷，管叔以殷畔也。有诸？"

曰："然。"

曰："周公知其将畔而使之与？"

曰："不知也。"

“然则圣人且有过与？”

曰：“周公，弟也；管叔，兄也。周公之过，不亦宜乎？且古之君子，过则改之；今之君子，过则顺之。古之君子，其过也，如日月之食，民皆见之；及其更也，民皆仰之。今之君子，岂徒顺之，又从为之辞。”

【通释】

此章言君子对过错的态度。

陈贾：齐大夫。燕人畔：据《战国策·燕策》，燕王哙让国于子之，三年燕国大乱，齐乘机伐燕，“燕王哙死，齐大胜燕，子之亡。二年，而燕人立太子平，是为燕昭王”。赵岐注：“燕人畔，不肯归齐。齐王闻孟子与沈同言为未劝王，今竟不能有燕，故惭之。”辞：辩解也。

齐伐燕，本出功利私意。《梁惠王下》“齐人伐燕胜之章”（2.10）、“齐人伐燕取之章”（2.11）及上一章“沈同以其私问章”之“通释”已详言之，可参。孟子劝其“王速出令，反其旄倪，止其重器，谋于燕众，置君而后去之”〔《梁惠王下》“齐人伐燕取之章”（2.11）〕。齐王因燕人之不从而有惭意，陈贾不仅不因之使齐王悔过而改，反举周公管叔故事而曲为之说。孟子对此事之评论，亦孔子“观过知仁”之义也。

儒家所谓圣，非全知全能之谓，不可以知识技能论。是周公虽古之圣人，亦可有过。周公审于道而行，可欺而不可罔。周公为弟，不以恶意度其兄长，此人之常情常理，宜乎周公之有此过也。

《论语·里仁》：“子曰：人之过也，各于其党。观过，斯知仁矣。”君子与小人之过不同类。君子之行，以义为原则；小人之行，则孳孳以为利。是故君子从善如流，知过则改之；小人文过饰非，执而不化，甚至于怙恶不悛而无可救药者。故观过之类分而反思之，亦可以知成仁之道矣。

古代君子之名，原指在上位者而言。此章“古之君子”“今之君子”之所谓“君子”，即就在上位者而言，非道德人格意义之君子。就道德人格意义之君子小人之分言，周公之过，乃君子之过也。

4.10 孟子致为臣章

孟子致为臣而归。王就见孟子，曰："前日愿见而不可得，得侍同朝，甚喜。今又弃寡人而归，不识可以继此而得见乎？"

对曰："不敢请耳，固所愿也。"

他日，王谓时子曰："我欲中国而授孟子室，养弟子以万钟，使诸大夫国人皆有所矜式。子盍为我言之？"

时子因陈子而以告孟子，陈子以时子之言告孟子。孟子曰："然。夫时子恶知其不可也？如使予欲富，辞十万而受万，是为欲富乎？季孙曰：'异哉子叔疑！使己为政，不用，则亦已矣，又使其子弟为卿。人亦孰不欲富贵？而独于富贵之中有私龙断焉。'古之为市也，以其所有易其所无者，有司者治之耳。有贱丈夫焉，必求龙断而登之，以左右望，而罔市利。人皆以为贱，故从而征之。征商，自此贱丈夫始矣。"

【通释】

此章亦言进退之道也。

本章以下凡五章，皆述孟子去齐事，见孟子去就进退之义及其政治抱负，可以相互参照。

万钟：钟，量词，每钟合六石四斗。矜式：矜，敬也；式，法也。龙断：冈垄之断而高者也。借作动词，指独占其利。丈夫：男人。

君子去就进退之间，唯义而已矣，孟子于此三致意焉。此章表面未言一"义"字，其意实在于斯已。孟子见梁惠王，云"何必曰利，亦有仁义而已"。又以有为之君"必有所不召之臣"而辞见齐王〔本篇"孟子将朝王章”（4.2）〕。亦可见孟子行事去就之原则。此章言孟子致为臣而归，齐王则欲以万钟之禄留孟子，乃以利笼络之者也。孟子则谓：“辞十万而受万，是为欲富乎？”又以“贱丈夫”垄断网罗市利而开征商之始为喻，明己进退之所依据，要在仁义，而不在于“利”也。

4.11　孟子去齐宿于昼章

孟子去齐，宿于昼。有欲为王留行者，坐而言。不应，隐几而卧。客不悦，曰：“弟子齐宿而后敢言，夫子卧而不听，请勿复敢见矣。”

曰：“坐。我明语子：昔者鲁缪公无人乎子思之侧，则不能安子思。泄柳、申详无人乎缪公之侧，则不能安其身。子为长者虑，而不及子思。子绝长者乎？长者绝子乎？”

【通释】

此章论进退去就之原则与为政者尊贤之义。

昼：齐西南近邑。隐几：凭几也。

孟子去齐，有“欲为王留行者”与孟子言，孟子不应，客人因之不悦。孟子乃借鲁缪公与子思故事，论国君养贤之义，亦借以说明己去齐之原因。“昔者鲁缪公无人乎子思之侧，则不能安子思。”鲁缪公对于子思，使人常在其侧，养而安之，可知鲁缪公对子思之尊敬有加。《万章下》“士之不托诸侯章”（10.6）亦举鲁缪公与子思故事论国君养贤尊贤之义。大意是说：鲁缪公屡次馈食于子思，子思不悦。国君馈食，本有养贤之意。子思之不悦，其原因在于，鲁缪公既尊养子思，却不能举之使在位，子思以为缪公乃以犬马畜己也。而尧之于舜，既备尽养贤之礼，又举之于上位，可谓王公尊贤之典范〔参阅《万章下》“士之不托诸侯章”（10.6）“通释”〕。齐王之于孟子，不能尊而任之，这是孟子决意去齐之原因所在。

4.12 孟子去齐尹士语人章

孟子去齐。尹士语人曰："不识王之不可以为汤武，则是不明也。识其不可，然且至，则是干泽也。千里而见王，不遇故去，三宿而后出昼，是何濡滞也？士则兹不悦。"

高子以告。曰："夫尹士恶知予哉！千里而见王，是予所欲也。不遇故去，岂予所欲哉？予不得已也。予三宿而出昼，于予心犹以为速，王庶几改之。王如改诸，则必反予。夫出昼而王不予追也，予然后浩然有归志！予虽然，岂舍王哉？王由足用为善。王如用予，则岂徒齐民安？天下之民举安。王庶几改之，予日望之。予岂若是小丈夫然哉？谏于其君而不受，则怒，悻悻然见于其面，去则穷日之力而后宿哉？"

尹士闻之曰："士诚小人也！"

【通释】

此章言己进退之原则与兼济国家天下之心也。

干泽：干，求也；泽，禄也。濡滞：迟留也。由：犹也。穷：尽也。

孟子进退去留，以义为原则。然孟子对道义原则之持守，并非机械地照章办事，其中既展现了其灵活性，同时，亦表现了他对齐王改过迁善，实行仁政的殷切期望之情。"宿而出昼，于予心犹以为速，王庶几改之"；"王庶几改之，予日望之"。孟子去齐，并不立即去之，而是宿昼三日而去，犹寄希望于齐王之改过也。"王由足用为善。王如用予，则岂徒齐民安？天下之民举安。"由此亦可见孟子爱民保民，兼济国家天下的使命感与担当精神。

4.13　孟子去齐充虞路问章

孟子去齐，充虞路问曰："夫子若有不豫色然。前日虞闻诸夫子曰：'君子不怨天，不尤人。'"

曰："彼一时，此一时也。五百年必有王者兴，其间必有名世者。由周而来，七百有余岁矣，以其数则过矣，以其时考之则可矣。夫天未欲平治天下也，如欲平治天下，当今之世，舍我其谁也！吾何为不豫哉？"

【通释】

此章自述其平治天下之抱负。

豫：悦也。不怨天，不尤人：《论语·宪问》："子曰：不怨天，不尤人，下学而上达，知我者，其天乎！"名世者：名于一世者，次圣之才也。

孟子去齐，若有不悦之色，弟子充虞因以"君子不怨天，不尤人"问之。孟子的回答，则表现了一种承接圣道、担当天下的抱负和责任感。

"五百年必有王者兴，其间必有名世者。"《尽心下》"由尧舜至于汤章"（14.38）所述圣道传承系统，对此有很详细的说明："由尧舜至于汤，五百有余岁；若禹、皋陶，则见而知之；若汤，则闻而知之。由汤至于文王，五百有余岁，若伊尹、莱朱，则见而知之；若文王，则闻而知之。由文王至于孔子，五百有余岁，若太公望、散宜生，则见而知之；若孔子，则闻而知之。由孔子而来至于今，百有余岁，去圣人之世若此其未远也，近圣人之居若此其甚也，然而无有乎尔，则亦无有乎尔！"在孟子所提出的这个圣道传承的系统中，担当圣道的有两类人，一类是闻而知之，开创文明新统的圣人；一类是见而知之，继承圣人所创新局并落实其为一种新传统的智者贤人。后者即本章所谓之"名世者"。孟子乃以上承尧舜、文武周公、孔子三代圣人自任〔见《滕文公下》"夫子好辩章"（6.9）〕，而又自居于名世贤人之位。其生处战国乱世，人民生灵涂炭，当齐王不克用贤施仁而去齐之际，自不能无忧民不豫之心。此其所谓“此一时”之心境也。同时，孟子又“乐天知命”，自觉肩负上天“如欲平治天下，当今之世舍我其谁”的神圣使命，如此，则其又何“不豫”之有哉？此亦其所谓“彼一时”之心境也。

4.14　孟子去齐居休章

孟子去齐，居休。公孙丑问曰：“仕而不受禄，古之道乎？”

曰：“非也。于崇，吾得见王，退而有去志，不欲变，故不受也。继而有师命，不可以请。久于齐，非我志也。”

【通释】

此章言其去齐之志也。

师命：师旅之命也。

孟子去就进退之义，已如前几章所述。其观齐王言行，知其不能用贤施仁，早有去意，故在齐虽居客卿之位，却不食其禄。继而有战事，不便言去。而其去意，未尝变也。其久留而迟去，亦欲观其变也。

卷五　滕文公通释上

（共 5 章）

5.1　滕文公为世子章

滕文公为世子，将之楚，过宋而见孟子。孟子道性善，言必称尧舜。世子自楚反，复见孟子。孟子曰："世子疑吾言乎？夫道一而已矣。成覸谓齐景公曰：'彼丈夫也，我丈夫也，吾何畏彼哉？'颜渊曰：'舜何人也？予何人也？有为者亦若是。'公明仪曰：'文王我师也，周公岂欺我哉？'今滕绝长补短，将五十里也，犹可以为善国。《书》曰：'若药不瞑眩，厥疾不瘳。'"

【通释】

此章记孟子为滕文公陈性善之义与尧舜之道。

世子：太子也。成覸：或作成荆，古勇士。公明仪：曾子弟子，鲁国人，有贤名。瞑眩：赵岐注："药攻人疾，先使瞑眩愦乱，乃得瘳愈。"

"孟子道性善"，"性善"是孟子哲学的理论基础。儒家的人性论，其主流是由孟子所明确表述的性善论。孟子的性善论，是一种"人性本善"论。

孔子论人性，有两个角度，一是"性相近，习相远"（《论语·阳货》）；二是"中人以上，可以语上也；中人以下，不可以语上也"

(《论语·雍也》)。前者是讲人作为一个“类”的类性，后者则是讲人的差异性。孟子的性善论，继承和发扬了这个类性的方面；汉唐儒则着重发挥了后一个方面。

孔子所说这个人的“类性”，应怎么理解？过去有一种观点，说儒家认为人与动物具有一种相同的生物本性，而人的本质则在于其道德性。这是一个似是而非的说法。按照这种逻辑，如果说人与动物有相同的生物本性，那人的善性或道德性便只能由人的存在之外引入，人性由此就成了一块可以任意塑造的“白板”。这种解释，可适用于孟子所批评的告子的人性论，却恰与孟子的性善论相悖谬。常有人举“狼孩”为例，来质疑儒家的性善论。对此，吾人可以反诘说，幼童在狼群固可蜕化为“狼孩”，但狼崽入人群却不能驯成为“人狼”。人可以堕落成禽兽，但你却不能把禽兽教化成人。因此，我们不能抽象地讲人有与动物具有相同的生物本性，也不能把人性抽象地理解为一块没有任何规定的白板。孟子的性善论，强调仁义礼智等规定先天内在于人的实存，绝非由“外铄”强加而来。因之，人的情感、欲望及其肉身实存性与动物的生物本性，亦有着“类性”的本质区别。这是孟子理解人性的一个基本的思路。

关于这个类性的观念，《告子上》“富岁弟子多赖章”(11.7)说：“凡同类者，举相似也……圣人与我同类者……心之所同然者何也？谓理也、义也，圣人先得我心之同然耳。故理义之悦我心，犹刍豢之悦我口。”此言人同类“相似”，亦即孔子所谓的性“相近”，这是从类性的角度来理解人性。“同然”是在理性上对“理义”之共同的肯定。但人的类性之表现，不仅是在理性上对理义有共同的肯定，而且在情感实存上亦有对理义的“同悦”，真实地拥有理义作为自身的内容。“理义之悦我心，犹刍豢之悦我口”，说的就是这个意思。

孟子论人性本善，从两个层面来讲。一是通过性、命的内在区分，从理论上揭示这性善的逻辑必然性。二是落实于人的情感实存，揭示出善在人性中的先天内容与存在的根据。

关于第一个层面。《尽心下》“口之于味章”(14.24)：“孟子曰：口之于味也，目之于色也，耳之于声也，鼻之于臭也，四肢之于安佚也，性也，有命焉，君子不谓性也；仁之于父子也，义之于君臣也，礼之于宾主也，知之于贤者也，圣人之于天道也，命也，有性焉，君子不谓命也。”《告子上》“告子曰性无善无不善章”(11.6)：“仁义礼智，非由外铄我也，我固有之也，弗思耳矣。故曰：求则得之，舍则失之。或相倍蓰而无算者，不能尽其才者也。”《尽心上》“求则得之章”（13.3）：“求则得之，舍则失之，是求有益于得也，求在我者也。求之有道，得之有命，是求无益于得也，求在外者也。”是言仁义礼智为人所能自作主宰，不假外求，而求之在我者，故谓之“性”；而耳目四肢之欲及其事功要求之满足，则受制于各种外在的条件，而不可直接得求，故谓之“命”。由此可知，仁义礼智诸道德规定，为人性先天所本有。此义可参阅《尽心上》“广土众民章”（13.21）和《尽心下》“浩生不害章”（14.25）“通释”。

关于第二个层面。孟子从仁义内在于人的实存的角度揭示性善的先天内容，表现在以下两个方面：

一是落到“情”上来揭示这性善的内容。《孟子·公孙丑上》“人皆有不忍人之心章”（3.6）提出“四端”之说，《告子上》“告子曰性无善无不善章”（11.6）亦说：“乃若其情，则可以为善矣，乃所谓善也。若夫为不善，非才之罪也。恻隐之心，人皆有之；羞恶之心，人皆有之；恭敬之心，人皆有之；是非之心，人皆有之。恻隐之心，仁也；羞恶之心，义也；恭敬之心，礼也；是非之心，智也。仁义礼智，非由外铄我也，我固有之也，弗思耳矣。故曰：求则得之，舍则失之。或相倍蓰而无算者，不能尽其才者也。”“四端”，概括言之，就是一个“不忍恻隐”之心。《公孙丑上》“人皆有不忍人之心章”（3.6）特别突出了“恻隐之心”显现之当下自然性的特征：“非所以内交于孺子之父母也，非所以要誉于乡党朋友也，非恶其声而然也。”就是说，恻隐之心的表现，无任何思虑计较之心厕其间，其一念当下，即知即行，表现为人心自然当下的一种直感。这表明，人虽生活于现实分别的文明状态中，但人与人、与万物的本原一体性并未丧失，反思即可得之。故学问之道，惟在“求放心”。这一点，于人的情感生活中，即可以得到印证。

二是落到“气”上来揭示这性善的内容。思孟学派所说的“气”，并非西方哲学那种纯粹被动性的质料，而是一种见之于物质性的精神力量。简帛《五行》篇说：“仁之思也精，精则察，察则安，安则温，温则悦，悦则戚，戚则亲，亲则爱，爱则玉色，玉色则形，形则仁。”“仁之思也精，精则察”，是从理性方面讲。但这理性之思，非单纯认知意义之“思”，它同时见诸安、温、悦、戚、亲、爱。这是从情感上说。不仅如此，“爱则玉色，玉色则形，形则仁”，必落实于形、色，此“仁之思”，乃得以完成。这个形、色，即就人之“气”的实存性而言。道德之知、思、情，之所以能够发为行为，在于其本身就伴随有一种存在性的力量，这就是思孟所说的“气”。简帛《五行》讲到“仁气”“礼气”“义气”等，以说明身、心的关系。孟子由此提出一个普遍性的“气”的概念，来表明人的“善”性的存在性意义。孟子提出“养气”说，自谓“我善养吾浩然之气”〔《公孙丑上》“知言养气章”（3.2）〕。不过，这“浩然之气”之养成，并非无中生有，而是具有先天的根据的。孟子论特别提出“才”这一概念来说明人性本善。《告子上》“牛山之木章”（11.8）以牛山之木之长养为例，对这个“才”的观念，作了全面的界说：“牛山之木尝美矣，以其郊于大国也，斧斤伐之，可以为美乎？是其日夜之所息，雨露之所润，非无萌蘖之生焉，牛羊又从而牧之，是以若彼濯濯也。人见其濯濯也，以为未尝有材焉，此岂山之性也哉？虽存乎人者，岂无仁义之心哉！其所以放其良心者，亦犹斧斤之于木也。旦旦而伐之，可以为美乎？其日夜之所息，平旦之气，其好恶与人相近也者几希，则其旦昼之所为，有梏亡之矣。梏之反复，则其夜气不足以存；夜气不足以存，则其违禽兽不远矣。人见其禽兽也，而以为未尝有才焉者，是岂人之情也哉！”这里所说的“夜气”或“平旦之气”，是人心在未受外界环境左右时，与仁义之心或良心同时俱存的一种存在状态，为人的实存或“气”之本真、本然。孟子所谓的“才”，乃是一个以“夜气”或“平旦之气”为基础，在“好恶”之情上显现出其“良心”或“仁义之心”的存在整体。它是一个标志人的实存之总体的观念。因此，“浩然之气”的养成，并非无中生有，而是有先天的存在基础的。

可见，儒家所理解的人性之善，不仅只是一种逻辑和理论的设定，它具有先天的内容和存在性的基础。这个“善”性，是一种具有存在必然性的“本善”，而非仅具某种可能性的“向善”。

“言必称尧舜”，表现了孟子的圣道传承思想，此点见《尽心下》“由尧舜至于汤章”（14.38），并可参《公孙丑上》“知言养气章”（3.2）之“通释”。孟子“言必称尧舜”，重在德性教化；荀子则多称禹，略重于事功功业一面。

本章所举成覸、颜渊、公仪明语，皆所以明滕虽小国，而足以行仁政，成就一番王业之义。故下文说：“今滕绝长补短，将五十里也，犹可以为善国。”所引《书》“若药不瞑眩，厥疾不瘳”，是言猛药方能治顽疾也。《孟子》一书用语，亦多有《大学》所谓“君子无所不用其极”之意，故可振聋发聩，具箴膏肓而起废疾之效。

5.2　滕定公薨章

滕定公薨。世子谓然友曰：“昔者孟子尝与我言于宋，于心终不忘。今也不幸至于大故，吾欲使子问于孟子，然后行事。”

然友之邹，问于孟子。孟子曰：“不亦善乎！亲丧固所自尽也。曾子曰：‘生，事之以礼；死，葬之以礼，祭之以礼，可谓孝矣！’诸侯之礼，吾未之学也。虽然，吾尝闻之矣。三年之丧，齐疏之服，飦粥之食，自天子达于庶人，三代共之。”

然友反命，定为三年之丧。父兄百官皆不欲，曰：“吾宗国鲁先君莫之行，吾先君亦莫之行也。至于子之身而反之，不可。且《志》曰：‘丧祭从先祖。’曰：吾有所受之也。”

谓然友曰：“吾他日未尝学问，好驰马试剑。今也父兄百官不我足也，恐其不能尽于大事。子为我问孟子。”

然友复之邹问孟子。孟子曰：“然，不可以他求者也。孔子曰：‘君薨，听于冢宰。歠粥，面深墨，即位而哭，百官有司莫敢不哀，先之也。’上有好者，下必有甚焉者矣。‘君子之德，风也；小人之德，草也。草尚之风必偃。’是在世子。”

然友反命。世子曰：“然，是诚在我。”

五月居庐，未有命戒。百官族人可，谓曰知。及至葬，四方来观之，颜色之戚，哭泣之哀，吊者大悦。

【通释】

此章述滕定公薨，世子（滕文公）居丧之事，表现了孟子以孝道为政教之本的观念。

滕定公：滕文公父。然友：赵岐注：“世子之傅也。”大故：大丧也。齐疏之服：齐，即缉，缝衣边；疏，粗布也。缉（缝衣边）之曰齐衰，不缉曰斩衰。飦粥：飦，同饘，稠粥。丧礼，三日始食粥，既葬，乃疏食。歠：饮。深墨：深黑色。

上章〔“滕文公为世子章”（5.1）〕记滕文公为世子，将之楚，过宋见孟子，孟子为之道性善之义而言必称尧舜，又教之滕以五十里之地，可成王业之方。世子不忘孟子之教，而以丧事请教于孟子。孟子则教以三年之丧与以孝道兴教化之义。

孔子后学的发展，特别重视丧祭礼与孝道。曾子尤其以孝行孝道名，并以忠恕之道来概括孔子之道。《论语·里仁》：“曾子曰：夫子之道，忠恕而已矣。”其学说的特点，即以忠恕之道，贯乎“孝”德而为其本。思孟继承了这一思想传统，孟子亦特重孝道和丧祭礼，此章就很突出地表现了这一点。

《论语·子张》：“曾子曰：‘吾闻诸夫子，人未有自致者也，必也亲丧乎。”是此章孟子所说“亲丧固所自尽也”，乃本诸曾子。又《论语·为政》：“孟懿子问孝。子曰：‘无违。’樊迟御，子告之曰：‘孟孙问孝于我，我对曰：无违。’樊迟曰：‘何谓也？’子曰：生，事之以礼；死，葬之以礼，祭之以礼。”孟子此章则引作曾子语，此当与曾子以孝行孝道见重于孔门有关。由此亦可见孟子对曾子及其所重孝道的推崇。

孔门以以礼事亲为孝。《孝经·广要道章》说：“礼者，敬而已矣。”唐玄宗注：“敬者，礼之本也。”礼之义，要在于“敬”。对亲人的爱、敬之情，为孝德之本质内涵。“自致”，朱子《论语集注》“致，尽其极也。盖人之真情所不能自已者。”是言“亲丧”乃极尽孝子之心与其敬爱之情的重要方式。孟子所谓“亲丧固所自尽也”，亦此义。故谓世子应行三年之丧。

“上有好者，下必有甚焉者矣。君子之德，风也；小人之德，草也。草尚之风必偃。”儒家注重德教，是言在上位之君子，当以身先之，以率民向方，由是乃能上行下效，如春风化雨，润物无声，而化民于无迹。

5.3　滕文公问为国章

滕文公问为国。

孟子曰：“民事不可缓也。《诗》云：‘昼尔于茅，宵尔索绹。亟其乘屋，其始播百谷。’民之为道也，有恒产者有恒心，无恒产者无恒心。苟无恒心，放辟邪侈，无不为已。及陷乎罪，然后从而刑之，是罔民也。焉有仁人在位，罔民而可为也？是故贤君必恭俭礼下，取于民有制。阳虎曰：‘为富不仁矣，为仁不富矣。’夏后氏五十而贡，殷人七十而助，周人百亩而彻，其实皆什一也。彻者，彻也。助者，藉也。龙子曰：‘治地莫善于助，莫不善于贡。’贡者，校数岁之中以为常。乐岁，粒米狼戾，多取之而不为虐，则寡取之；凶年，粪其田而不足，则必取盈焉。为民父母，使民盻盻然，将终岁勤动，不得以养其父母，又称贷而益之，使老稚转乎沟壑，恶在其为民父母也？夫世禄，滕固行之矣。《诗》云：‘雨我公田，遂及我私。’惟助为有公田。由此观之，虽周亦助也。设为庠序学校以教之。庠者，养也。校者，教也。序者，射也。夏曰校，殷曰序，周曰庠，学则三代共之，皆所以明人伦也。人伦明于上，小民亲于下。有王者起，必来取法。是为王者师也。

《诗》云：‘周虽旧邦，其命维新。’文王之谓也。子力行之，亦以新子之国。”

使毕战问井地。孟子曰：“子之君将行仁政，选择而使子，子必勉之。夫仁政，必自经界始。经界不正，井地不均，谷禄不平，是故暴君汙吏必慢其经界。经界既正，分田制禄，可坐而定也。夫滕壤地褊小，将为君子焉，将为野人焉。无君子莫治野人，无野人莫养君子。请野九一而助，国中什一使自赋。卿以下必有圭田。圭田五十亩，余夫二十五亩。死徙无出乡，乡田同井，出入相友，守望相助，疾病相扶持，则百姓亲睦。方里而井，井九百亩，其中为公田。八家皆私百亩，同养公田。公事毕，然后敢治私事，所以别野人也。此其大略也。若夫润泽之，则在君与子矣。”

【通释】

此章论仁政之经济基础，也就是井田制。

“昼尔于茅，宵尔索绹……”：此引诗见《诗经·豳风·七月》。于：往取也。绹：绞也。亟：急也。乘：升也。阳虎：即阳货，与孔子同时，为鲁季氏宰，曾专鲁国国政。盻盻：赵岐注：“勤苦不休息之貌”；朱子《集注》：“恨视也。”“雨我公田，遂及我私”：此引诗见《诗经·小雅·大田》。“周虽旧邦，其命维新”：此引诗见《诗经·大雅·文王》。

孟子言王政，并非局限于道德领域。《梁惠王上》“齐桓晋文之事章”（1.7）已论到明君必先“制民之产”：“无恒产而有恒心者，惟士为能。若民，则无恒产因无恒心。苟无恒心，放辟邪侈，无不为已。及陷乎罪，然后从而刑之，是罔民也。焉有仁人在位，罔民而可为也？是故明君制民之产，必使仰足以事父母，俯足以畜妻子，乐岁终身饱，凶年免于死亡。然后驱而之善，故民之从之也轻。”“制民之产”，是使民之善而达王道之物质性的基础。本章则具体论述了这一点，亦即恢复井田制的问题。

此章涉及到一些古代社会制度的问题。业师金景芳先生所著《论井田制度》一书，[①] 对古代社会井田制的问题做过专门论述。这里讨论井田制问题，即依据金师景芳先生的研究。

此章滕文公问为国之道，孟子答以“民事不可缓”，谓为国理政，应以制民之产而使民有恒产为基础，然后教以人伦，方能实现仁政。这个制民之产，落实到制度上，就是恢复井田制。

今人多认为孟子所言井田制，只是他提出的一种乌托邦式的理想或空想。金师景芳先生则依据古代文献，证明井田制是中国古代实际存在过的一种土地制度。这种井田制始于夏代，经夏商二代以至西周而达到充分的发展。春秋以后，井田制逐渐走向瓦解，至战国时期而趋于全面崩溃。孟子则把他的王道政治理念，建基于古代井田制的恢复。

阳虎谓“为富不仁矣，为仁不富矣”，将仁与富对立起来。孟子则认为，仁人在位，必先使民生养富足。恢复井田之制，即要达到这一目标。“夏后氏五十而贡，殷人七十而助，周人百亩而彻。其实皆什一也。”贡、助、彻，是夏商周三代在井田制基础上所制定的三种租税形式，其税率大体上皆为十分之一。孟子认为“贡”这种租税形式最不合理。贡、助、彻既是由井田而来的租税形式，所以，先了解井田制，才能知道贡、助、彻的内容。

滕文公使毕战问井地，孟子的回答对井田制作了较详细的说明。

孟子自仁政讲起，谓行仁政必先正经界，即准确划分井田的田界。井田制，是把土地分配给单个家庭的一种土地分配制度。因此，“正经界”就是首先必须做的工作。经界正，井田的分配和谷禄才能均平。“分田制禄”，古时俸禄以谷，故制禄与分田有关。实行井田制，首先要区分“君子”与“野人”：“滕壤地褊小，将为君子焉，将为野人焉。无君子莫治野人，无野人莫养君子。”这个君子，非道德意义之君子。古代有君子、小人之区分，君子指贵族之在位者，小人则指供役使的平民和下层庶民而言。[②]“请野九一而助，国中什一使自赋”，此章君子与野

---

① 金景芳《论井田制度》，齐鲁书社 1982 年版；又见《金景芳全集》第四册，上海古籍出版社 2015 年版。

② 见余英时《儒家“君子”的理想》，《中国知识分子论》，河南人民出版社 1997 年版。

人对举，乃与国与野的区别有关。古时王畿、诸侯国、采邑皆有国野之分。王畿及诸侯国、公卿大夫采地，都邑之外为郊，郊外为野。此处之“国中”，指城郊以内之地；“野”指郊外之地。居郊外之地者为野人，居国中者为国人。孟子所谓“天下之民皆悦而为其氓”“愿受一廛而为氓”，“民”是国人，“氓”则是野人。

有了国野区分的概念，就可以来讲贡、助、彻了。“贡”是实物地租。夏代行贡法。“贡者，校数岁之中以为常，乐岁粒米狼戾，多取之而不为虐，则寡取之；凶年粪其田而不足，则必取盈焉。”这个贡法，在数年的收成中取一平均数，不分丰年和灾年，丰年收成好，谷物到处都是，多收点也不为虐政，却仍按平常收税。灾年收成少，甚至连本都不保，却还要照收那么多税。结果造成饥荒甚至饿死人。所以贡法是不合理的。

“助”是劳役地租。殷代行助法。助法，就是下文所说“方里而井，井九百亩，其中为公田。八家皆私百亩，同养公田。公事毕，然后敢治私事，所以别野人也”。一平方里为一井，每井田九百亩，八家各分田百亩，其中一百亩为公田。“助者，藉也。”赵岐注：“藉者，借也。犹人相借力助之也。”借助八家之力以养公田，而其私田不复征税。所以称之为“助”。

“彻者，彻也。”对这个“彻”法，有不同的解释。赵岐注：“彻犹人彻取物也。”训彻为“取”。郑玄训彻为“通”，谓取“什一”，为天下之通法。都不确。金师景芳先生的训释最好。金师“彻者，彻也”，后一“彻”字应读为“辙”字。辙之本义为车迹。车有两轮，意即夏行贡法，殷行助法，周人则贡、助并用，如车有两轮，辙有双轨，故称为“彻”。周人兼用贡助的彻法，也体现了孔子所说的“周监于二代”的精神。具体说来，周人的彻法，是在国中用贡，于野用助。孟子此章说“请野九一而助，国中什一使自赋”，说的就是这个意思。“使自赋”的“赋”，即军赋。古时国人有当兵的义务，野人则不能当兵。“八家皆私百亩，同养公田。公事毕，然后敢治私事，所以别野人也”，也是说这个助法，是野人区别于国人的地方。“《诗》云：‘雨我公田，遂及我私。’惟助为有公田。”是说只有助法才有“公田”。“卿以下必有圭田。圭田五十亩，余夫二十五亩。”赵岐注：“圭，洁也……所以奉祭祀也。”金师认为，圭田应从焦循解作“零星不成井之田”。

恢复井田制，是制民之产，使民生养富足的途径。在此基础上，还要“设为庠序学校以教之”，而使之“明人伦”，以达教化之目的。此章既讲到亲民（“小民亲于下”），又讲到“新国”。新国的前提和根本是明人伦，行德政。所引《诗》亦此义。周以旧邦得新命，亦以文王之德配天为根据。孔孟的政教思想，其所谓“亲民”，即孟子所说“亲亲仁民”，亲民即仁民。此从“德”政一方面言；亲亲仁民，乃能使人民相亲而亲附之。“小民亲于下”，即此义。孔子所谓“修文德以来之”（《论语·季氏》），“近者说，远者来”（《论语·子路》），亦此义。同时，“德”的意义，在行道内得于心、自得于己而成其性。“道”必由乎“自得”而非出于“外铄”，因此，“教”与“学”，君与民，二者皆成为循“道”之主体。《滕文公上》“有为神农之言章”（5.4）：“圣人有忧之，使契为司徒，教以人伦：父子有亲，君臣有义，夫妇有别，长幼有序，朋友有信。放勋曰：‘劳之来之，匡之直之，辅之翼之，使自得之，又从而振德之。’圣人之忧民如此。”朱子《集注》解“自得之”为“使自得其性”。圣人忧民设教，其目的乃在使其“自得”于道而成其性。由此臻于其极，则其君可成就其为王者之君，其民可成就其为“王者之民”（《尽心上》13.13）。王者之君与王者之民，是成就“王道”“王教”之一体互成的两个方面。有教化而使民各成其性，而成其为“王者之民”，即孟子所谓的“新国”之义。

5.4　有为神农之言章

有为神农之言者许行，自楚之滕，踵门而告文公曰：“远方之人闻君行仁政，愿受一廛而为氓。”文公与之处。其徒数十人皆衣褐，捆屦、织席以为食。

陈良之徒陈相与其弟辛，负耒耜而自宋之滕，曰：“闻君行圣人之政，是亦圣人也，愿为圣人氓。”

陈相见许行而大悦，尽弃其学而学焉。陈相见孟子，道许行之言曰：“滕君，则诚贤君也。虽然，未闻道也。贤者与民并耕而食，饔飧而治。今也滕有仓廪府库，则是厉民而以自养也，恶得贤？”

孟子曰：“许子必种粟而后食乎？”曰：“然。”

“许子必织布而后衣乎？”曰：“否。许子衣褐。”

“许子冠乎？”曰：“冠。”

曰：“奚冠？”曰：“冠素。”

曰：“自织之与？”曰：“否。以粟易之。”

曰：“许子奚为不自织？”曰：“害于耕。”

曰：“许子以釜甑爨，以铁耕乎？”曰：“然。”

“自为之与？”曰：“否。以粟易之。”

“以粟易械器者，不为厉陶冶；陶冶亦以其械器易粟者，岂为厉农夫哉？且许子何不为陶冶，舍皆取诸其宫中而用之？何为纷纷然与百工交易？何许子之不惮烦？”曰：“百工之事固不可耕且为也。”

“然则治天下独可耕且为与？有大人之事，有小人之事。且一人之身，而百工之所为备。如必自为而后用之，是率天下而路也。故曰：或劳心，或劳力；劳心者治人，劳力者治于人；治于人者食人，治人者食于人：天下之通义也。当尧之时，天下犹未平，洪水横流，泛滥于天下。草木畅茂，禽兽繁殖，五谷不登，禽兽逼人，兽蹄鸟迹之道交于中国。尧独忧之，举舜而敷治焉。舜使益掌火。益烈山泽而焚之，禽兽逃匿。禹疏九河，瀹济漯而注诸海，决汝汉、排淮泗而注之江。然后中国可得而食也。当是时也，禹八年于外，三过其门而不入，虽欲耕，得乎？后稷教民稼穑，树艺五谷。五谷熟而民人育。人之有道也，饱食、暖衣、逸居而无教，则近于禽兽。圣人有忧之，使契为司徒，教以人伦：父子有亲，君臣有义，夫妇有别，长幼有序，朋友有信。放勋曰：‘劳之来之，匡之直之，辅之翼之，使自得之，又从而振德之。’圣人之忧民如此，而暇耕乎？

“尧以不得舜为己忧，舜以不得禹、皋陶为己忧。夫以百亩之不易为己忧者，农夫也。分人以财谓之惠，教人以善谓之忠，为天下得人者谓之仁。是故以天下与人易，为天下得人难。孔子曰：‘大哉尧之为君！惟天为大，惟尧则之，荡荡乎民无能名焉！君哉舜也！巍巍乎有天下而不与焉！’尧舜之治天下，岂无所用其心哉？亦不用于耕耳。

“吾闻用夏变夷者，未闻变于夷者也。陈良，楚产也，悦周公、仲尼之道，北学于中国。北方之学者，未能或之先也。彼所谓豪杰之士也。子之兄弟事之数十年，师死而遂倍之。昔者孔子没，三年之外，门人治任将归，入揖于子贡，相向而哭，皆失声，然后归。子贡反，筑室于场，独居三年，然后归。他日，子夏、子张、子游以有若似圣人，欲以所事孔子事之，强曾子。曾子曰：‘不可。江汉以濯之，秋阳以暴之，皜皜乎不可尚已！’今也南蛮鴃舌之人，非先王之道，子倍子之师而学之，亦异于曾子矣。吾闻出于幽谷迁于乔木者，未闻下乔木而入于幽谷者。《鲁颂》曰：‘戎狄是膺，荆舒是惩。’周公方且膺之，子是之学，亦为不善变矣。”

“从许子之道，则市贾不贰，国中无伪。虽使五尺之童适市，莫之或欺。布帛长短同，则贾相若；麻缕丝絮轻重同，则贾相若；五谷多寡同，则贾相若；屦大小同，则贾相若。”

曰：“夫物之不齐，物之情也。或相倍蓰，或相什伯，或相千万。子比而同之，是乱天下也。巨屦小屦同贾，人岂为之哉？从许子之道，相率而为伪者也，恶能治国家？”

【通释】

此章言圣人之道，乃以社会分工为前提。

踵门：足至门也。廛：民居也。氓：野人也。褐：粗布衣。捆屦：赵岐注：“织屦欲使坚，故叩之也。”饔飧：熟食也。朝曰饔，夕曰飧。厉：病也。舍：止也。瀹：疏浚也。艺：殖也。放勋：尧之号。皜皜：洁白貌。膺：击也。贾：同“价”字。蓰：五倍也。

许行持论，以为贤君当“与民并耕而食，饔飧而治”。孟子则主张社会分工，谓“一人之身，而百工之所为备”。故社会分工为人类社会之必然。《荀子·富国》曰：“百技所成，所以养一人也。而能不能兼技，人不能兼官。离居不相待则穷，群而无分则争，穷者患也，争者祸也。救患除祸，则莫若明分使群矣。”亦以社会分工为其政治学说之基础。强调一种社会分工基础上的伦理建构，这是儒家的一个特点。

孟子说：“或劳心，或劳力。劳心者治人，劳力者治于人。治于人者食人，治人者食于人，天下之通义也。”《左传》襄公九年晋知武子（荀罃）曰：“君子劳心，小人劳力，先王之制也。”又《国语·鲁语》公父文伯之母曰：“君子劳心，小人劳力，先王之训也。”是“劳心”与“劳力”之区分，古已有之，并非孟子之创说。孟子则为此分工之说提出了一个哲理的根据：“夫物之不齐，物之情也。”是言世间万物，差异各别，不能一齐，不齐方能齐。如“比而同之”，则将悖离物之本真，是相率以为伪，不仅不能治国，适足以乱天下。

是以圣人之忧天下，要在于为天下得人，必使贤者在位，社会上下，等差有序，民各安其位而治其事，建立起一种合理的秩序。民既得饱食暖衣逸居，因之而教以人伦，使其五伦敦睦，各自得其性而成其德。此圣人君子之所用心也已。

5.5　墨者夷之章

墨者夷之因徐辟而求见孟子。孟子曰："吾固愿见，今吾尚病，病愈，我且往见，夷子不来。"

他日，又求见孟子。孟子曰："吾今则可以见矣。不直，则道不见，我且直之。吾闻夷子墨者，墨之治丧也，以薄为其道也。夷子思以易天下，岂以为非是而不贵也？然而夷子葬其亲厚，则是以所贱事亲也。"

徐子以告夷子。夷子曰："儒者之道古之人'若保赤子'，此言何谓也？之则以为爱无差等，施由亲始。"

徐子以告孟子。孟子曰："夫夷子信以为人之亲其兄之子，为若亲其邻之赤子乎？彼有取尔也。赤子匍匐将入井，非赤子之罪也。且天之生物也，使之一本，而夷子二本故也。盖上世尝有不葬其亲者，其亲死，则举而委之于壑。他日过之，狐狸食之，蝇蚋姑嘬之，其颡有泚，睨而不视。夫泚也，非为人泚，中心达于面目，盖归反蘽梩而掩之。掩之诚是也，则孝子仁人之掩其亲，亦必有道矣。"

徐子以告夷子，夷子怃然为间，曰："命之矣。"

【通释】

本章要在批评墨者夷之"二本"论，阐述其对亲亲之情与普遍的人类之爱之一体性或"一本"论的理解。

见：同“现”。蚋：蚊虫。姑：蝼蛄也。嘬：攒共食之也。颡：额也。泚：泚然汗出之貌。睨：邪视也。虆：土笼也。梩：锹、锸类工具。

墨者夷之主张“爱无差等，施由亲始”，孟子批评此一观点为“二本”论。何谓“二本”？赵岐注云：“天生万物，各由一本而出。今夷子以他人之亲与已亲等，是为二本，故欲同其爱也。”又：“夷子以为人爱兄子与爱邻人之子等邪，彼取赤子将入井，虽他人子亦惊救之，故谓之爱同也。”《朱子语类》卷五十五：“爱吾亲，又兼爱他人之亲，是二爱并立，故曰‘二本’。”这个“二本”，实质上就是同时肯定两个“爱”的原则：一个私己之爱，一个抽象的人类之爱。

《庄子·山木》：“子桑雽曰：子独不闻假人之亡与？林回弃千金之璧，负赤子而趋，何也？林回曰：彼以利合，此以天属也。”以救赤子之险难为人之天性。孟子也举孺子将入于井而有怵惕恻隐之心以说明人心本善。可见，由见赤子危难而生恻隐之情，应为当时人共许的一个事实，故夷子举此例，并未详加说明。这里的不同，仅在于对这一事实的意义理解存在差异。孟子与夷子争辩的焦点，并不在于见赤子危难而生恻隐之心这一事实是否表明人具有普遍之爱，而在于是否有一种脱离自然差等性规定的抽象、普遍的爱。

墨者夷之以“若保赤子”来解释“儒者之道”，既涉及到儒、墨仁与兼爱之辩这个老问题，也有很强的针对性。孟子不仅言“亲亲仁也”，以孩提之童的爱亲敬长之情来说明人具有先天的良知良能，并且据人必然救孺子将入于井而显示的不忍恻隐之情来说明人性之善；孟子所据以阐发性善之旨的“仁爱”之情，亦具有“亲亲”和“不忍”两种形态。而在墨者夷之看来，这“不忍”之情，就是一个无差别的普遍之爱。孟子针对墨家“兼爱”所导致的“二本”论的批评，其意义亦在于阐明和维护儒家由等差性而达普遍超越性之“爱”的价值实现方式。

按照墨者夷之的理解，这个普遍的爱，就是一种无等差之爱（爱无差等）。而当墨家把这种普遍的人类之爱理解为完全无等差的抽象之爱时，“亲亲”便亦被理解为一种偏私之情，而失去了其人我贯通一体的超越性意义。

伦理原则的问题，关乎人的存在之普遍性和个体性的关系问题。《尽心上》“杨子取为我章”（13.26）：“杨子取为我，拔一毛而利天下不为也；墨子兼爱，摩顶放踵利天下为之。子莫执中，执中为近之。执中无权，犹执一也。所恶执一者，为其贼道也，举一而废百也。”在伦理原则的问题上，杨朱和墨子都走了极端。杨朱把个体性推到极端而导致对私人性的偏执，个体性被抽象化为无任何普遍性伦理规定的抽象的私人性；墨子的兼爱则把普遍性一面推至极端，使之抽象化为一种抽象的共同性，因而导致禁欲苦行（“摩顶放踵利天下”）。《滕文公下》“公都子问好辩”（6.9）也说：“杨氏为我，是无君也；墨氏兼爱，是无父也。无父无君，是禽兽也。”这两者皆不足以建立合理的伦理生活，所以将导致一种“无父无君”的非伦理（禽兽）状态。可见，墨子和杨朱之伦理观相反，而其在思想方法上所犯错误却有相之处，即将个体性与普遍性抽象对峙起来。

墨家的“二本”论，是一种伦理原则上的二元论。它一方面承认一个抽象普遍的“兼爱”原则，同时又肯定一个自爱自利的功利原则。二者来源不同：兼爱出自“天志”；人只是一个功利性的存在。很显然，墨家这种抽象的“兼爱”原则，在人的功利性的实存中缺乏内在的根据，对它的推行，只能导致一种禁欲的结果。墨氏“摩顶放踵利天下”，“必自苦以腓无胈，胫无毛”（《庄子·天下》），具有很明显的禁欲主义特征。这禁欲主义的“兼爱”原则，在现实中不能实行，所以只能求之于“天志”“明鬼”的人格神来赏善除暴，提供一种外在的制裁力。就此而言，墨家的兼爱观念，与基督教的博爱观念颇有类似之处。与“兼爱”这一极端相对的原则就是“为我”，即抽去了任何普遍性、超越性内容的一个私己性的自爱。“拔一毛而利天下，不为也”，这实质上正是墨家对人的功利性理解之另一极的表现。在孟子看来，如把这两极端作为伦理的原则，必然会把社会导向于一种“无君无父”的非伦理状态。

孟子所谓“爱”，也有两端。但这两端，既非杨墨的“为我”与“兼爱”，亦非墨者夷之所说的“爱无差等，施由亲始”那个“二本”性的两端。“爱无差等，施由亲始”，是夷之从墨家立场对儒家仁爱观念的一种曲解，即把“施由亲始”或亲亲与“爱无差等”理解为一种“二本”性的两端，与杨墨“为我”与“兼爱”这两端，本无实质性的差别。这两端，是抽象的两个极端。二者互相对峙，虽为两极，却不包涵两极相通的意义。孟子所言不忍恻隐之爱，与其所谓亲亲之爱，并不构成“爱”的两端。儒家所言“爱”的两端，一端当然是“不忍恻隐”之爱，这是普遍性的一端；另一端，乃是自爱，或曰“爱其身”。“亲亲”之爱，实质上构成了这两端的一个中介。

孟子所谓不忍恻隐的一端，并非抽象无差等的“爱”。《公孙丑上》

(3.6) 所说人见孺子将入井而生怵惕恻隐之情，只是“所以谓人皆有不忍人之心”的一个例证。《梁惠王上》“齐桓晋文之事章”(1.7)，孟子据齐宣王有不忍牺牛觳觫之心，认为此不忍之心既能“及禽兽”，必可“至于百姓”，而断言其可“保民而王”。本篇孟子反驳墨者夷之“爱无差等，施由亲始”之说，则揭示出子女对父母暴尸沟壑为狐狸蝇蚋所食，当下顿生的不忍之心之无任何功利计较间隔的本真性意义：“其颡有泚，睨而不视”，“夫泚也，非为人泚，中心达于面目”。孝子葬亲之道，实本于此真实的不忍之情，而非出于墨家那种等价交换式的功利考虑。可知人心应答事物，对亲朋、孺子、鸟兽乃至草木、瓦石，其情感表现，一方面必有实存上厚薄远近之等差性，但同时，又皆贯穿一个普遍的“不忍”，因而具有超越实存之功利性的“一体之仁”的意义。

人的存在的另一端，即其当身性的实存。《离娄上》“人有恒言章”(7.5)：“人有恒言，皆曰天下国家。天下之本在国，国之本在家，家之本在身。”此言絜矩之道，乃以“身”为其推扩之始。“身”是人的实存的一端，孟子亦言人必爱其身。然孟子对人的自爱或“爱其身”，有自己独特的理解。《告子上》“人之于身章”(11.14)：“孟子曰：人之于身也，兼所爱。兼所爱，则兼所养也。无尺寸之肤不爱焉，则无尺寸之肤不养也。所以考其善不善者，岂有他哉？于己取之而已矣。体有贵贱，有小大，无以小害大，无以贱害贵。养其小者为小人，养其大者为大人……养其一指而失其肩背，而不知也，则为狼疾人也。饮食之人，则人贱之矣，为其养小以失大也。饮食之人无有失也，则口腹岂适为尺寸之肤哉！”是言人皆自爱，皆爱其身。今人言“身”或自我，着重在其肉身性。但孟子所言“身”，虽与肉身性相关，却非仅肉体实存意义之“身”。孟子论人的实存（身），乃统“大体”“小体”而为言。孟子说：“从其大体为大人，从其小体为小人……耳目之官不思，而蔽于物。物交物，则引之而已矣。心之官则思，思则得之，不思则不得也，此天之所与我者。先立乎其大者，则其小者不能夺也，此为大人而已矣。”(《告子上》11.15）人心由其内省反思，乃能呈显挺立其先天本有的“仁义礼智”或良知本心，使之成为人身内在的主宰，据以“践形”“立命”，转化实存，乃能达于其“身”之本真性的价值实现。

在儒家看来，人的实存，并非一种表现为私己义的单纯肉身性，故其“爱其身”的自爱，即本具超越其当身性而贯通于他者的本然指向。《大戴礼记·曾子本孝》：“险涂隘巷不求先焉，以爱其身，以不敢忘其亲也。”《孝经·开宗明义章》：“身体发肤，受之父母，不敢毁伤，孝之始也。”这是说，人的情感表现，作为一种返归于当身性的自爱（“爱其身”），当下就具有指向于他者的超越性意义，包涵着超越自身的普遍性内容。人身源自父母及其族类，这超越当身性之指向的第一步，当然就是“亲亲”之情。所以，此“爱”据以达于其超越性的开端，亦当是自爱或者“爱其身”。《礼记·哀公问》引孔子语曰：“古之为政，爱人为大。不能爱人，不能有其身。不能有其身，不能安土。不能安土，不能乐天。不能乐天，不能成其身。”又记孔子答哀公问“何谓成身”云：“仁人不过乎物，孝子不过乎物。是故仁人之事亲也如事天，事天如事亲，是故孝子成身。”《离娄上》“事孰为大章”（7.19）说：“不失其身而能事其亲者，吾闻之矣；失其身而能事其亲者，吾未之闻也。孰不为事？事亲，事之本也。孰不为守？守身，守之本也。”朱子亦说：“若能知爱其身，必知所以爱其父母。”（《朱子语类》卷二十三）讲的都是这个意思。

这个“爱”的观念之“两端”，就是“爱其身”或自爱与“不忍恻隐”之爱；而这个爱的两端之“中”，就是“亲亲”之爱。儒家这“爱”的两端，不是杨墨为我与兼爱或墨者夷之那样“二本”论的两极端，而是一种全息性两极互通的“两端”。在孟子看来，“亲亲之爱”，就很好地表现了这两端的互操作性，因而具有一种中介性的意义。《尽心下》（14.1）：“仁者以其所爱及其所不爱。”《梁惠王上》（1.7）：“老吾老以及人之老，幼吾幼以及人之幼，天下可运于掌。”《尽心上》（13.45）：“亲亲而仁民，仁民而爱物。”《礼记·祭义》亦云：“立爱自亲始，教民睦也；立敬自长始，教民顺也。”此皆以“亲亲”之情作为人由己而达于普遍性人类之爱乃至宇宙之爱的中介环节。

在孟子看来，人之自爱、爱人、爱物之间，存在着次第远近之区别，这种等差性具有一种天然本真性的意义。这亲亲之爱作为一个中介性的原则，既包涵等差性的意义，同时，亦本具由自爱或“爱其身”之一端超越地指向于他者的原初的超越性意义。由此，不忍与自爱这两端，乃保持在一种动态性的两极互通的张力关系中。这个亲亲之爱，体现了一种差异互通的精神。它揭示出，人类存在及其情感关联的差异与互通，具有不同的层级性。其朝向差异化的一端，乃落实为个体之实现的自爱爱他；其朝向互通的一端，则敞开为不同层级普世化的普遍之爱。这样，一方面，仁爱的观念落实于此自然等差性之中成为一个“通”性或具体普遍性的原则；另一方面，由此“通”性的奠基，个体实存之独特性亦在其转变了的形态中得以实现，并保持住其存在的本真意义。据此，人由身及亲，由亲及人，由人及物，差异互通，人类之“爱”，乃建基于“一本”。

这一点，对于理解中国文化的价值实现方式，具有重要的理论意义。

卷六　滕文公通释下

（共 10 章）

6.1　陈代曰不见诸侯章

陈代曰：“不见诸侯，宜若小然。今一见之，大则以王，小则以霸。且志曰：‘枉尺而直寻，宜若可为也。’”

孟子曰：“昔齐景公田，招虞人以旌，不至，将杀之。志士不忘在沟壑，勇士不忘丧其元。孔子奚取焉？取非其招不往也。如不待其招而往，何哉？且夫枉尺而直寻者，以利言也。如以利，则枉寻直尺而利，亦可为与？昔者赵简子使王良与嬖奚乘，终日而不获一禽。嬖奚反命曰：‘天下之贱工也！’或以告王良，良曰：‘请复之。’强而后可，一朝而获十禽。嬖奚反命曰：‘天下之良工也！’简子曰：‘我使掌与汝乘。’谓王良，良不可，曰：‘吾为之范我驰驱，终日不获一；为之诡遇，一朝而获十。《诗》云：不失其驰，舍矢如破。我不贯与小人乘，请辞。’御者且羞与射者比，比而得禽兽，虽若丘陵，弗为也。如枉道而从彼，何也？且子过矣！

枉己者，未有能直人者也。”

【通释】

此章言孟子行事进退之原则，亦义利之辨也。

陈代：孟子弟子。寻：八尺曰寻。虞人：守山泽苑囿之吏也。赵简子：即晋大夫赵鞅。王良：时善御者。嬖奚：赵简子幸臣。掌：专主也。范：法度也。诡遇：不正而与禽遇也。贯：习也。

得君行道，本亦孟子之愿望。《万章上》（9.8）论孔子之行事原则曰：“孔子进以礼，退以义，得之不得曰‘有命’。”而孟子之志，“乃所愿，则学孔子也”（《公孙丑上》3.2）。是孟子之行，亦守死善道，在原则问题上，不能有丝毫之妥协。

陈代欲其师有所作为，故劝孟子不拘泥小节，“枉尺而直寻”，以成就一番王霸之业。朱子注云：“小，谓小节也。枉，屈也。直，伸也。八尺曰寻。枉尺直寻，犹屈己一见诸侯，而可以致王霸。所屈者小，所伸者大也。”陈代意在以屈求伸。孟子的回答其实很直截简单：“夫枉尺而直寻者，以利言也。如以利，则枉寻直尺而利，亦可为与?”此言所谓“枉尺而直寻”，其本质要在计较功利。而如以“利”为原则，则虽“枉寻直尺而利”，亦将为之。此犹蚁穴溃堤，如果模糊了义利之辨，而在原则问题上做交易，那人心将无往而不为利，社会之价值尺度，将会一溃千里。再进一步言之，“枉己者，未有能直人者也”。正己然后能正人。如屈己奉人，亦将无以正人，王霸之业，亦复何由而可致！

此章更举虞人、王良故事以明此义。

齐景公“招虞人以旌，不至，将杀之。志士不忘在沟壑，勇士不忘丧其元。孔子奚取焉？取非其招不往也。”此处既记齐景公招虞人事，亦言及孔子对此事之评价。《左传》昭公二十年：“齐侯田于沛。招虞人以弓，不进。公使执之。辞曰：‘昔我先君之田也，旃以招大夫，弓以招士，皮冠以招虞人。臣不见皮冠，故不敢进，乃舍之。’仲尼曰：‘守道不如守官，君子韪之’。”盖田猎，人与人相距遥远，声音有所不及，而必以物示而招之，但所招之用物，则因人而有所不同耳。《孟子》“招虞人以旌”，《左传》则言“招虞人以弓”，所记不同。此非关紧要，孔子之所取，要在“取非其招不往也”。所谓“守道不如守官”。《荀子·天论》：“官人守天，自为守道。”是谓百官各有职守，而人主之责，乃要在“守道”。是言就坚持原则而言，齐侯作为“守道”者反不及作为守官司者之虞人。是孔子于虞人，乃称赞其视遵守礼所规定之职责更重于生命。

王良，古之善御者。王良之御，贵在一从于法度而不稍懈。赵简子嬖臣奚田猎，王良为之御。嬖奚之射，须御者废法度诡遇而后能中。王良驰驱以法度，嬖奚终日不能获一禽。违法度虽可得禽兽如丘山，王良一御者，且羞而不为。古人对规则法度之敬畏，一至于斯！可敬可敬！

6.2　此之谓大丈夫章

景春曰：“公孙衍、张仪，岂不诚大丈夫哉！一怒而诸侯惧，安居而天下熄。”

孟子曰：“是焉得为大丈夫乎？子未学礼乎？丈夫之冠也，父命之。女子之嫁也，母命之，往送之门，戒之曰：‘往之女家，必敬必戒，无违夫子。’以顺为正者，妾妇之道也。居天下之广居，立天下之正位，行天下之大道。得志，与民由之；不得志，独行其道。富贵不能淫，贫贱不能移，威武不能屈。此之谓大丈夫。”

【通释】

此章论大丈夫。

赵岐注论此章章指云：“以道匡君，非礼不运，称大丈夫。阿意用谋，善战务胜，事虽有刚，心归柔顺，故云妾妇，以况仪、衍。”此以秉道以匡君，据礼为原则释“大丈夫”，可从。而说此章以“事虽有刚，心存柔顺”况仪、衍，则无据。

公孙衍、张仪，战国之说客，纵横捭阖，以利欲之道干谒世主，取合诸侯，而景春以为“大丈夫”。孟子不同意此说，而以“居天下之广居，立天下之正位，行天下之大道，得志与民由之，不得志，独行其道”，“富贵不能淫，贫贱不能移，威武不能屈”来界定大丈夫之人格特质。

“居天下之广居，立天下之正位，行天下之大道，得志与民由之，不得志，独行其道”，是言大丈夫立身之原则与其进退之根据。《告子上》(11.11)：“孟子曰：仁，人心也；义，人路也。”《离娄上》（7.10)：“言非礼义，谓之自暴也；吾身不能居仁由义，谓之自弃也。仁，人之安宅也；义，人之正路也。”朱子《集注》：“广居，仁也。正位，礼也。大道，义也。”朱子以“广居”属诸“仁”，“正位”属诸“礼”，“大道”属诸“义”，证诸孟子上述论述，是有根据的。不过，亦不必太过拘泥。孟子以仁义礼智为人心先天所固有。《离娄上》（7.27)：“孟子曰：仁之实，事亲是也；义之实，从兄是也；智之实，知斯二者弗去是也；礼之实，节文斯二者是也；乐之实，乐斯二者，乐则生矣，生则恶可已也。”可知，仁义礼智四者，又以“仁义”为根本内容。而仁义，实又以“仁”为统摄性的原则。《公孙丑上》“人皆有不忍人之心章”（3.6）言四端，乃以仁统摄四德。举仁，四德已皆在其中。因此，孟子以“仁”为人心之安宅或人安身立命之本，故可以“广居”属诸仁。礼者节也，义者宜也。礼义为人情节文度数之规定，故又可以“正位”属诸礼义。孟子讲“义，人路也”（《告子上》11.11)、“义，人之正路也”（《离娄上》7.10)。又孟子曰：“仁也者人也，合而言之道也。”（《尽心下》14.16）仁既为人心之安宅，又规定了人所当行之道。故可以“大道”属诸义与仁。

“富贵不能淫，贫贱不能移，威武不能屈”，大丈夫既立志行道，仁义礼智根于心，则其行事进退之所据，唯道义所在，任何外在的因素皆不足以动摇易移其志向。此言大丈夫之人格特质也。

6.3 周霄问古之君子仕乎章

周霄问曰：“古之君子仕乎？”

孟子曰：“仕。《传》曰：‘孔子三月无君，则皇皇如也，出疆必载质。’公明仪曰：‘古之人三月无君则吊。’”

“三月无君则吊，不以急乎？”

曰：“士之失位也，犹诸侯之失国家也。《礼》曰：‘诸侯耕助，以供粢盛；夫人蚕缫，以为衣服。牺牲不成，粢盛不洁，衣服不备，不敢以祭。惟士无田，则亦不祭。’牲杀器皿衣服不备，不敢以祭，则不敢以宴，亦不足吊乎？”

“出疆必载质，何也？”

曰：“士之仕也，犹农夫之耕也。农夫岂为出疆舍其耒耜哉？”

曰：“晋国亦仕国也，未尝闻仕如此其急。仕如此其急也，君子之难仕，何也？”

曰：“丈夫生而愿为之有室，女子生而愿为之有家，父母之心，人皆有之。不待父母之命、媒妁之言，钻穴隙相窥，逾墙相从，则父母国人皆贱之。古之人未尝不欲仕也，又恶不由其道。不由其道而往者，与钻穴隙之类也。”

【通释】

此章论古代之“士”或知识分子的特点。

出疆：谓失位而去国也。质：同挚、贽，相见所执礼物，如士以雉为贽。粢盛：黍稷曰粢，在器曰盛。

此章以君子与士为同一层次的概念。孟子言君子急仕，又谓“君子之难仕”，其实，二者并不矛盾。

《梁惠王上》“齐桓晋文之事章”（1.7）说：“无恒产而有恒心者，惟士为能。若民则无恒产，因无恒心。”这个说法，道出了“士”的特点。

士在古代，本为贵族（诸侯、卿、大夫、士）之最低的一个等级。

《说文解字》："士，事也。"士在当时，主要泛指执事于各部门的下级官吏。春秋战国高下陵夷，社会变动剧烈，士的阶层乃渐转成为社会士、农、工、商四民之首。这时的士，已从原来固定的封建关系中游离出来而成为一种"游士"，大批有学问知识的士人，乃专以"仕"为其专业。同时，春秋以降，官师治教分途，百家之学兴起，由是逐渐形成一种以道自任的士人精神。《论语·里仁》："子曰：士志于道，而耻恶衣恶食者，未足与议也。"《论语·泰伯》："曾子曰：士不可以不弘毅，任重而道远。仁以为己任，不亦重乎？死而后已，不亦远乎？"儒家的思想和实践，对这一士人精神传统的形成，起到了重要的作用。① "士之失位也，犹诸侯之失国家也。"从传统的封建制度而言，执事于官府各部门，本为"士"所当居之位。"士之仕也，犹农夫之耕也。"就士农工商四民社会而言，仕乃为士之专门的职能。君子之急仕，道理亦在于此。

同时，士之仕，其要亦在道义之担当。《论语·微子》："子路曰：不仕无义……君子之仕也，行其义也。道之不行，已知之矣。"出仕为士人之责任，故士不出仕，不合道义。而士之仕，唯天职是荷，唯道义是从，效果成败，并非决定性的因素。君子喻于义，其行止进退，乃一以道义为决定之原则。小人喻于利，其行为亦唯利是图，故钻穴逾墙，无所不为。君子虽急仕，然"不由其道"，君子所不屑为。君子之难仕，道理亦在于此。

6.4 彭更问后车数十乘章

彭更问曰："后车数十乘，从者数百人，以传食于诸侯，不以泰乎？"

孟子曰："非其道，则一箪食不可受于人；如其道，则舜受尧之天下，不以为泰。子以为泰乎？"

曰："否。士无事而食，不可也。"

---

① 参余英时《中国知识人之史的考察》，《余英时文集》第四卷，广西师范大学出版社 2004 年版。

曰："子不通功易事，以羡补不足，则农有余粟，女有余布；子如通之，则梓匠轮舆皆得食于子。于此有人焉，入则孝，出则悌，守先王之道，以待后之学者，而不得食于子。子何尊梓匠轮舆，而轻为仁义者哉？"

曰："梓匠轮舆，其志将以求食也。君子之为道也，其志亦将以求食与？"

曰："子何以其志为哉？其有功于子，可食而食之矣。且子食志乎？食功乎？"

曰："食志。"

曰："有人于此，毁瓦画墁，其志将以求食也，则子食之乎？"

曰："否。"

曰："然则子非食志也，食功也。"

【通释】

此章亦社会分工之论也。

彭更：孟子弟子。传食：即转食。泰：甚也。羡：余也。梓匠轮舆：梓匠，木工；轮舆，制车工。墁：墙壁之饰也。

战国时代虽诸侯争雄，战争频仍，但当时各国亦皆谋求富国强兵，争揽贤才，故又是中国历史上士人处境最自由的时代。孟子游历齐梁宋鲁诸国，常常"后车数十乘，从者数百人，以传食于诸侯"，学生彭更因以为"泰"，孟子则答以社会分工之理。此义《滕文公上》"有为神农之言章"（5.4）已言之，可以参考。孟子以为，物之不齐，物之情也。仁义之道，在能差异互通，以成就合理的伦理秩序。君子守此道而行，则颜子之箪食瓢饮，孔子之困厄陈蔡不为穷，舜之受尧天下，己之车从传食亦不为泰，其道一也。

孟子又因之阐发志、功统一之理。彭更以为君子谋道不谋食，故人君衣养百姓官吏，应据其动机（志）而给食制禄。而在孟子看来，彭更此说，乃混淆了价值评价与通功易事之区别。吾人当然要根据动机来评价一种行为之伦理价值，但同时却必须根据行为之功效来进行社会之分工与交换。二者不能混为一谈。

看来，孟子之王道政治论，并非抽象机械的动机论和所谓泛道德主义。

6.5 万章问宋小国章

万章问曰："宋，小国也，今将行王政，齐楚恶而伐之，则如之何？"

孟子曰："汤居亳，与葛为邻。葛伯放而不祀，汤使人问之曰：'何为不祀？'曰：'无以供牺牲也。'汤使遗之牛羊。葛伯食之，又不以祀。汤又使人问之曰：'何为不祀？'曰：'无以供粢盛也。'汤使亳众往为之耕，老弱馈食。葛伯率其民，要其有酒食黍稻者夺之，不授者杀之。有童子以黍肉饷，杀而夺之。《书》曰：'葛伯仇饷。'此之谓也。为其杀是童子而征之，四海之内皆曰：'非富天下也，为匹夫匹妇复雠也。''汤始征，自葛载。'十一征而无敌于天下。东面而征，西夷怨；南面而征，北狄怨，曰：'奚为后我？'民之望之，若大旱之望雨也。归市者弗止，芸者不变，诛其君，吊其民，如时雨降。民大悦。《书》曰：'徯我后，后来其无罚。''有攸不惟臣，东征，绥厥士女，匪厥玄黄，绍我周王见休，惟臣附于大邑周。'其君子实玄黄于匪以迎其君子，其小人箪食壶浆以迎其小人。救民于水火之中，取其残而已矣。《泰誓》曰：‘我武惟扬，侵于之疆，则取于残，杀伐用张，于汤有光。’不行王政云尔，苟行王政，四海之内皆举首而望之，欲以为君。齐楚虽大，何畏焉？”

【通释】

此章言王政征伐与交邻国之道。

万章：孟子弟子。《史记·孟子荀卿列传》谓孟子“退而与万章之徒序《诗》《书》，述仲尼之意，作《孟子》七篇”，可见万章在孟子诸弟子中的地位。葛：国名，嬴姓。《书》曰“葛伯仇饷”：出自古文《尚书·仲虺之诰》篇。仇饷，言与饷者为仇也。载：始也。攸：所也。匪：与篚同。玄黄：币也。绍：继也，犹言事之也。休：美也。

此章义理，《梁惠王下》“交邻国有道章”（2.3）之“通释”已做过详细解说。“交邻国有道章”论交邻国之道，从“以大事小”和“以小事大”两个角度提出处理国际关系的原则，即一个道义至上的原则。“交邻国有道章”举“汤事葛，文王事昆夷”为例论“以大事小”之道，强调“惟仁者为能以大事小”。本章对“汤事葛”之事，作了具体的说明，其义理内涵，可详参“交邻国有道章”（2.3）“通释”。

本章仍有相互联系的两点值得注意：

第一，汤之事葛，是“以大事小”，然其处理与葛国的关系，乃一循道义至上之原则，行事理之所当然与天道之所必然，而非自恃其强力。古人特重祭祀，葛伯“放而不祀”，汤于是责问之，葛伯答以“无以供牺牲”。汤使人遗之牛羊，葛伯食之而不祀。汤再责问之，葛伯答以“无以供粢盛”。汤复使人为之耕种，老弱者前往馈食，葛伯反而“要其有酒食黍稻者夺之，不授者杀之。有童自以黍肉饷，杀而夺之”。汤而后乃行征伐之事。商汤之事葛，可谓仁至义尽，体现了一种道义至上，“乐天”“畏天”① 的王道精神。

第二，强调王政之根据在得民心，由此引申出小国亦可行王政的结

① 《梁惠王下》“交邻国有道章”（2.3）：“以大事小者，乐天者也；以小事大者，畏天者也。乐天者保天下，畏天者保其国。”

论。天和人是统一的，应乎天道，必能顺乎人心。故汤之征伐，乃能南征而北怨，东征而西怨，得乎天下百姓之心。《书》曰“徯我后，后来其无罚”：赵岐注：“书，逸篇也。”“有攸不惟臣……”以下文字，见古文《尚书·武成》篇。赵岐注云：“从‘有攸’以下，道周武王伐纣时也。皆《尚书》逸篇之文也。攸，所也。言武王东征安天下士女，小人各有所执往，无不惟念执臣子之节。”是本章又举武王东征之事，以证成王政征伐顺天应人之理。王政之根据，在民心之所向。王者“以德服人”，非恃强力，故“王不待大”〔《公孙丑上》“以力假仁者霸章”(3.3)〕，小国亦可以行王政。

6.6 孟子谓戴不胜章

孟子谓戴不胜曰：“子欲子之王之善与？我明告子。有楚大夫于此，欲其子之齐语也，则使齐人傅诸？使楚人傅诸？”

曰：“使齐人傅之。”

曰：“一齐人傅之，众楚人咻之，虽日挞而求其齐也，不可得矣。引而置之庄岳之间数年，虽日挞而求其楚，亦不可得矣。子谓薛居州，善士也，使之居于王所。在于王所者，长幼卑尊，皆薛居州也，王谁与为不善？在王所者，长幼卑尊，皆非薛居州也，王谁与为善？一薛居州，独如宋王何？”

【通释】

此章言环境对于教化的重要性。

咻：喧哗也。庄、岳：齐之通衢名也。

要学习一种语言，莫如置身于此种语言的环境中。同理，人君亦须与善人处，乃能日进于善。此亦孔子里仁为美，择必处仁之义也。

6.7　公孙丑问不见诸侯章

公孙丑问曰："不见诸侯何义？"

孟子曰："古者不为臣不见。段干木逾垣而辟之，泄柳闭门而不内，是皆已甚。迫，斯可以见矣。阳货欲见孔子而恶无礼，大夫有赐于士，不得受于其家，则往拜其门。阳货瞰孔子之亡也，而馈孔子蒸豚；孔子亦瞰其亡也，而往拜之。当是时，阳货先，岂得不见？曾子曰：'胁肩谄笑，病于夏畦。'子路曰：'未同而言，观其色赧赧然，非由之所知也。'由是观之，则君子之所养可知已矣。"

【通释】

此章言不见诸侯义，亦言君子之修养也。

段干木：魏文侯时人也。泄柳：鲁缪公时人也。内：同纳。欲见：见音现，欲使其来见也。瞰：窥也。胁肩：竦体强做恭敬之态也。谄笑：强笑以为谄媚之色也。夏畦：夏日治畦之人也。赧赧：惭而面赤之貌。

孟子谓不见诸侯者，无君臣之义，则不谒见也。不过，君子不为已甚。有时而不得不见，亦不勉强不见也。此处据孔子见阳货故事以明此义。孔子不欲见阳货。然阳货小人，施计置孔子于不得不见之地。孔子乃以其道与之，既不失礼，亦见君子不违心而行事之修养。此处引曾子、子路之语，即表现了这一点。君子之修养，于此甚有深微而可观者也。

6.8　戴盈之问什一章

戴盈之曰："什一，去关市之征，今兹未能。请轻之，以待来年，然后已，何如？”

孟子曰：“今有人日攘其邻之鸡者，或告之曰：‘是非君子之道。’曰：‘请损之，月攘一鸡，以待来年，然后已。’如知其非义，斯速已矣，何待来年？”

【通释】

此章言知善当即行之，知不善当立改之之义。

戴盈之：宋大夫。什一：井田之法也。关市之征：商贾之税也。攘：物自来而取之也，与盗小有别。

孟子严是非、义与不义之辨，视二者犹冰炭之不能同炉。此亦孔子“见善如不及，见不善如探汤”之义也。

6.9 公都子问好辩章

公都子曰：“外人皆称夫子好辩，敢问何也？”

孟子曰：“予岂好辩哉？予不得已也。天下之生久矣，一治一乱。当尧之时，水逆行，泛滥于中国，蛇龙居之，民无所定。下者为巢，上者为营窟。《书》曰：‘洚水警余。’洚水者，洪水也。使禹治之，禹掘地而注之海，驱蛇龙而放之菹。水由地中行，江、淮、河、汉是也。险阻既远，鸟兽之害人者消，然后人得平土而居之。

“尧舜既没，圣人之道衰，暴君代作，坏宫室以为汙池，民无所安息。弃田以为园囿，使民不得衣食。邪说暴行又作，园囿、汙池、沛泽多而禽兽至。及纣之身，天下又大乱。周公相武王，诛纣伐奄，三年讨其君，驱飞廉于海隅而戮之，灭国者五十，驱虎豹犀象而远之，天下大悦。《书》曰：‘丕显哉！文王谟。丕承哉！武王烈。佑启我后人，咸以正无缺。’

“世衰道微，邪说暴行有作。臣弑其君者有之，子弑其父者有之。孔子惧，作《春秋》。《春秋》，天子之事也。是故孔子曰：‘知我者，其惟《春秋》乎？罪我者，其惟《春秋》乎？’

“圣王不作，诸侯放恣，处士横议，杨朱、墨翟之言盈天下。天下之言，不归杨，则归墨。杨氏为我，是无君也；墨氏兼爱，是无父也。无父无君，是禽兽也。公明仪曰：‘庖有肥肉，厩有肥马，民有饥色，野有饿莩，此率兽而食人也。’杨墨之道不息，孔子之道不著。是邪说诬民，充塞仁义也。仁义充塞，则率兽食人，人将相食。吾为此惧，闲先圣之道，距杨墨，放淫辞，邪说者不得作。作于其心，害于其事；作于其事，害于其政。圣人复起，不易吾言矣。

“昔者禹抑洪水而天下平，周公兼夷狄、驱猛兽而百姓宁，孔子成《春秋》而乱臣贼子惧。《诗》云：‘戎狄是膺，荆舒是惩，则莫我敢承。’无父无君，是周公所膺也。我亦欲正人心，息邪说，距诐行，放淫辞，以承三圣者。岂好辩哉？予不得已也。能言距杨墨者，圣人之徒也。”

【通释】

此章孟子述其以“言距杨墨”，上承尧舜、周公、孔子三圣之道之意，表现了一种强烈的道统意识和圣道担当之精神。

公都子：孟子弟子。营窟：穴处也。《书》曰“洚水警余”：见古文《尚书·大禹谟》篇。洚水：洪水也，“洚”“洪”古音同。菹，泽生草者也。地中：两涯之间也。奄：古国名，在今山东曲阜东。飞廉：纣幸臣。《书》曰“丕显哉文王谟……”：见古文《尚书·君牙》篇。丕：大也。显：明也。谟：谋也。承：继也。烈：功绩也。缺：坏也。处士：《汉书·异性诸侯王表》“处士横议”，注云：“处士，谓不官朝而居家者也。”（焦循《孟子正义》引）

“三圣”，朱子《集注》认为三圣指禹、周公、孔子。不妥。孟子此所谓三圣，应是指尧舜、周公、孔子所代表的三代圣人。《孟子》全书末章对“闻而知之”的圣人与“见而知之”的贤人作了明确的区分，以“闻而知之”的圣人为某种新时代和文明新局的开创者，以“见而知之”的贤人为既成事业的继承者，将禹置于“见而知之”的贤人而非“闻而知之”的圣人之列〔详参《尽心下》“由尧舜至于汤章”（14.38）之“通释”〕。本章亦明确指出，禹之治水，乃尧“使禹治之”，都表明了这一点。

“予不得已也”一语，乃表现了一种对圣道及天下治乱之道义担当的意识。尧舜、周公、孔子三圣，亦皆有其所“不得已”者。尧舜之世，洪水肆虐，猛兽为害，民无所居；救民于洪水野兽而安居之，为尧舜所面临之历史使命。殷周之际，暴君虐民，商纣无道，天下大乱，民不得生息；兼夷狄，驱禽兽，诛纣伐暴，安宁百姓，为武王周公所面临之历史使命。春秋之世，世衰道微，礼坏乐崩，邪说暴行有作；作《春秋》，寓褒贬，正名分，兴起礼乐，重建周文，以贞定中华文化之精神方向，此孔子所面临之历史使命。孟子所谓“不得已”者，实即一种针对自身所面临之历史境遇，自觉其所不得不如此之必然或天命之神圣使命感和担道精神。此圣王、圣人之异于凡俗者也。

孟子历数尧舜、周公、孔子三圣之功烈和统绪而自觉地承接之，对其时代所赋予自身之使命，亦有很强的自觉和清醒的意识。这一点，可以和《公孙丑上》“知言养气章”（3.2）之“通释”联系起来理解。在本章中，孟子认为杨墨之道邪说诬民，充塞仁义而率兽食人，把其有所“不得已”的历史使命归结到一点：“距杨墨”以明“孔子之道”。

“闲先圣之道，距杨墨，放淫辞，邪说者不得作。作于其心，害于其事。作于其事，害于其政。圣人复起，不易吾言矣。"《公孙丑上》"知言养气章"（3.2）亦说："诐辞知其所蔽，淫辞知其所陷，邪辞知其所离，遁辞知其所穷。生于其心，害于其政；发于其政，害于其事。圣人复起，必从吾言矣。"这两段话的用语结构基本相同，只是本章的语境是"距杨墨"，而"知言养气章"的语境则是"知言"。不过，二者在思想理路上是相通的。这里的思想逻辑是：言发于心，见于行事，施于行政。故在孟子看来，当时政治的黑暗与社会的混乱，乃根源于言的偏弊与邪说之诬民；而此淫辞邪说，则根源于良知本心之蒙蔽。此处关联于人心与现实之中介，正在于"言"或思想理论。故孟子以己之所长，首在于"知言"。孟子以为，于当时社会危害最大的邪说淫辞，即是"杨墨之言"。故欲正人心，治天下，行仁政，承圣道，其关键即在于"距杨墨"。

《论语·子路》孔子论"正名"说："名不正则言不顺，言不顺则事不成，事不成则礼乐不兴，礼乐不兴则刑罚不中，刑罚不中则民无所措手足。故君子名之必可言也，言之必可行也。君子于其言，无所苟而已矣。"此言名正、言顺、事成、礼乐兴、刑罚中，亦以"言"为中心。故云："君子于其言，无所苟而已矣"。孟子所言"距杨墨"之思想逻辑，与孔子正名之说，可谓若合符节。孔子《春秋》之义，要在"正名"。孟子特别表彰孔子之《春秋》说，以己之"距杨墨"与孔子之"作《春秋》而乱臣贼子惧"相比况，其用心于此亦可以见矣。

"孔子惧，作《春秋》。《春秋》，天子之事也。是故孔子曰：'知我者，其惟春秋乎？罪我者，其惟春秋乎？'"

史家有"古者诸侯无私史"之说。宋陈傅良说："晋之《乘》，楚之《梼杌》，鲁之《春秋》，皆东迁之史也。古者诸侯无私史。有邦国之志，则小史掌之，而藏周室。"（《陈氏春秋后传》卷一）宋王与之亦说："陈君举曰：古者诸侯无私史。外史掌四方之志者，诸侯各有国史，书国中之事以达于天子。天子又时巡以察之，有二伯以询之，内史以董之。故列国之史，多藏之周室……诸侯私史，亦东周以来有之，非西周之制也。不特诸侯之史藏之周室，而列国图志亦藏之。"（《周礼订义》卷四十五）是西周以上，诸侯国史藏于周室。春秋以降史官逐渐分布流散于列国，春秋诸侯乃有国史，史称"百国《春秋》"。孔子据鲁史而作《春秋》，所重在"义"。《离娄下》"王者之迹熄章"（8.21）："孟子曰：王者之迹熄而《诗》亡，《诗》亡然后《春秋》作。晋之《乘》，楚之《梼杌》，鲁之《春秋》，一也。其事则齐桓晋文，其文则史。孔子曰：‘其义则丘窃取之矣。’”这个“义”，具体说来，就是司马迁所说“是非二百四十二年之中，以为天下仪表”，“别嫌疑，明是非，定犹豫，善善恶恶，贤贤贱不肖”（见《史记·太史公自序》），集中体现了孔子的价值观念。孔子据鲁史而作《春秋》，以明是非，辨善恶，正名分，寓价值之普遍理念于史乘。《春秋》本“天子之事”，孔子据鲁史而作《春秋》，以明是非，辨善恶，正名分，寓价值之普遍理念于史乘。故孔子自谓：“知我者，其惟《春秋》乎！罪我者，其惟《春秋》乎！”由此可见孔子对自身事业前无古人而法垂后世之意义之自觉与生命之担当。

同时，本章言距杨墨，亦对儒家的道德伦理精神，作了深入的阐发。在本章中，孟子对杨墨“邪说”之思想本质，作了鞭辟入里的分析。孟子批评杨墨，说“杨氏为我，是无君也。墨氏兼爱，是无父也。无父无君，是禽兽也。”《尽心上》“杨子取为我章”（13.26）也说：“孟子曰：杨子取为我，拔一毛而利天下，不为也。墨子兼爱，摩顶放踵利天下，为之。子莫执中，执中为近之。执中无权，犹执一也。所恶执一者，为其贼道也，举一而废百也。”杨氏之“为我”与墨氏之“兼爱”，是伦理原则上抽象的两个极端。墨氏“兼爱”，要平等地爱一切人。《孝经·圣治章》：“不爱其亲而爱他人者，谓之悖德；不敬其亲而敬他人者，谓之悖礼。”“杨子取为我，拔一毛而利天下不为”，是偏执在私己一端，是一种极端的个人主义。停留在私己一端，单纯为我，就无伦理可言，故可谓之“无君”。墨家偏执于“兼爱”一端，则这“爱”成为与个体实存和人的情感生活无关的抽象原则。同时墨子又强调：“必吾先从事乎爱利人之亲，然后人报我以爱利吾亲也。”（《墨子·兼爱下》）亲亲之情、孝子之爱由是亦被降低和归结为一种单纯功利性的交换，从而失去了其“爱”的纯粹性和本真性的意义。这样，孝子爱亲之义，便成为一种功利义的私己性，它与杨氏的“为我”实质上并无根本的区别。墨家要先爱利他人之父母，“不爱其亲而爱他人”，“不敬其亲而敬他人”，这种所谓的爱和敬，必是出于某种外在目的的人为的造作，它不自然，不真实，不合乎人性，不能为人的内心生活所亲切体证，所以叫做“悖德”“悖礼”，故可以谓之“无父”。“无父”“无君”，伦常毁弃，仁义充塞，是率兽食人，人将相食。是杨氏之为我，墨氏之兼爱，二者之言盈天下，必将破坏人的伦理秩序，导致一种“禽兽”亦即非伦理的状态，故孟子以为“不得已”而力距之。

儒家所言仁，亦是一个普遍的伦理原则。然其忠恕行仁之方，乃循着由己及亲，由亲及人、由人及物这样一种成己成物的途径来达成“仁民爱物”的超越境界。故儒家的仁，乃是包涵个体人性差异或等差性规定于自身的一个具体的普遍性，它与“杨墨之言”，有着根本性的区别。

6.10　匡章曰陈仲子章

匡章曰：“陈仲子岂不诚廉士哉！居於陵，三日不食，耳无闻，目无见也。井上有李，螬食实者过半矣，匍匐往将食之，三咽，然后耳有闻，目有见。”

孟子曰：“于齐国之士，吾必以仲子为巨擘焉。虽然，仲子恶能廉，充仲子之操，则蚓而后可者也。夫蚓，上食槁壤，下饮黄泉。仲子所居之室，伯夷之所筑与？抑亦盗跖之所筑与？所食之粟，伯夷之所树与？抑亦盗跖之所树与？是未可知也。”

曰：“是何伤哉？彼身织屦，妻辟纑，以易之也。”

曰：“仲子，齐之世家也。兄戴，盖禄万钟。以兄之禄为不义之禄而不食也，以兄之室为不义之室而不居也，辟兄离母，处于於陵。他日归，则有馈其兄生鹅者，己频顣曰：‘恶用是鶃鶃者为哉？’他日，其母杀是鹅也，与之食之。其兄自外至，曰：‘是鶃鶃之肉也。’出而哇之。以母则不食，以妻则食之；以兄之室则弗居，以於陵则居之。是尚为能充其类也乎？若仲子者，蚓而后充其操者也。”

【通释】

本章论廉与进退取予之义也。

匡章、陈仲子：皆齐人也。廉：有分辨，不苟取也。巨擘：大指也。於陵：古地名，在今山东邹平长山镇，於音乌。盖：音阁，地名，陈仲子兄陈戴之采邑。辟：音避。频：与颦同。頔：与蹙同。鶂鶂：鹅声也。

陈仲子以廉名于齐，而孟子颇讥之。君子行事，其进退取予，必以义为原则。然仲子不知父子之亲，君臣之义，伦类之别，欲洁其身而乱大伦，其行虽有廉名，其实则紫以乱朱，不足为训。是以孟子辩而讥之也。

卷七　离娄通释上

（共 28 章）

7.1　离娄之明章

孟子曰："离娄之明，公输子之巧，不以规矩，不能成方员。师旷之聪，不以六律，不能正五音。尧舜之道，不以仁政，不能平治天下。今有仁心仁闻，而民不被其泽，不可法于后世者，不行先王之道也。故曰：徒善不足以为政，徒法不能以自行。《诗》云：'不愆不忘，率由旧章。'遵先王之法而过者，未之有也。圣人既竭目力焉，继之以规矩准绳，以为方员平直，不可胜用也。既竭耳力焉，继之以六律正五音，不可胜用也。既竭心思焉，继之以不忍人之政，而仁覆天下矣。故曰：为高必因丘陵，为下必因川泽。为政不因先王之道，可谓智乎？是以惟仁者宜在高位。不仁而在高位，是播其恶于众也。上无道揆也，下无法守也，朝不信道，工不信度，君子犯义，小人犯刑，国之所存者，幸也。故曰：城郭不完，兵甲不多，非国之灾也；田野不辟，货财不聚，非国之害也。上无礼，下无学，贼民兴，丧无日矣。《诗》曰：‘天之方蹶，无然泄泄。’泄泄犹沓沓也。事君无义，进退无礼，言则非先王之道者，犹沓沓也。故曰：责难于君，谓之恭；陈善闭邪，谓之敬；吾君不能，谓之贼。”

【通释】

此章言伦理、制度、规矩之重要性也。赵岐注论此章章指：“虽有巧智，犹须法度，国由先王，礼义为要。”是也。

离娄：或称离朱，古之明目者。公输子：名班，鲁之巧匠，又称鲁班。师旷：晋国乐师，长音律，听至聪。六律：截竹为筒，以调音准，六律阴阳各六，为六律：黄钟、大簇、姑洗、蕤宾、夷则、无射；六吕：大吕、夹钟、仲吕、林钟、南吕、应钟，合称十二律。五音：宫、商、角、徵、羽。

“徒善不足以为政，徒法不能以自行。《诗》云：‘不愆不忘，率由旧章。’遵先王之法而过者，未之有也。”此强调行仁政之重要性。内心道德之仁善，必落实为仁政之制度，建立起一套合理的伦理、政治制度，此仁善方能具有现实性。离娄之明，公输之巧，师旷之聪，得其普遍的法则，乃能落实而有所成功。尧舜之道之落实，亦必由乎仁政之实行。故单纯的主观性、内在性及抽象的法规，都不足以治理好国家天下。由内在的人心善性推扩落实为一种现实的制度（仁政），才能真正德化天下，成就王道。可见，儒家并非仅讲道德理想，亦特别注重现实。

7.2 规矩方员之至章

孟子曰：“规矩，方员之至也；圣人，人伦之至也。欲为君，尽君道；欲为臣，尽臣道。二者皆法尧舜而已矣。不以舜之所以事尧事君，不敬其君者也；不以尧之所以治民治民，贼其民者也。孔子曰：‘道二：仁与不仁而已矣。’暴其民，甚则身弑国亡，不甚则身危国削，名之曰幽厉。虽孝子慈孙，百世不能改也。《诗》云：‘殷鉴不远，在夏后之世。’此之谓也。”

【通释】

此章言为人当尽人道之义。

“规矩，方员之至也；圣人，人伦之至也”。“至”，极也，无所加也。规矩，为方圆之极致。人伦，伦者，类也、理也、序也。人有其作为一类所存在之理，而落实为一种实存之秩序，父子有亲，君臣有义，长幼有序之伦是也。尧舜圣人也，圣人与我同类而先得我心之同然。圣人为人存在理念之现实化表现，为人伦之极致，全而尽之以垂范于后世者也。

“欲为君，尽君道；欲为臣，尽臣道。二者皆法尧舜而已矣。”人处身于社会人伦之中，各有其分位。君有君道，臣有臣道，所在各有其道。尧舜圣人也。舜之事君，为臣道之典范，凡为臣者当法之以事君。尧之治民，为君道之典范，凡为君者，当法之以治民。“舜之所以事尧”，“尧之所以治民”，“所以”，言其至当之理和道也。我所谓垂范者，指理道之现实化表现也。法“尧之所以治民治民”，法“舜之所以事尧事君”，非模诸其形容，而乃由形而法其理、道也。是“君子无所不用其极”而无一毫不至不尽也。

故法先王者，法其道也。此道，仁而已矣。故引孔子语曰：“道二：仁与不仁而已矣。”道出于仁则入于不仁，没有第三条道可行也。

孟子所言“道”，既为一普遍的原则，又落实为人格之现实化表现。此其特点之所在，应仔细体味之。

7.3　三代之得天下章

孟子曰：“三代之得天下也以仁，其失天下也以不仁，国之所以废兴存亡者亦然。天子不仁，不保四海；诸侯不仁，不保社稷；卿大夫不仁，不保宗庙；士庶人不仁，不保四体。今恶死亡而乐不仁，是犹恶醉而强酒。”

【通释】

此章言“仁”为治理天下国家以至于人之存在之最高的原则。上章讲人伦之道归结于“仁”，此章乃申论此义也。

7.4 爱人不亲章

孟子曰：“爱人不亲，反其仁；治人不治，反其智；礼人不答，反其敬。行有不得者，皆反求诸己。其身正，而天下归之。《诗》云：‘永言配命。自求多福。’”

【通释】

此章言为己、求己之学。凡修德、处世、接人、待物，乃至于治理天下国家，其方一言以蔽之，反求诸己而已矣。“其身正，而天下归之”，亦孔子正己而正人之说也。

7.5 人有恒言章

孟子曰：“人有恒言，皆曰‘天下国家’。天下之本在国，国之本在家，家之本在身。”

【通释】

此章亦《大学》修齐治平之说也。

7.6 为政不难章

孟子曰：“为政不难，不得罪于巨室。巨室之所慕，一国慕之；一国之所慕，天下慕之。故沛然德教溢乎四海。”

【通释】

此章亦接上章言修齐治平之义也。

朱子《集注》：“巨室，世臣大家也。得罪，谓身不正而取怨怒也。”赵岐注：“巨室，大家也，谓贤卿大夫之家，人所则效者。言不难者，但不使巨室罪之，则善也。”是此“不得罪”，非徇情枉法以取容于大家巨室之谓也。“慕”者思慕之义。赵岐以“贤卿大夫之家”释“巨室”，观下文“巨室之所慕，一国慕之；一国之所慕，天下慕之”，这个解释是有道理的。可见此“不得罪于巨室”，亦修身正己而垂范家国天下之义，是以能有“沛然德教溢乎四海”之效也。

7.7　天下有道章

孟子曰：“天下有道，小德役大德，小贤役大贤；天下无道，小役大，弱役强。斯二者，天也。顺天者存，逆天者亡。齐景公曰：‘既不能令，又不受命，是绝物也。’涕出而女于吴。今也小国师大国，而耻受命焉，是犹弟子而耻受命于先师也。如耻之，莫若师文王。师文王，大国五年，小国七年，必为政于天下矣。《诗》云：‘商之孙子，其丽不亿。上帝既命，侯于周服。侯服于周，天命靡常。殷士肤敏，祼将于京。’孔子曰：‘仁不可为众也。夫国君好仁，天下无敌。’今也欲无敌于天下而不以仁，是犹执热而不以濯也。《诗》云：‘谁能执热，逝不以濯？’”

【通释】

此章言吾人必顺乎天命天道而行之义。

本章论天命、天道，有两层意思。

第一层："天下有道，小德役大德，小贤役大贤。天下无道，小役大，弱役强。斯二者，天也。顺天者存，逆天者亡。齐景公曰：'既不能令，又不受命，是绝物也。'涕出而女于吴。"

此言天下有道、天下无道，乃吾人所面临的一种历史的境遇。天下有道，世尚道义，有德者和贤能之人在上位，小德、小贤役于大德、大贤。天下无道，则世尚功利、强力，故强大者役使弱小者。此亦天命，为吾人不能与者也，故必顺而从之，乃能以自保。齐景公"涕出而女于吴"事，即表明了这一点。刘向《说苑·权谋》："齐景公以其子妻阖庐，送诸郊，泣曰：'余死不汝见矣！'高梦子曰：'齐负海而县山，纵不能全收天下，谁干我君？爱则勿行。'公曰：'余有齐国之固，不能以令诸侯，又不能听，是生乱也。寡人闻之，不能令，则莫若从……'遂遣之。"是其事。

第二层："今也小国师大国，而耻受命焉，是犹弟子而耻受命于先师也。如耻之，莫若师文王。师文王，大国五年，小国七年，必为政于天下矣。《诗》云：'商之孙子，其丽不亿。上帝既命，侯于周服。侯服于周，天命靡常。殷士肤敏，祼将于京。'孔子曰：'仁不可为众也，夫国君好仁，天下无敌。'今也欲无敌于天下而不以仁，是犹执热而不以濯也。《诗》云：'谁能执热，逝不以濯。'"

此言人虽必须面对历史之境遇或天命以顺应之，然此顺应天命，并非盲目被动地接受。一方面，天命不可违，时势不可逆。时天下无道，世人乃以功利强力为原则，在此情势下，小国师大国，亦必然之事。此引《诗》，见《大雅·文王》。赵岐注："丽，亿，数也。言殷帝之子孙，其数虽不但亿万人，天既命之，惟服于周，殷之美士，执祼鬯之礼，将事于京师，若微子者。肤，大。敏，达也。此天命之无常也。"引此诗言人必顺从天命也。但"仁者无敌于天下"。吾人之顺应天命，如能师文王，行仁政，假以时日，其道乃将大行于天下。吾人修身以"俟命""立命"（《尽心上》13.1），行仁行道于天下，所谓天命乃能有圆满之实现。"《诗》云：'谁能执热，逝不以濯。'"此复引《大雅·桑柔》篇之诗，以申明此义也。

7.8　不仁者可与言哉章

孟子曰："不仁者可与言哉？安其危而利其灾，乐其所以亡者。不仁而可与言，则何亡国败家之有？有孺子歌曰：'沧浪之水清兮，可以濯我缨；沧浪之水浊兮，可以濯我足。'孔子曰：'小子听之：清斯濯缨，浊斯濯足矣，自取之也。'夫人必自侮，然后人侮之；家必自毁，而后人毁之；国必自伐，而后人伐之。《太甲》曰：'天作孽，犹可违；自作孽，不可活。'此之谓也。"

【通释】

此章言祸福皆由自取之义。

此章先言不仁者不可与有言，因其陷溺本心而蔽其视听之真，其事之危者，乃误认其为安而居之；其将有灾祸者，则误认其为利而安之。其将致灭亡者，则皆乐而行之。是其陷溺蒙蔽之深，颠倒错乱而无以辨别善恶真伪，其所以不可与言者以此。世所以常有亡国败家之事，皆由此而生者也。

其次指出祸乱败亡，皆由自取。清净之水，人取以濯冠缨；污浊之水，人则取以濯其足。由此可知，凡祸乱败亡，皆咎由自取。是人祸甚于天灾，人不可不自警策也。

7.9　桀纣之失天下也章

孟子曰："桀纣之失天下也，失其民也；失其民者，失其心也。得天下有道：得其民，斯得天下矣。得其民有道：得其心，斯得民矣。得其心有道：所欲与之聚之，所恶勿施尔也。民之归仁也，犹水之就下，兽之走圹也。故为渊敺鱼者，獭也；为丛敺爵者，鹯也；为汤武敺民者，桀与纣也。今天下之君，有好仁者，则诸侯皆为之敺矣。虽欲无王，不可得已。今之欲王者，犹七年之病求三年之艾也。苟为不畜，终身不得。苟不志于仁，终身忧辱，以陷于死亡。《诗》云：'其何能淑，载胥及溺。'此之谓也。"

【通释】

此章言得民心者得天下，失民心者失天下之义。

得天下之道在得民，得民之道在得民心，而得民心之道无他，顺乎民意或民之好恶而已。"敺"同驱。"聚"，或释为聚集，或释为趣取，皆可通。是言凡民之所欲者，吾必趣取而予之；凡民之所恶者，则切勿施予之。如斯而已矣。此亦忠恕之义也。

此应注意者，所谓顺乎民意或民之好恶，非仅满足其自然欲求而已，其价值指向，乃仁义或善也。"民之归仁也，犹水之就下，兽之走圹也"，说的就是这个意思。孟子所谓顺乎民意或民之好恶者，原其所本，则在于《告子上》"牛山之木章"（11.8）"其日夜之所息，平旦之气，其好恶与人相近也者几希"之义。而此"好恶与人相近也者几希"，乃是人的"仁义之心"或"良心"之表现。《梁惠王下》"齐宣王见孟子于雪宫章"（2.4）说"乐民之乐者，民亦乐其乐。忧民之忧者，民亦忧其忧。乐以天下，忧以天下，然而不王者，未之有也。"人君忧民之忧，乐民之乐，乐以天下，忧以天下，其忧乐之所寄，一仁心而已；故其所启之于民者，亦一仁心而已，其所实现者，则为一道义的精神。此亦可见儒家仁道原则与事功功利，并不矛盾。

是故好仁，乃能得民心。而不能志于仁者，则必有忧辱之患。《大雅·桑柔》"其何能淑，载胥及溺"之诗，就指出了这一点。

7.10　自暴者章

孟子曰："自暴者，不可与有言也；自弃者，不可与有为也。言非礼义，谓之自暴也；吾身不能居仁由义，谓之自弃也。仁，人之安宅也；义，人之正路也。旷安宅而弗居，舍正路而不由，哀哉！"

【通释】

此章论"居仁由义"为人之必然的道德责任。

自暴、自弃：暴者，殄灭毁坏也；弃者，绝而丧之也。此殄毁弃绝者，为人先天之所本有，故谓之"自暴""自弃"。《公孙丑上》"人皆有不忍人之心章"（3.6）亦说："人之有是四端也，犹其有四体也。有是四端，而自谓不能者，自贼者也；谓其君不能者，贼其君者也。"其言"自贼""贼其君"，所说与此章所言自暴、自弃同义。仁义礼智为人心人性所本有，故行仁行义，为人之天所命与人之神圣的职责。因此，"仁，人之安宅也；义，人之正路也"，是言人之居仁由义，乃人之必然的归宿与所行之道。《告子上》"仁人心也章"（11.11）所言与此相似："孟子曰：'仁人心也；义人路也。舍其路而弗由，放其心而不知求，哀哉！人有鸡犬放，则知求之，有放心而不知求。学问之道无他，求其放心而已矣。'""仁人心也章"是从正面讲。人心本具仁义，故学问之道，乃在反躬内求，求其放心而已。本章则从否定性一面讲，指出人先天必然的道德责任在"居仁由义"。西方人从上帝创世的观念出发，谓人有服从上帝律法之义务。而在孟子的义理系统中，人之道德伦理的根据，本原于人性所先天具有的"仁义礼智"的道德规定。由此，人之居仁由义，乃为其必然的天职；人之为恶，亦须由其自己来承担责任，故谓之"自暴""自弃""自贼"。

7.11　道在迩章

孟子曰："道在迩而求诸远，事在易而求诸难。人人亲其亲，长其长，而天下平。”

【通释】

此章论道不远人之义。

此章先言道至近而事至易，然后谓道之所近，事之所易，要在由乎亲亲敬长而推扩之于天下国家者也。此义实承接自于子思。子思《中庸》篇谓“道不远人”云：

> 子曰：道不远人，人之为道而远人不可以为道……忠恕违道不远，施诸己而不愿亦勿施于人。君子之道四，丘未能一焉：所求乎子以事父，未能也；所求乎臣以事君，未能也；所求乎弟以事兄，未能也；所求乎朋友先施之，未能也。

又：

> 君子之道，辟如行远必自迩，辟如登高必自卑。《诗》曰：“妻子好合，如鼓瑟琴；兄弟既翕，和乐且耽；宜尔室家，乐尔妻帑。”

又：

> 君子之道，造端乎夫妇；及其至也，察乎天地。

此亦言忠恕之道。然孔子言忠恕，只讲“己所不欲，勿施于人”，“己欲立而立人，己欲达而达人”。曾子、《庸》《孟》，乃率以亲亲为推扩之始，由此而言道不远人之义。由此可见思、孟思想所具有的内在关联性。

7.12 居下位章

孟子曰：“居下位而不获于上，民不可得而治也。

获于上有道，不信于友，弗获于上矣。信于友有道，事亲弗悦，弗信于友矣。悦亲有道，反身不诚，不悦于亲矣。诚身有道，不明乎善，不诚其身矣。是故诚者，天之道也；思诚者，人之道也。至诚而不动者，未之有也；不诚，未有能动者也。”

【通释】

此章言人本乎天道之诚而实有之，由之而诚中形外，乃能有齐家治国之效。

《中庸》亦有此章之内容，《中庸》第二十章说：

> 在下位不获乎上，民不可得而治矣。获乎上有道，不信乎朋友，不获乎上矣。信乎朋友有道，不顺乎亲，不信乎朋友矣。顺乎亲有道，反诸身不诚，不顺乎亲矣。诚身有道，不明乎善，不诚乎身矣。诚者，天之道也；诚之者，人之道也。诚者不勉而中，不思而得，从容中道，圣人也；诚之者，择善而固执之者也。

上章（“道在迩章”）义理，乃接续《中庸》“道不远人”之义，并亦言“忠恕”之道。本章与《中庸》文字和结构基本相同，在思想义理上与子思的关系更加直接和密切。于此亦可见，学界有关思孟学派之说，并非虚言。

此章结构，由获于上以治民、信于友、事亲、反身而诚以至于明乎善，实质上就是一个向内追溯的忠恕之道。《尽心上》“万物皆备于我章”（13.4）：“孟子曰：万物皆备于我矣。反身而诚，乐莫大焉；强恕而行，求仁莫近焉。”乃以“反身而诚”与“强恕而行”对举，亦言忠恕之道。不过，《尽心上》“万物皆备于我章”是由“反身而诚”向外的推扩而至于内外合一之“仁”，“居下位章”则是由外向内追溯到“反身而诚”，而以“诚者天之道”为此“忠恕”行仁之方奠定天道的超越基础。这一点，亦可从《中庸》二十章另一段与此结构义理相同的论述得到印证：“在下位不获乎上，民不可得而治矣。故君子不可以不修身。思修身，不可以不事亲。思事亲，不可以不知人。思知人，不可以不知天。”二十章又说：“知所以修身，则知所以治人，知所以治人，则知所以治天下国家矣。”又：“为政在人，取人以身，修身以道，修道以仁。”此句“在下位不获乎上，民不可得而治矣”并非重复，此言“修身”“事亲”“知人”“知天”，是特别强调指出，修身成德以齐家治国之治道，必臻于“知天”，建基于天道之基础，乃能得以完成。这正揭示了上述获于上以治民、信于友、事亲、反身而诚以至于明乎善这一逻辑系列的思想内涵。而此人道与天道相统一之形上学基础，即在于“诚”。

“诚者，天之道也；思诚者，人之道也。”其上句与《中庸》相同，下句则有所区别。

“诚者，天之道也”，乃统就人、物而言。自然物本就是“诚”，《中庸》二十五章所谓“诚者物之终始，不诚无物”，亦标明了这一点。朱子《中庸章句》：“诚者，真实无妄之谓。”乃言“诚”标志着“真”或“真实”。但是，这个“真”，并非一般符合论意义上的对象性的真。真的“真实”义，所强调的是“实”，即实有诸己意义上的“真”。王船山对“诚”的诠释，尤其凸显了这一点：“诚也者，实也。实有之固有之也，无有弗然，而非他有耀也。若夫水之固润固下，火之固炎固上也，无待然而然……尽其所可致，而莫之能御也。”（《尚书引义·洪范三》）这个“实有”“固有”，是一种动词态的用法。诚是“真”，但这个真，不是认识论意义上的“真”（它包含认知意义之“真”并是后者的前提），而是“真实”。这个真实，是内在地拥有其“性”或实有其所“是”之义。如水之润、下，火之炎、上。无润、下之性，则水不成其为水，是润、下与水不相分离。无炎、上之性，则火不成其为火，是炎、上与火不相分离。水真实地拥有润、下之性，火真实地拥有炎、上之性。这就是诚的“真实”义。可见，“诚”作为真或真实的涵义，就是事物各在其自己，是其所是，真实地拥有其“性”或其所“是”。按照黑格尔的说法，真的涵义，即事物“是它们所应是的那样”①。“诚”这个概念标志着：事物的真实，同时即是其应当。

从这个意义上，自然物亦有其“应当”，有其自身的“价值”。自然物的存在本即实在与应当的合一。我们之所以会忽视自然物这个“应当”层面，乃是因为自然物本就是它自己，它的“应当”与其所“是”

① 黑格尔《小逻辑》，商务印书馆1980年版，第399页。

本来一体，本不可分。动物的活动有很强的规则性，我们之所以不把这种服从规则的活动看作“道德”的行为，乃是因为，这种行为完全出于其自然的本能而非出于选择。动物乃在其本能的活动中肯定和成就着其自身的存在。在中国哲学的思想视域中，这种“天道”自然义的“是”与应当的一体性，恰恰正是包括人在内的一切价值的先在根据。

“思诚者，人之道也”，《中庸》作“诚之者，人之道也”。“诚之”，表明人的存在是一个实现“诚”的过程。“思诚”，则指点出了人实现“诚”的方式：由思而达“诚”。此虽仅一字之差，但却标明了孟子对子思思想的发展。

《中庸》首章：“天命之谓性。”二十五章：“诚者自成也，而道自道也。诚者物之终始，不诚无物。是故君子诚之为贵。诚者非自成己而已也，所以成物也。成己，仁也；成物，知也。性之德也，合外内之道也，故时措之宜也。”又二十一章：“自诚明，谓之性；自明诚，谓之教。诚则明矣，明则诚矣。”是子思以“诚”来表征天人之内在统一性。子思据诚言性，以“诚”标志“性之德”，乃统言人性原于天命、天道。孟子则据此提出人性本善说，并以四端标识此性善之当下显现。“四端”统括于不忍恻隐而为一整体，其中乃内在地具有“是非之心”。此是非之心，即良知，是性自身所具有的灵觉或自觉的作用。由此，孟子思想虽源自子思，却尤其注重“思”的作用。孟子以“思诚”言“人之道”，就凸显了这一点。帛书《五行》有大体、小体之说，称“心”为“人体之大者”，称“耳目鼻口手足六者”为“［人］体之小者”。孟子继承此说，并特以“思”来表征“心”作为大体之特性。《告子上》“钧是人也章”（11.15）：“从其大体为大人，从其小体为小人……耳目之官不思，而蔽于物。物交物，则引之而已矣。心之官则思，思则得之，不思则不得也。此天之所与我者，先立乎其大者，则其小者不能夺也。此为大人而已矣。”正因为人之大体在心，心之特征在思，故《尽心上》首章说：“尽其心者，知其性也；知其性，则知天矣。”孟子所言达致天人合一的途径，乃凸显了“思”“知”或自觉一方面的意义，这与《中庸》所言尽人之性以尽物之性而与天地参，就有所不同。“诚之者，人之道也”与“思诚者，人之道也”，其间差别，亦在于此。

“诚之”，表明人的存在是一个实现“诚”的过程。“思诚”，则指点出了人实现“诚”的方式：由思而达“诚”。从本原上说，人亦天然在其自己，拥有其所“是”，故人的存在，本即是“诚”。但这个

“思”，却使人能够从其自身存在的整体性中站出来，人的“类”性由是而可作为一种共在的形式与个体相分离，其所“是”，常常落在它的实存之外，人因此亦常常会非其所“是”而行。这样，“诚”或人性的实现，就要经历一个“求其放心”和“择善而固执之”，亦即反思自觉和伦理道德教化的过程。

7.13　伯夷辟纣章

孟子曰：“伯夷辟纣，居北海之滨，闻文王作，兴曰：‘盍归乎来！吾闻西伯善养老者。’太公辟纣，居东海之滨，闻文王作，兴曰：‘盍归乎来！吾闻西伯善养老者。’二老者，天下之大老也，而归之，是天下之父归之也。天下之父归之，其子焉往？诸侯有行文王之政者，七年之内，必为政于天下矣。”

【通释】

此章言养老尊贤为行仁政之要务。西伯：即文王。伯夷：殷末孤竹国世子。太公：姜姓，吕氏，名尚。

此言文王善养老，而天下归之，以此论仁政之要。《尽心上》（13.22）此章重出。

7.14　求也为季氏宰章

孟子曰：“求也为季氏宰，无能改于其德，而赋粟倍他日。孔子曰：‘求非我徒也，小子鸣鼓而攻之可也。’由此观之，君不行仁政而富之，皆弃于孔子者也，况于为之强战？争地以战，杀人盈野；争城以战，杀人

盈城。此所谓率土地而食人肉，罪不容于死。故善战者服上刑，连诸侯者次之，辟草莱、任土地者次之。”

【通释】

此章论为臣当能正君心君德，而非为之厚敛也。

冉求为季氏宰事，见于《论语·先进》：“季氏富于周公，而求也为之聚敛而附益之。子曰：‘非吾徒也，小子鸣鼓而攻之可也。”又《左传·哀公十一年》：“季孙欲以田赋，使冉有访诸仲尼。仲尼曰：‘丘不识也。’三发，卒曰：‘子为国老，待子而行，若之何子之不言也。’仲尼不对。而私于冉有曰：‘君子之行也，度于礼，施取其厚，事举其中，敛从其薄。如是则以丘亦足矣。若不度于礼，而贪冒无厌，则虽以田赋，将又不足。且子季孙若欲行而法，则周公之典在；若欲苟而行，又何访焉？’弗听。”十二年传：“用田赋。”（参焦循《正义》）

时季康子为政，冉求为季氏宰。丘赋、田赋，为兵赋之法。其制如何，诸说不一，此处亦不必深究。孟子说“求也为季氏宰，无能改于其德，而赋粟倍他日”，总之是违背了孔子为政当“度于礼，施取其厚，事举其中，敛从其薄”之原则，而厚敛于百姓，故孔子非而责之。焦循《正义》谓行田赋“而赋粟倍他日”者为季氏，而非冉有。此说可从。孔子所批评冉有者，在季氏专政鲁国，冉有既为之宰，而不能正其心之非以“改于其德”，而任其厚敛于百姓也。“鸣鼓而攻之”，即声其罪而责让之也。

由此事可见，“君不行仁政而富之，皆弃于孔子者也”。孟子更由此引而申之，谓厚敛于百姓，孔子尚且如此深恶之，其逢君之恶，而为之兼并强战，涂炭生灵者，更当是罪不容死。“故善战者服上刑，连诸侯者次之，辟草莱，任土地者次之。”朱子《集注》：“善战，如孙膑、吴起之徒。连结诸侯，如苏秦、张仪之类。辟，开垦也。任土地，谓分土授民，使任耕稼之责，如李悝尽地力，商鞅开阡陌之类也。”此类善为战争、连横合纵、开疆拓土者，皆时人认为有大功于国者，孟子则以其荼毒群生，残贼百姓，厚敛于民，而主张依次而罪罚之。孟子之“仁政”理念，时人或认之为“迂阔”，然其高悬之人道原则，乃“言而世为天下则”，将垂法于百世而不易者也。

7.15　存乎人者章

孟子曰："存乎人者，莫良于眸子。眸子不能掩其恶。胸中正，则眸子瞭焉；胸中不正，则眸子眊焉。听其言也，观其眸子，人焉廋哉！"

【通释】

本章谓德不可掩，而察人之法莫善于观其眸子。

眸子：即目瞳子。瞭：明澈貌。眊：朦朦不明貌。廋：隐匿。

儒家把人理解为一个存在的整体，《大学》言诚于中者必形于外，故德不可掩，君子必慎其独也。《中庸》谓"诚则形，形则著，著则明，明则动，动则变，变则化，唯天下至诚为能化"。孟子亦说："形色天性也，唯圣人然后可以践形。"〔《尽心上》"形色天性也章"（13.38）〕"君子所性，仁义礼智根于心，其生色也，睟然见于面，盎于背，施于四体，四体不言而喻。"〔《尽心上》"广土众民章"（13.23）〕讲的都是这个道理。一方面，人对天道心性之自觉，须通过工夫教化的历程乃能达致。同时，人之道德抉择及其价值指向，亦具有一种推动自身实存之转化的教化与实践意义。故人之内在的德性，必形著于其形貌气质。目为心灵之窗口，于此所见最明。听其所言，观其眸子，人心之邪正，无所遁形矣。是以诚意慎独，乃吾人修心之要。

7.16　恭者不侮人章

孟子曰："恭者不侮人，俭者不夺人。侮夺人之君，惟恐不顺焉，恶得为恭俭？恭俭岂可以声音笑貌为哉？"

【通释】

此章言恭俭之为德，根于内心之诚，非以声音笑貌可以伪也。

上章言德不可掩，此章论恭俭，亦承上章之义而言之。恭者不侮人，俭者不夺人。然而不侮、不夺，须建基于内心之诚方可，非仅见诸一时之行事者也。如今之人君，贪欲傲慢之心存乎胸中，唯恐人之不顺己意、不从己欲，其侮慢掠夺之事，不期然而见于行，何能有恭俭之德乎？是恭俭之德，本乎内心，非可以形貌论也。

7.17　男女授受不亲章

淳于髡曰："男女授受不亲，礼与？"

孟子曰："礼也。"

曰："嫂溺，则援之以手乎？"

曰："嫂溺不援，是豺狼也！男女授受不亲，礼也；嫂溺援之以手者，权也。"

曰："今天下溺矣，夫子之不援，何也？"

曰："天下溺，援之以道；嫂溺，援之以手。子欲手援天下乎？"

【通释】

此章论权经之理。

淳于髡：齐人，曾仕于齐、梁，亦辩士之流也。

礼，"男女授受不亲"（《礼记 · 坊记》）。淳于髡以"男女授受不亲"既为礼，则嫂溺吾人当"援之以手乎"质诸孟子。这便涉及到"经权"关系的问题。

君子动必以礼，"非礼勿视，非礼勿听，非礼勿言，非礼勿动"，动容周旋必合于礼。然礼与仪有别。就其本质而言，礼乃"因人之情而为之节文"者也。这个意义上的礼，亦即"道"或人道。"称情而立文"（《礼记 · 三年问》），是儒家制礼的一个重要原则。礼既以情为其内容，其意义即在于就人之自然生命而文饰提升而臻于其生命价值之完成。《荀子·解蔽》:“夫道者，体常而尽变，一隅不足以举之。”“道”是在事物之流变中显现出来的“常”。因此，在顺应事物之变中，做到“时措之宜”(《中庸》)，其行才能真正合道。故儒家特别注重“权”的观念。《论语·子罕》:“子曰:可与共学，未可与适道；可与适道，未可与立；可与立，未可与权。”《孟子·尽心上》“杨子取为我章”(13.26):“子莫执中。执中为近之。执中无权，犹执一也。所恶执一者，为贼道也，举一而废百也。”“权”即秤砣。秤砣要随物之轻重而移动，故权又有变义。如果脱离礼、道之内在的精神，只知规行矩步地外在遵从那些规范，不仅不能合道，反而适足以“贼道”。只有通权达变，才能真正守道中礼。中与权，正是一体之两面。知通权变，乃为学道之最高境界。

“嫂溺不援，是豺狼也！男女授受不亲，礼也；嫂溺援之以手者，权也。”讲的就是道和权的关系。在特定的情况下，恪守礼的教条而不知变通，正违反了礼或道的精神。后儒论权经关系，讲的也是这个道理。《公羊传·桓公十一年》:“权者，反于经然后有善者也。权之所设，舍死亡无所设。”礼者，人之道也。礼之最终的意义，在于人的生命存在之完成和实现。“嫂溺不援，是豺狼也。”此生命交关之际，超越礼文的外在形式以“行权”，乃能切合“道”的内在精神。无视人的生命存在，仅仅计较外在的仪式，正与礼作为“人道”之意义相反对，此非“豺狼”而何?

“天下溺，援之以道；嫂溺，援之以手。子欲手援天下乎?”是言行权，本在恰到好处地实现道德原则，而非贬损道以迎合世俗。“天下溺，援之以道”，讲的就是这个道理。

7.18 君子之不教子章

公孙丑曰:“君子之不教子，何也?”

孟子曰:“势不行也。教者必以正；以正不行，继之以怒。继之以怒，则反夷矣。‘夫子教我以正，夫子未出于正也。’则是父子相夷也。父子相夷，则恶矣。

古者易子而教之。父子之间不责善，责善则离，离则不祥莫大焉。”

【通释】

此章言父教子之法也。

公孙丑问“君子之不教子”。君子非不教子也。朱子《集注》：“不亲教也。”观此章上下文义，朱子的解释是对的。下文孟子以“古者易子而教之”来说明这一点，可证所谓“不教子”，即“不亲教”之义。其实，“易子而教”在今天也是一个普遍的现象。在现实中，我们经常看到，父亲是教师却不能教自己的子女，而要请家庭教师。这是现代版的“易子而教”。

为什么父既要教子又“不亲教”？孟子的解释是：“父子之间不责善。”为什么父子之间“不责善”？对此，《离娄下》“匡章通国皆称不孝章”（8.30）说得更清楚明确：“责善，朋友之道也。父子责善，贼恩之大者。”此一言“责善”是处理“朋友之道”，而非处理“父子之道”。其二言其原因：责善会“贼恩”，即破坏父子之亲情。“责善”，就是板起面孔直接指责、责备对方的错误，这样，就会伤害父子的感情。

儒家重视家庭，强调处理家族事务与处理社会事务要有不同的方法。《礼记·丧服四制》说：“门内之治恩掩义，门外之治义断恩。资于事父以事君而敬同。贵贵尊尊，义之大者也。故为君亦斩衰三年，以义制者也……资于事父以事母而爱同。天无二日，土无二王，国无二君，家无二尊，以一治之也。”《孝经·士章》说：“资于事父以事母而爱同；资于事父以事君而敬同。故母取其爱，而君取其敬，兼之者父也。故以孝事君则忠，以敬事长则顺。”这里的“门内之治”，指处理家族内部事务的处理；“门外之治”，则是指对家族外即社会事务的处理。“恩”“爱”即亲情或亲亲，“义”“敬”即“尊尊”和“贵贵”。父亲这个角色比较特别，他兼具有“爱”“亲亲”与“敬”“尊尊”这两面，所以，社会伦理可以从家族伦理中推出，社会伦理应以家族伦理为本原。因此，家族内和外既有内在的关联性，同时，我们处理内和外事务，所用方法和原则，亦应有所不同。治理家族内部事务，并非无“义”或“尊”的问题，但其主导原则应是“恩”“爱”即亲亲。“断”和“掩”，语气不同。“义断恩”，是说治理社会，不要在亲情上纠缠不清，一定要快刀斩乱麻，坚决用义务原则来处理。

“父子”，属于“内”。“朋友”则属于“外”。儒家讲五伦，谓“朋友有信”，《大学》则说：“与国人交止于信”。郭店简《六德》也从丧服的角度讲到“门内之治”“门外之治”的问题：“仁，内也；义，外也；礼乐，共也。内立父子夫，外立君臣妇也。疏斩布绖杖，为父也，为君亦然。疏衰齐牡麻绖，为昆弟也，为妻亦然。袒免，为宗族也，为朋友亦然。为父绝君，不为君绝父。为昆弟绝妻，不为妻绝昆弟。为宗族疾朋友，不为朋友疾宗族。人有六德，三亲不断。门内之治恩掩义，门外之治义斩恩。”要注意，这个“仁内也，义外也”讲的是治理家庭和治理社会的原则和方法的不同，而非告子人性论意义上的“仁内义外”说。这里亦言“门内之治恩掩义，门外之治义斩恩”，“袒免，为宗族也，为朋友亦然”，“为宗族疾朋友，不为朋友疾宗族”，显然是以朋友为“外”，属于“门外之治义断恩”的范围。

由此言之，孟子所谓“父子之间不责善”，“责善，朋友之道也”，讲的正是“门内之治恩掩义，门外之治义断恩”的治理方法。“父子”，属于家族内部的血缘伦理，其关系的特性，要在“恩”“爱”的亲亲之情。“朋友”，则属于家族伦理之外的社会伦理。“责善”，讲的是义务、责任，而不是“恩”“爱”“亲亲”的感情。这正属于“门外之治义斩恩”的范畴。君子亲教其子，“势不行也”即指这种“内外”相别的情势而言。故“父子责善”，乃是错误地使用社会的“义”的原则，来处理家内之事。所以孟子说：“责善，朋友之道也。父子责善，贼恩之大者。”“责善”，是“朋友之道”，用今天的话说，就是处理社会伦理的方法。“责善”，是直接去争一个善恶、是非、曲直。“教者必以正”，“正”，即明确树立一善的标准，提出行为上是与否的要求，此即是“责善”。拿这种方法来处理父子亦即家族伦理的问题，其结果，乃会产生冲突，以至于“父子相夷”。夷者，伤也。责善的结果，是相互的伤害，其结果，乃是“恶”而非善。“贼恩之大者”，亦即严重地伤害父子亲情。“责善则离，离则不祥莫大焉”。“离”，就是家族伦理关系遭到破坏。

此非不教，是言教须合乎情理，方法适当。门内门外，情势有别，各有所当，非可一齐之也。

7.19　事孰为大章

孟子曰："事，孰为大？事亲为大。守，孰为大？守身为大。不失其身而能事其亲者，吾闻之矣；失其身而能事其亲者，吾未之闻也。孰不为事？事亲，事之本也。孰不为守？守身，守之本也。曾子养曾皙，必有酒肉；将彻，必请所与；问有余，必曰'有'。曾皙死，曾元养曾子，必有酒肉；将彻，不请所与；问有余，曰'亡矣'。将以复进也。此所谓养口体者也。若曾子，则可谓养志也。事亲若曾子者，可也。"

【通释】

此章论孝道守身对于人的存在实现之核心性的意义。其先言事亲守身之义，然后举曾子事亲之例以明之。

儒家言修身齐家治国平天下，皆人于不同分位所当行之事。天下事要其所本，则不离乎事亲守身。《离娄下》"居下位章"（7.12）"居下位而不获于上，民不可得而治也。获于上有道，不信于友，弗获于上矣。信于友有道，事亲弗悦，弗信于友矣。悦亲有道，反身不诚，不悦于亲矣。诚身有道，不明乎善，不诚其身矣。"是亦将天下事归结到"事亲""诚身"以言其本。《中庸》亦有相似的说法。此儒家之通义也。

"守身"，"不失其身"，"不失其身而能事其亲者，吾闻之矣；失其身而能事其亲者，吾未之闻也"，"守身，守之本也"，是一种底线性的说法。《礼记·祭义》论孝："曾子曰：孝有三：大孝尊亲，其次弗辱，其下能养。""弗辱"，是说孝子处世，不能做有辱父母、家族令名之事，此亦能"守身""不失其身"之谓也。曾子更说："居处不庄，非孝也；事君不忠，非孝也；莅官不敬，非孝也；朋友不信，非孝也；战陈无勇，非孝也。"（《大戴礼记·曾子大孝》）这个意义上的"孝"，对个体的人格成就，就有了更高的要求，这就不局限于"守身""不失其身"这种底线性的要求了。

是以欲守其身而不失，必须要能“成其身”。《中庸》和《离娄上》“居下位章”所谓“诚身”，实即“成身”。《礼记·哀公问》引孔子的话说：“古之为政，爱人为大。不能爱人，不能有其身。不能有其身，不能安土。不能安土，不能乐天。不能乐天，不能成其身。”又记孔子答哀公问“何谓成身”说：“仁人不过乎物，孝子不过乎物。是故仁人之事亲也如事天，事天如事亲，是故孝子成身。”这个“成身”的“身”，不能仅仅理解为当代哲学家所谓的“身体性”。“成身”犹今所谓自我的实现。对这个自我的实现，儒家有其独特的理解。在儒家看来，人的自我的实现（“成身”“成其身”），是整个社会伦理体系的基础。但是，个体的自我，并非如今人所理解的那种原子式的个体或抽象的私己性。“不过乎物”，就是应事接物，皆能“时措之宜”而与物无不通。孝子必“事亲如事天，事天如事亲”，做到“爱人”“安土”“乐天”，乃能“成其身”。“成身”，必经由由己及人、及亲以至于仁民爱物、天人相通的境界，才能最终得到实现。《大学》谓“自天子至于庶人，一是皆以修身为本”，将天下事，从格致诚正以至于修齐治平，皆归本于“修身”，亦体现了此种精神。

下文更举曾子事亲之事，以明孝要在“养志”之义。孝当然要以衣食之养为前提，然孝之本质，非仅“口体之养”，而要在于“养志”也。《论语·为政》记孔子答“子游问孝”云：“今之孝者，是谓能养。至于犬马，皆能有养。不敬，何以别乎?”《尽心上》“食而弗爱章”(13.37)“孟子曰：食而弗爱，豕交之也；爱而不敬，兽畜之也。”是“养口体者”，仅为生物义之养，其与养犬马无殊。爱而敬之，乃赋予其孝养以精神之意义，是之为“养志”。《大戴礼记·曾子大孝》记曾子曰：“君子之所谓孝者，先意承志，谕父母于道。”由此而进，乃可与其亲共进于“道”者也。此曾子事亲“养志”之义也，是以孟子称之。

7.20 人不足与适也章

孟子曰：“人不足与适也，政不足间也。惟大人为能格君心之非。君仁莫不仁，君义莫不义，君正莫不正。一正君而国定矣。”

【通释】

此章言辅臣之职责，要在能格君心之非也。

适：谪也，过责之也。间：非议之也。格：正也。

“人不足与適也，政不足间也，惟大人为能格君心之非”，赵岐注：“时皆小人居位，不足过责也，政教不足复非訧，独得大人为辅臣，乃能正君之非法度也。”

《公孙丑上》“知言养气章”（3.2）“生于其心，害于其政；发于其政，害于其事”，《滕文公下》“公都子问好辩章”（6.9）“作于其心，害于其事；作于其事，害于其政”，是言一种悖离仁义的伦理原则和价值观念（言），乃根于人心，发为政事，而致祸乱天下。君处政治之中心，故正君心之非而使之归于仁道之原则，乃治理天下国家之根本。此辅臣之天职，惟大德在位，乃能行之。

7.21　有不虞之誉章

孟子曰：“有不虞之誉，有求全之毁。”

【通释】

此章谓世俗之毁誉，未必如实；为学为人，修之于己，不假于外而已。

7.22　人之易其言也章

孟子曰：“人之易其言也，无责耳矣。”

【通释】

此章谓君子当慎言也，此亦孔子讷言敏行之义也。

慎言，为思孟学派的一个重要特点。《礼记·缁衣》等四篇，特别强调慎言。轻易其言者，于其所言，亦无须深责之也。

7.23 人之患章

孟子曰："人之患在好为人师。"

【通释】

此章言好为人师，乃人心一大疵病也。

古人言师道，人之所师者，道存诸己者也。是道之所存，而师之所存也。有道于己者，光辉润泽，大而化之，不自师而人师之。好为人师者，以记问为学，矜己自大，违道愈远，故为人心之一大病也。

7.24 乐正子从于子敖章

乐正子从于子敖之齐。乐正子见孟子。孟子曰："子亦来见我乎？"

曰："先生何为出此言也。"

曰："子来几日矣？"

曰："昔者。"

曰："昔者，则我出此言也，不亦宜乎？"

曰："舍馆未定。"

曰："子闻之也，舍馆定，然后求见长者乎？"

曰："克有罪。"

【通释】

此章记孟子以见师长失礼而责乐正子也。

子敖：即齐国盖邑大夫王驩。昔者：往者也。观下文孟子问“子来几日矣”，应非即昨日。

《告子下》“鲁欲使乐正子章”（12.13）记孟子称乐正子“其为人也好善”，因鲁欲使乐正子为政，孟子闻之，“喜而不寐”。孟子对乐正子评价甚高，故对之责之亦甚严也。

7.25　孟子谓乐正子章

孟子谓乐正子曰：“子之从于子敖来，徒餔啜也。我不意子学古之道而以餔啜也。”

【通释】

此亦承上章言之也。餔，食；啜，饮。参《离娄下》“公行子有子之丧章”（8.27）可知，子敖（王驩）乃不知礼者。而从上章看，乐正子从子敖之齐，见孟子亦失礼。故孟子以乐正子从人不淑，又行事失礼，故有悖于“古之道”，而讽其从子敖行似仅为“餔啜”而已。

7.26　不孝有三章

孟子曰：“不孝有三，无后为大。舜不告而娶，为无后也，君子以为犹告也。”

【通释】

此章论舜何以不告而娶，此亦见权经之义也。

“不孝有三，无后为大”，赵岐注：“于礼有不孝者三事：谓阿意曲从，陷亲不义，一不孝也；家贫亲老，不为禄仕，二不孝也；不娶无子，绝先祖祀，三不孝也。三者之中，无后为大。”

“舜不告而娶，为无后也，君子以为犹告也。”舜父瞽叟，告之则不得娶，不告而娶，乃得有后，礼之大者也。告之，礼也；不告，权也。

是舜之不告而娶，更能得礼作为人道之内在精神也。

7. 27　仁之实事亲是也章

孟子曰："仁之实，事亲是也。义之实，从兄是也。智之实，知斯二者弗去是也。礼之实，节文斯二者是也。乐之实，乐斯二者；乐则生矣，生则恶可已也。恶可已，则不知足之蹈之手之舞之。"

【通释】

此章言人之德性，乃根于亲亲敬长之情而实有诸己者也。

孟子论性之内容，常举四端与亲亲之情以为说。四端之说，见于《公孙丑上》"人皆有不忍人之心章"（3. 6）和《告子上》"告子曰性无善无不善章"（11. 6）是以仁义礼智内在于人情而为人所先天本具，以言人性本善之义。是仁义礼智为人性和人道之先天内容。《尽心上》"人之所不学而能者章"（13. 15）："人之所不学而能者，其良能也；所不虑而知者，其良知也。孩提之童，无不知爱其亲也；及其长也，无不知敬其兄也。亲亲仁也，敬长义也。无他，达之天下也。"此以人生而有亲亲敬长之情而明人先天本具良知良能，以证成其人性本善之义也。当然，亲亲之仁，敬长之义，须推扩此心而达致天下，乃能得以完成。

"仁之实，事亲是也。义之实，从兄是也"，亦将仁义之实质内容，归结为亲亲敬长之情。其余智、礼、乐三者，皆依止于亲亲之仁、敬长之义而有，而发生其作用。"智之实，知斯二者弗去是也"，智之义，乃反思"斯二者"而有以自觉之也。"礼之实，节文斯二者是也"，礼之义，乃称情立文，节度文饰"斯二者"而有以推扩而有以升华之也。"乐之实，乐斯二者；乐则生矣，生则恶可已也。恶可已，则不知足之蹈之手之舞之"，言乐之义，乃直接感动抒发此亲亲敬长之情，而使仁义沛然充盈而实有诸己者也。

应注意的是，此章讲"仁义智礼乐"，乃相应于《尽心下》"口之于味章"（14. 24）所言"仁义理智圣"。长沙马王堆帛书《五行》和郭店简《五行》，是子思学派的作品。在《五行》篇中，“仁义礼智”四行之和为“人道”、为善，而以“智”德统括之；“仁义礼智圣”五行之和为“天道”，而以“圣”德统括之。孟子接续此一思想，亦以“仁义礼智”言人道或人性之善，以“仁义礼智圣”并举，并谓圣知天道。郭简和帛书《五行》又皆以“金声玉振”，即“乐”的始与成来喻圣德成就，《孟子》亦以“金声玉振”来譬况孔子为“圣”之集大成者。此点极有深义。盖乐本直接关涉人的内在情感生活，具有直情进德，以德性自由而达天人合一之功。“乐之实，乐斯二者；乐则生矣，生则恶可已也。恶可已，则不知足之蹈之手之舞之”。《礼记·乐记》：“歌之为言也，长言之也。说之故言之。言之不足，故长言之。长言之不足，故嗟叹之。嗟叹之不足，故不知手之舞之，足之蹈之也。”又：“致乐以治心，则易直子谅之心油然生矣；易直子谅之心生则乐，乐则安，安则久，久则天，天则神。”“乐”的作用是直接感动人的情感，而至乐乃可以感通天人。这与圣人的成就亦是相通的。孔子亦以“兴于诗，立于礼，成于乐”论人格的教养。儒家论心和人格的成就，其始与成的两端，皆着眼于人的情感生活的转变与完成。孟子以“仁义礼智圣”与“仁义礼智乐”相对应，其意义亦在于此。

7.28　天下大悦而将归己章

孟子曰：“天下大悦而将归己，视天下悦而归己，犹草芥也，惟舜为然。不得乎亲，不可以为人；不顺乎亲，不可以为子。舜尽事亲之道，而瞽瞍厎豫。瞽瞍厎豫，而天下化。瞽瞍厎豫，而天下之为父子者定。此之谓大孝。”

【通释】

此章言亲亲而化天下之道，并举舜尽事亲而天下化之事以明此义。

厎豫：厎，致也；豫，悦、乐也。

“天下大悦而将归己，视天下悦而归己，犹草芥也，惟舜为然。”

“天下大悦而归己”，乃王道事功之事，非直接所可求者也。《尽心上》“广土众民章”（13. 21）“广土众民，君子欲之，所乐不存焉。中天下而立，定四海之民，君子乐之，所性不存焉。”“君子有三乐章”（13. 20）言君子有三乐而“王天下不与存焉”，讲的都是这个意思。王道亦有其事功一面。利泽百姓，兼济天下，近者悦，远者来，百姓向化，天下归焉，为王者功业之最高成就。此功业一面，其成就之大小，由历史境遇所限，为吾人所不能直接决定者，乃属于“命”。一般政治人物，多志于此事功一面，罕能至此。惟舜能视此如草芥，乃由其尽性知命使然也。

“不得乎亲，不可以为人。不顺乎亲，不可以为子。”是言舜尽性知命，而能反求诸己。本篇“事孰为大章”（7. 19）说：“不失其身而能事其亲者，吾闻之矣；失其身而能事其亲者，吾未之闻也。孰不为事？事亲，事之本也。孰不为守？守身，守之本也。”乃以“守身”成身为本，为能事亲之前提。此章则谓“不得乎亲，不可以为人”，是又以能事亲为成身、成人之前提。孟子谓人皆有亲亲敬长之情，推扩此心而至于天下，乃能成就仁义。是事亲与成人，对于人之存在实现而言，实双向互成，一体两面而不可或缺者也。

“舜尽事亲之道，而瞽瞍厎豫。瞽瞍厎豫，而天下化。瞽瞍厎豫，而天下之为父子者定，此之谓大孝。”舜之父顽、母嚚、弟傲，而能顺乎亲使之和豫而进于善，由此而正父子之伦，垂范而化成天下，故孟子称之为“大孝”。

卷八　离娄通释下

（共 33 章）

8.1　舜生于诸冯章

孟子曰："舜生于诸冯，迁于负夏，卒于鸣条，东夷之人也。文王生于岐周，卒于毕郢，西夷之人也。地之相去也千有余里，世之相后也千有余岁。得志行乎中国，若合符节。先圣后圣，其揆一也。"

【通释】

此章言古圣今圣，时势虽异，其道一也。

诸冯、负夏、鸣条：地名，未可确指，要之应皆处东夷之地。岐周、毕郢：地名。岐周，周之旧邑，在岐山下，今陕西岐山县东北。毕郢，在今咸阳西。符节：古时信物，多以玉制，或以金竹角为之，刻以文字兽形，剖分为二，各执一半，以为符信。揆：度也。

言舜与文王，其地各居东西，其时相距千载，时势亦不必同。舜恭己南面而治，文王则夙夜忧勤。使二者易地则皆然也，是所谓先圣后圣，其道一也。

8.2　子产听郑国之政章

子产听郑国之政，以其乘舆济人于溱洧。孟子曰：

“惠而不知为政。岁十一月徒杠成，十二月舆梁成，民未病涉也。君子平其政，行辟人可也，焉得人人而济之？故为政者，每人而悦之，日亦不足矣。”

【通释】

此章论为政当以德行政修为要，而不在行小惠也。

子产：春秋郑大夫公孙侨，有贤名。溱洧：二水名，溱水源出河南密县；洧水源出河南登封，流经密县与溱水合。徒杠、舆梁：皆桥，其独木者曰杠。辟：即避。

子产主政郑国，有“惠”名。《论语·宪问》：“或问子产，子曰：惠人也。”又《论语》：“子谓子产有君子之道四焉：其行己也恭，其事上也敬，其养民也惠，其使民也义。”子产以所乘车渡人过溱洧，孟子不以为然。“惠而不知为政”，惠者，小恩小利也。此并非否定“惠”，乃言为政之要不在于此也。“为政者，每人而悦之，日亦不足矣”，亦此义。为政者实无暇以行小惠而取悦于民，为政之要，在于“平其政”，即有合适合时的行政举措。就利民之涉而言，适时架设桥梁，则民无病涉之患，己虽避除行人亦无妨，何必人人而渡之也？此言为政，要在实行合理的政策措施，而不在施民以小恩小惠也。

8.3 孟子告齐宣王章

孟子告齐宣王曰：“君之视臣如手足，则臣视君如腹心。君之视臣如犬马，则臣视君如国人。君之视臣如土芥，则臣视君如寇雠。”

王曰：“礼，为旧君有服，何如斯可为服矣？”

曰：“谏行言听，膏泽下于民；有故而去，则君使人导之出疆，又先于其所往；去三年不反，然后收其田里。此之谓三有礼焉。如此，则为之服矣。今也为臣，谏则不行，言则不听，膏泽不下于民，有故而去，则君搏执之，又极之于其所往；去之日，遂收其田里，此之谓寇雠。寇雠，何服之有？”

【通释】

此章言君臣之义也。

“礼，为旧君有服”：服，丧服。《仪礼·丧服》述丧服有五等：斩衰、齐衰、大功、小功、缌麻；丧期有三年、期、九月、七月、五月、三月；在“齐衰三月章”下有“大夫为旧君”一条。

君臣之义，其责任义务乃双向相对而言者，而非臣对君单向的责任与义务。《论语·八佾》：“定公问：‘君使臣，臣事君如之何？’孔子对曰：‘君使臣以礼，臣事君以忠’。”《大学》“为人君，止于仁；为人臣，止于敬。”可知，以君臣有双向相互责任义务关系，乃儒家之通义。

此章以丧服为例说明君臣之义。按孟子对君臣双向义务关系的理解，大夫“为旧君有服”之礼，并非是无条件的，其前提是旧君对之“三有礼焉”，故人虽去国而恩义犹在。反之，如旧君待之如“寇雠（仇）”，未去国已恩断义绝，则不必有服矣。《仪礼·丧服传》相传为子夏所作。《丧服传》释大夫为旧君服齐衰三月之义云：“大夫为旧君何以服齐衰三月也？大夫去君，扫其宗庙，故服齐衰三月也，言与民同也。何大夫之谓乎？言其以道去君，而犹未绝也。”可见，孟子之说，是有根据的。本章更将此义上升到君臣关系普遍原则的高度来理解，此孟子之所有进于旧说之处也。

8.4　无罪而杀士章

孟子曰：“无罪而杀士，则大夫可以去；无罪而戮民，则士可以徙。”

【通释】

此章示士大夫以进退之几，并以儆人君不可以行暴虐之政也。

8.5 君仁莫不仁章

孟子曰："君仁莫不仁，君义莫不义。"

【通释】

此句已见《离娄上》"人不足与適也章"（7.20）。"人不足与適也章"言为臣者当以格君心之非为务，而此章则直斥人君之道德及其道义责任也。

8.6 非礼之礼章

孟子曰："非礼之礼，非义之义，大人弗为。"

【通释】

此章言大人君子当知礼义之所宜而行之也。

礼之要，在"因人之情而为之节文"。义者宜也，言制度文为之所施，当能合于物之理事之宜也。故礼以时为大（《礼记·礼器》："礼，时为大"），其所创制施为，必本诸人情，因乎时势，体常尽变，而能曲尽事物之宜。故凡偏执一端或一己之私而不知通变而违乎公义世情者，其言虽礼义而礼义之大本已失，故为大人君子所不为者也。

8.7 中也养不中章

孟子曰："中也养不中，才也养不才，故人乐有贤父兄也。如中也弃不中，才也弃不才，则贤不肖之相去，其间不能以寸。”

【通释】

此章论社会教化之道，谓有德才者当成己以成物，涵泳熏陶以使德才未备者自化而渐进于道也。

“中也养不中”，“中”谓有德者也。《论语·雍也》：“子曰：中庸之为德也，其至矣乎！民鲜久矣。”是孔子以中庸为至德。从容中道而无过不及，乃有德者之征也。“才也养不才”，此才，谓贤能者也。“人乐有贤父兄”，是言有德能者担当教化之责，则希贤慕道蔚成风气，其德能未备者乃将思有以进取者也。若非如此，则贤德者将无以为贤德，其与不肖亦相去不远矣。

8.8　人有不为也章

孟子曰：“人有不为也，而后可以有为。”

【通释】

此章言人当知所择也。

朱子《集注》引程子曰：“有不为，知所择也。惟能有不为，是以可以有为。无所不为者，安能有所为邪?”吾人为学、做人，皆须知其所为、知其所不为。然比较而言，于立言立功之事，我们先要考虑的，是自己能做些什么。而于做人或立德之事，吾人首当考虑者，则多在什么不能做，略偏重在自我的限制。是此章所言义理，乃要就人之道德与价值抉择而言。

8.9　言人之不善章

孟子曰：“言人之不善，当如后患何?”

【通释】

此章诫人勿喜言人之恶者，此亦承上章“人有不为也”而言也。

《论语·卫灵公》：“子曰：吾之于人也，谁毁谁誉？如有所誉者，其有所试矣。斯民也，三代之所以直道而行也。”孔子此言较委婉。孔子谓己常誉人而不毁人，古人淳朴，直道而行，其与人为善之心乃常有本然之显现。不过，孔子之誉人，必“有所试”，而非面谀也。人常存与人为善之心，则必不喜言人之恶。今人喜言人之不善，则是本心遮蔽，其有后患，亦可知矣。

8.10　仲尼不为已甚章

孟子曰：“仲尼不为已甚者。”

【通释】

“不为已甚者”，行事当理中节而不过度者也。此亦中庸、从容中道，无过不及之义也。

8.11　大人者言不必信章

孟子曰：“大人者，言不必信，行不必果，惟义所在。”

【通释】

此章言行“义”当有权变，而非规行矩步外在服从规矩者也。

《论语·子路》：“子贡问曰：‘何如斯可谓之士矣？’子曰：‘行己有耻，使于四方，不辱君命，可谓士矣。’曰：‘敢问其次。’曰：‘宗族称孝焉，乡党称弟焉。’曰：‘敢问其次。’曰：‘言必信，行必果，硁硁然小人哉！抑亦可以为次矣。”又《论语·里仁》：“子曰：君子之于天下也，无适也，无莫也，义之与比。”孟子此章义理，实原于孔子。此非主张言而无信。“言必信，行必果”虽有点机械教条，然仍可为“士”之行。不过，“义者宜也”。世间万有，千变万化，是以吾人之举措，必随时变通，时措之宜，乃能真正中道合义也。

8.12　大人者不失其赤子之心章

孟子曰：“大人者，不失其赤子之心者也。”

【通释】

是言大德之人，乃是能保持婴儿之淳真而不失者。此亦孔子“文质彬彬，然后君子”之义也。

儒家言教化，注重人之质朴的本性。《论语·雍也》：“子曰：质胜文则野，文胜质则史。文质彬彬，然后君子。”质即人之自然的方面，文是文化或文明的方面。君子即文明与自然融合得很好的人。但这个融合，非将文质剖判为二再统合之。“大人”，为有大德者，赤子即婴儿。婴儿要长大成人，人无法现成地保持婴儿的状态。“大人”，既有高度发达的理智，又葆有婴儿般的淳真。“不失其赤子之心”，就是在文明的境域中把自然的生命完整地加以提升和点化，“赤子之心”，乃能在此升华了的状态中得以保持，而实现为一种整全性的德性与生命智慧。

8.13　养生者不足以当大事章

孟子曰：“养生者不足以当大事，惟送死可以当大事。”

【通释】

此章亦言孝德孝道也。

此非言生养不重要。儒家孝的观念，不仅是对在世父母长辈而言的，而且包括生命成始成终的意义在内。《论语·为政》记孔子答弟子问孝云："生，事之以礼；死，葬之以礼，祭之以礼。"《中庸》："敬其所尊，爱其所亲，事死如事生，事亡如事存，孝之至也。"《荀子·礼论》："礼者，谨于治生死者也。生，人之始也；死，人之终也。终始俱善，人道毕矣。"《礼记·祭统》："孝子之事亲也，有三道焉：生则养，没则丧，丧毕则祭。"生为生命之始，死为生命之终。这里所言"孝"，就涉及到生命之成始成终的意义。《论语·学而》："曾子曰：慎终追远，民德归厚矣。"慎终讲丧礼，追远讲祭礼。可知，孝道不仅局限于对父母、亲人的爱敬和奉养，更要由生命之成始成终，通过追思生命的本原（"追远"），以实现人的德性成就。是以孟子以"送死"为大事也。

8.14 君子深造之以道章

孟子曰："君子深造之以道，欲其自得之也。自得之，则居之安；居之安，则资之深；资之深，则取之左右逢其原。故君子欲其自得之也。"

【通释】

此章谓君子之于道，要在自得，以深植其生命创造性之本原也。以下数章，多言为学之道。

"君子深造之以道，欲其自得之也。"此句为本章要旨。造，往也，致也。深造，进而不已以致其极境者也。此章所谓"道"，既有本体本原义，又有道路途径义。"深造之以道"，"以道"，即循之以进至本原之途径道路也，此亦道作为本原和目的所引导以达于其自身之道路与途径，而道亦由此道路、途径而开显其自己。而此所谓循道以进，非以其为外在追求之目标，其要在于体之于身，内得于己。道根于心而形于外，由是乃能深根固柢，持循在己，其所逢遇，触处皆真，而达其本原，获得原创性的生命智慧。斯所谓合外内之道，故时措之宜者也。

8.15 博学而详说章

孟子曰："博学而详说之，将以反说约也。"

【通释】

此章承上章自得之义，进而论为学博约兼备之理也。

博：广也。约：要、简也。

儒家论为学，注重博、约两个方面的平衡。学问要广博，但却不能杂驳。孔子是大学问家，弟子子贡认为夫子之特点在博闻强识，孔子对此予以否定说："非也，予一以贯之。"又说："吾道一以贯之。"为学，贵在能由博返约，建立起一个内在的一贯之道。只有博，没有约，这样的博，古人谓之"杂博"。杂博之学，不足以为学。"吾道一以贯之"，这个"道"，犹今所谓"真理"。古人说，道是"易简之理"。今人也说，真理是简单的。此易简、简单，即孟子所谓约。而由博返约，以道贯通于所学，吾人乃能以一行万，以简驭繁，以类行杂，转变此学而为一真理的系统。是以学问之道，须博而能约，博约兼备，博与约，实犹一体之两面，不可或离。而在当今这个知识信息大爆炸的时代，对为学来说，能"约"似乎更为重要。而此由博返约，其要乃在于深造而自得于道。此即上章所言义理。

8.16　以善服人者章

孟子曰："以善服人者，未有能服人者也；以善养人，然后能服天下。天下不心服而王者，未之有也。"

【通释】

此章以天下"心服"言王道之原则。

此章在"以善服人"与"以善养人"做出区分，其要在于是否能使人"心服"。

赵岐注："以善服人之道治世，谓以威力服人者也，故人不心服。以善养人，养之以仁恩，然后心服矣。"朱子《集注》："服人者，欲以取胜于人。养人者，欲其同归于善。盖心之公私小异，而人之向背顿殊。学者于此不可以不审也。"赵岐注把"以善服人"解作"善于服人"；"以善养人"为善于养人（参焦循《正义》）。解"善"作副词，忽略了"以"字的语法意义。朱注未解"以善"二字，《孟子精义》卷八："吕曰：古之君子养人以善，而不厚望于人，故人得罪于君子，心服焉。今之君子，不以善养人，而责人也深，故愈深而人莫之服。”是解“善”作名词，在用善服人与用善养人之间来做比较，是对的。是言“以善服人者”，乃以行政法度责人为善，立一外在的价值标准使人服从之，乃有为为之也，故人心不服。而“以善养人”者，则以身服善，先之以德，德风德草，而化民于无迹，是之谓“养人”，由是而天下心服矣。

8.17　言无实不祥章

孟子曰：“言无实不祥。不祥之实，蔽贤者当之。”

【通释】

此章谓言当尽其真实，言而无实，将会产生不好的后果。

此章语义背景不详，故会有不同的解释。朱子《集注》：“或曰天下之言无有实不祥者，惟蔽贤为不祥之实。或曰言而无实者不祥，故蔽贤为不祥之实。二说不同，未知孰是。疑或有阙文焉。”又杨伯峻先生的解释是：“说话而无内容，无作用，是不好的。这种不好的结果，将由妨碍贤者进用的人来承当它。”都不太能令人满意。

从本章第二句来推测，这话当是就为臣进言之言责说的。“实”不应解作“内容”，而应是真实，说真话。为臣进言，或有私意，其言不真实，将会贻害于政治、社会。如进言者有妒贤之私心，其言不实，将使贤者不能进，此为贻害最大者也。此解可能比较能与孟子的思想相合。

8.18　徐子曰仲尼亟称于水章

徐子曰：“仲尼亟称于水，曰‘水哉，水哉！’何取于水也？”

孟子曰：“原泉混混，不舍昼夜，盈科而后进，放乎四海，有本者如是。是之取尔。苟为无本，七八月之间雨集，沟浍皆盈，其涸也，可立而待也。故声闻过情，君子耻之。”

【通释】

此章言君子为学，当达乎本原并由之奠立其原创性的根据。

中外哲学家多举水为例以言哲学之道理。泰勒斯谓“水是最好的”，以言万物之始基。老子喜言水，乃注重于其柔弱处下不争之特性。孔子亦多言水，乃重在其不舍昼夜，生生连续之德。此处孟子对之作了新的解释——“有本”。

徐子，即徐辟，孟子弟子。徐辟问孔子亟称于水，其所有取于水者何在？孟子乃答以“有本”。本者，本原也。有本之水，乃能以无穷之涌流，源源不绝，生生连续，随处充满，以至于大海。《尽心上》“孔子登东山而小鲁章”（13.24）亦说：“观水有术，必观其澜。日月有明，容光必照焉。流水之为物也，不盈科不行；君子之志于道也，不成章不达。”朱子《集注》：“成章，所积者厚，而文章外见也。”此亦“圣人践形”“形善于外”之义。此创造的力量乃由实修实证而直透生命之本原而成，其行乃表现为自然内在道德生命之涌流，而非单纯规范性的外求认知所能至。《中庸》谓圣人之德纯亦不已，精进连续，如“溥博渊泉，而时出之。”亦言夫道德生命之创造、创生性也。

“声闻过情，君子耻之。”“情”者真实、实有义。圣人践形，成章而达，睟面盎背，诚中形外，乃至善本原实有诸己之自然的呈显。而名闻过实者，其所追求者乃无本之虚誉，其如无本之水，不能长久者可知，是以君子不为也。

8.19　人之所以异于禽兽者章

孟子曰：“人之所以异于禽兽者几希，庶民去之，君子存之。舜明于庶物，察于人伦，由仁义行，非行仁义也。”

【通释】

此章论人禽之辨，要在能否存仁义而实有诸己者也。

几希：几者微也，希者少也。谓人与禽兽，相去仅在几微之间也。众人之为众人，君子之为君子，亦只在能否保有之在己而不失者也。此几微之义，一言其为人之本质所在，至珍至贵；一言人与禽兽，由此一点规定，得失在毫厘之间，可不慎欤？以此警醒世人也。

下面举舜为例以明此义。“舜明于庶物，察于人伦，由仁义行，非行仁义也。”人伦：伦者，类也，理也，道也；庶物，谓众物之理也。由者，自也。“由仁义行”，是仁义根于心而其行皆由乎自己，而不出于外也。“行仁义”，则以仁义为外而规行矩步地服从之者也。是言舜明察于人之道、物之理，在于其仁义存诸己，故应事接物皆能时措之宜，而道合外内也。可知“人之所以异于禽兽者”之“几希”，即仁义也。

8.20 禹恶旨酒章

孟子曰：“禹恶旨酒而好善言。汤执中，立贤无方。文王视民如伤，望道而未之见。武王不泄迩，不忘远。周公思兼三王，以施四事。其有不合者，仰而思之，夜以继日；幸而得之，坐以待旦。”

【通释】

此章论古之王者之事，要在勤政爱民也。

“禹恶旨酒而好善言。”《战国策·魏策》：“昔者帝女令仪狄作酒而美，进之禹，禹饮而甘之，遂疏仪狄，绝旨酒，曰：‘后世必有以酒亡其国者。’”

“汤执中，立贤无方。”方，常也。谓汤坚守中道而无所偏倚，唯贤是举，而无一定之常规也。

“文王视民如伤，望道而未之见。”伤者，病也。而，读为如。谓文王视民若有疾病者，抚慰而不扰之也；行道于世而犹以为未足，朝乾夕惕，勤行道而不已也。

“武王不泄迩，不忘远。”泄者，亵也。迩，近，指朝廷近臣；远，指诸侯。谓武王不狎亵于朝臣，不遗忘于远方之诸侯也。

“周公思兼三王，以施四事。其有不合者，仰而思之，夜以继日，幸而得之，坐以待旦。”三王，前所言禹、汤、文武也。四事，禹、汤、文、武勤政爱民之事也。施者行也。不合，其时势有异而不能以例行之者。坐以待旦，谓日夜思而有得，则急于实行之也。其勤政以至于此者。

8.21　王者之迹熄章

孟子曰：“王者之迹熄而《诗》亡，《诗》亡然后《春秋》作。晋之《乘》，楚之《梼杌》，鲁之《春秋》，一也。其事则齐桓、晋文，其文则史。孔子曰：‘其义则丘窃取之矣。’”

【通释】

此章论孔子所以作《春秋》之义也。

“王者之迹熄而《诗》亡”，何谓“王者之迹熄”，何谓“《诗》亡”？“而”这一关联词，表明二者之间有一种内在的联系。那么，二者究竟是何关系？

朱子《集注》：“王者之迹熄，谓平王东迁，而政教号令不及于天下也。《诗》亡谓《黍离》降为《国风》而《雅》亡也。”朱子以平王东迁，周王政教号令不行于天下释“王者之迹熄”，而以“《雅》亡”释“《诗》亡”。似乎并未能表明何谓“王者之迹”及“王者之迹熄”与“《诗》亡”之关系。且《诗经》本有《风》《雅》《颂》三部分内容，若仅以“《雅》亡”释“《诗》亡”，亦于义未洽。

“《诗》亡”既与“王者之迹熄”有密切的关系，首先当须明了何谓“王者之迹”。

赵岐注：“王者，谓圣王也。”这个解释是对的。盖孟子所谓王者，乃指理想中的圣王，而非一般的周王而言。《孟子》书所举尧、舜、汤、文王，亦其圣王理念之化身。朱子用“平王东迁”作“王者之迹熄”之时间划界，当无问题。然如王者是指圣王之理念，则此“王者之迹”，便不能仅指一般政令不行而已。

清儒顾镇《迹熄诗亡说》云：“王者之政，莫大于巡守述职，巡守则天子采风，述职则诸侯贡俗，太师陈之，以考其得失，而庆让行焉，所谓迹也……洎乎东迁，而天子不省方，诸侯不入觐，庆让不行，而陈诗之典废，所谓‘迹熄而诗亡’也……盖《诗》者，《风》《雅》《颂》之总名，无容举彼遗此。若疑《国风》多录东周，《鲁颂》亦当僖世，则愚谓《诗》之存亡，系于王迹之熄与不熄，不系于本书之有与无也。”（《虞东学诗·诗说·迹熄诗亡说》）顾氏此说，反对释“《诗》亡”为“《雅》亡”，并以天子巡守采风以考见政风民俗释“王者之迹”，谓《诗》之存亡，在于王迹之存否，而不在《诗经》中之有无。此说是有根据的。

《梁惠王下》“齐宣王见孟子于雪宫章”（2.4）、《告子上》“五霸者三王之罪人章”（12.7）两章，有对天子巡狩之制的评述。“齐宣王见孟子于雪宫章”记晏子答齐景公“吾何修而可以比于先王观也”之问曰：“天子适诸侯曰巡狩。巡狩者，巡所守也。诸侯朝于天子曰述职，述职者，述所职也。无非事者。春省耕而补不足，秋省敛而助不给。”“五霸者三王之罪人章”亦说：“天子适诸侯曰巡狩，诸侯朝于天子曰述职。春省耕而补不足，秋省敛而助不给。入其疆，土地辟，田野治，养老尊贤，俊杰在位，则有庆。庆以地。入其疆，土地荒芜，遗老失贤，掊克在位，则有让。一不朝，则贬其爵，再不朝，则削其地，三不朝，则六师移之。”应注意的是，这两章都是在王政的论域内评述天子巡狩之制，而非对天子巡狩之事作一般性的记述。“五霸者三王之罪人章”显以天子巡狩为“三王”之制。“齐宣王见孟子于雪宫章”乃以“与民同乐”论王政，谓“乐民之乐者，民亦乐其乐。忧民之忧者，民亦忧其忧。乐以天下，忧以天下，然而不王者，未之有也。”然后记晏子所述天子巡狩之制以明此义。孟子托王道之理想于三王，而落实于其王政理论之建构。孟子所谓王道王政，乃以仁义为最高价值原则，而其基础，则在制民之产，而达民生之实现。天子巡狩，其旨不在游观，更无流连荒亡之乐，而在考察政治之得失、民意之所求，省耕省敛，惠泽施及百姓。采风陈诗，即天子考察政教，观民志风之重要方式。《周易·观·大象传》云：“象曰：风行地上，观。先王以省方，观民设教。”《礼记·王制》亦有天子巡守，“命大师陈诗，以观民风”之说。《梁惠王下》“齐宣王见孟子于雪宫章”（2.4）记晏子述天子巡狩，所引夏谚语，皆为韵文；齐景公闻之，亦依仿而出巡，赈济贫民，并招太师作诗乐以寄君民同乐之意。从中亦可看到古时巡狩采风之遗迹。顾镇谓“王者之迹”即天子巡狩采风以考政教得失，其说可从。

朱子“《黍离》降为《国风》而《雅》亡”之说，出自郑《谱》。郑《谱》谓平王徙居东都，“于是王室之尊，与诸侯无异，其诗不能复雅，故贬之谓之王国之变风”。范宁《谷梁传序》更说：“列《黍离》于《国风》，齐王德于邦君，所以明其不能复雅，政化不足以被群后也。”对这一问题，先师金景芳先生的解释最为平正的当。先生论风诗、雅诗之区别，谓雅诗乃“言天下之事，形四方之风”，乃即“天子有天下”言，而非以国为界，反映的是中央政治；风所反映的，则是地方政治，故以国为别。孔子特别重视“二南”，说：“人而不为《周南》《召南》，其犹正墙面而立也与?”（《论语·阳货》）史称周公、召公分陕而治，《周南》即周公所任之国之诗；《召南》即召公所任之国之诗。一般言风诗、雅诗正变，多从《毛诗序》，认为正变与时代盛衰相关，变风、变雅都是衰世淫邪刺乱之诗。先生则指出，正变非作诗之义，而是编诗之义。传统以“二南”为正风，以《柏舟》以下十三国诗为变风。二南为正风，是孔子编诗时，将周、召辖区内诸侯之诗，按照某种原则编在一起，作为教育的典范，故名正风。而其余则美刺并收，各系本国，名为变风。《雅》诗正变，亦与此类。是言正变无关乎时代之盛衰。① 据此，先生指出，《王风》是王畿内的诗，故称风而不能称雅，此与时代盛衰无关，当然亦与“不能复雅”无关。② 是雅诗、风诗所表征的政教范围不同，本无雅降为国风甚至变风之事，则以“《雅》亡”为“《诗》亡”之说亦不能成立。由此，“王者之迹熄而《诗》亡”，乃是说圣王巡狩采风之迹既不存，则以《诗》观政教民风之精神亦随之而亡矣。

“《诗》亡然后《春秋》作。”此《春秋》，乃泛指春秋时代之诸侯国史，而非仅指孔子所作之《春秋》。史家有“古者诸侯无私史”之说。西周以上，诸侯国史藏于周室。春秋时史官流散列国，诸侯乃有国史。

---

① 金景芳《释“二南”、“初吉”、“三飡”、“麟止”》，载《文史》第3辑1963年10月。

② 金景芳《孔子的这一份珍贵的遗产——六经》，载《吉林大学社会科学学报》1991年第1—2期。

《墨子·明鬼》记有“周之春秋”“燕之春秋”“宋之春秋”“齐之春秋”，与本章所说“晋之《乘》、楚之《梼杌》、鲁之《春秋》”，皆春秋时各诸侯国史，可以统称为“百国《春秋》”[①]。孔子据鲁史所作《春秋》，起于鲁隐公元年，即周平王四十九年（前722）。据蒙文通先生考证，其他各国《春秋》亦大致起于此时。先秦《尚书》与《诗经》常被当作一书，早期的《尚书》，仍如《诗经》，为文学作品。孟子“《诗》亡然后《春秋》作”之说，印证了周代学术由文学独盛时代向史学即《春秋》创始时代的转变。[②] 孟子此说，并非虚言。

“其事则齐桓晋文，其文则史。孔子曰：‘其义则丘窃取之矣。’”《春秋》所记史事，要在五霸，齐桓晋文，五霸之盛者，故举以统之也。“其文则史”，言文以记其史事也。孔子据鲁史而作《春秋》，其所重在“义”。这个“义”，即司马迁所言“是非二百四十二年之中，以为天下仪表”，“别嫌疑，明是非，定犹豫，善善恶恶，贤贤贱不肖”（《史记·太史公自序》）。孔子据鲁史而作《春秋》，其义要在明是非，辨善恶，正名分，体现了孔子的价值观念。《滕文公下》“公都子问好辩章”（6.9）说孔子“作《春秋》而乱臣贼子惧”，亦表现了这一点。

8.22 君子之泽章

孟子曰：“君子之泽，五世而斩；小人之泽，五世而斩。予未得为孔子徒也，予私淑诸人也。”

【通释】

此章孟子自述上承孔子学统道统之意也。

君子、小人，在上位者与在下者之称也。朱子《集注》：“泽，犹言流风余韵也。父子相继为一世，三十年亦为一世。斩，绝也。大约君子小人之泽，五世而绝也。”此君子之泽、小人之泽，实犹今人所谓之大传统与小传统也。此句为下文孟子自述其学脉渊源之铺垫。

---

① 刘知几《史通·六家》：“墨子曰：吾见百国春秋。”

② 见蒙文通《周代学术发展略论》，收入氏著《古学甄微》，巴蜀书社1987年版。

"予未得为孔子徒也，予私淑诸人也"，朱子《集注》："私，犹窃也。淑，善也……人，谓子思之徒也。自孔子卒，至孟子游梁时，方百四十余年，而孟子已老。然则孟子之生，去孔子未百年也。故孟子言予虽未得亲受业于孔子之门，然圣人之泽尚存，犹有能传其学者，故我得闻孔子之道于人，而私窃以善其身。盖推尊孔子而自谦之辞也。"于此亦可见孟子接续孔子学统、道统之职志。

8.23　可以取章

孟子曰："可以取，可以无取，取伤廉。可以与，可以无与，与伤惠。可以死，可以无死，死伤勇。"

【通释】

此章论君子取予进退选择之道也。

君子出处进退，比义合宜为要。然事有是非可否分判明晰者，有在两可（而非可否）之间者。是非可否可以立判者，其选择易。此章所论，乃事在两可之间的选择问题。

朱子《集注》："过取固害于廉，然过与亦反害其惠，过死亦反害其勇，盖过犹不及之意也。"事在可否之间者，不行则非是，故其病在于"不及"。而事在两可之间者，其病却在于"过"，"过"则有伤于德。故朱子以"过取""过与""过死"来解释"取伤廉""与伤惠""死伤勇"，是恰当的。

如财物之取予，在可取与可不取之间，取则过，而失之于贪，而有所伤于廉德；在可施予与可不施予之间，施与之则过，而有伤于惠德。《论语·雍也》："子华使于齐，冉子为其母请粟。子曰：'与之釜。'请益。曰：'与之庾。'冉子与之粟五秉。子曰：'赤之适齐也，乘肥马，衣轻裘。吾闻之也：君子周急不继富。'"（釜六斗四升，庾二斗四升，秉十六斛）施予之原则是"周急"而非"继富"。人有急难，理当救济之，是否施以援手，是是与非的问题，施与之，谓之"惠"德，"不及"则非。"继富"，则是锦上添花，可予可不予，是事在两可的问题，"与之"则"过"，是为"过与"。"过与"，则于"惠"德有所伤害。公西华出使齐国，于其母有所补给，可与之，公西华亦可取之。然公西华适齐，“乘肥马，衣轻裘”，冉求过多施予，可说是“过与”；公西华取之，亦可说是“过取”：皆有伤于德者也。

“可以死，可以无死，死伤勇”，朱子《集注》以“子路之死于卫，是伤勇”为例解之。子路时在卫，为卫大夫孔悝家臣（邑宰）。卫蒯聩与孔悝作乱，逐卫出公辄。子路之于出公辄，并无必然的道义责任，却奋勇为之死节。朱子以之为“过死”，可以参考。

要言之，于两可间之事之选择，其有损于德者，在于“过”而不在“不及”。较之于是非可否之“不及”言，其并未直接有违于道义原则，故其病似亦较轻。

8.24　逄蒙学射于羿章

逄蒙学射于羿，尽羿之道，思天下惟羿为愈己，于是杀羿。孟子曰：“是亦羿有罪焉。”

公明仪曰：“宜若无罪焉。”

曰：“薄乎云尔，恶得无罪？郑人使子濯孺子侵卫，卫使庾公之斯追之。子濯孺子曰：‘今日我疾作，不可以执弓，吾死矣夫！’问其仆曰：‘追我者谁也？’其仆曰：‘庾公之斯也。’曰：‘吾生矣。’其仆曰：‘庾公之斯，卫之善射者也。夫子曰吾生，何谓也？’曰：‘庾公之斯学射于尹公之他，尹公之他学射于我。夫尹公之他，端人也，其取友必端矣。’庾公之斯至，曰：‘夫子何为不执弓？’曰：‘今日我疾作，不可以执弓。’曰：‘小人学射于尹公之他，尹公之他学射于夫子。我不忍以夫子之道反害夫子。虽然，今日之事，君事也，我不敢废。’抽矢，扣轮，去其金，发乘矢而后反。”

【通释】

赵注、朱注皆以“取友”之道论此章章指，不妥。此章要在论施教当知人择人，亦见古人尚义守道之贵族精神也。

羿，赵岐注：“羿，有穷后羿。逄蒙，羿之家众也。”注“羿有罪焉”曰：“罪羿不择人也，故以下事喻之。”朱子《集注》则说：“羿，有穷后羿也。羿善射，篡夏自立。后为家众所杀。”赵注谓“羿有罪”是指罪其“不择人”。后人解释，或以为孟子言其罪，实罪其“篡夏自立”，观下文孟子所举子濯孺子故事，孟子所谓“罪”，实仅言其教人只教技艺，不知人，“不择人”也。“薄乎云尔，恶得无罪?”就说明了这一点。如指“篡夏自立”，其罪当非以“薄”言之也。

子濯孺子知庾公之斯必不害己，因其学射于尹公之他。尹公之他为正（端）人，是以推知庾公之斯亦必为正人。由此，既见子濯孺子之知人、择人，亦见古时武士之精神也。《论语·述而》：“志于道，据于德，依于仁，游于艺。”《为政》：“子曰：君子不器。”是知君子之学，技艺当以道义为本也。此章亦体现了这一精神。

8.25 西子蒙不洁章

孟子曰：“西子蒙不洁，则人皆掩鼻而过之，虽有恶人，斋戒沐浴，则可以祀上帝。”

【通释】

此章以自洁喻人当常自新其德，以有进于仁义者也。

8.26 天下之言性章

孟子曰：“天下之言性也，则故而已矣。故者以利为本。所恶于智者，为其凿也。如智者若禹之行水也，则无恶于智矣。禹之行水也，行其所无事也。如智者亦行其所无事，则智亦大矣。天之高也，星辰之远也，苟求其故，千岁之日至，可坐而致也。”

【通释】

此章以顺乎自然论“性”与“智”之本真。

“天下之言性也，则故而已矣。故者以利为本。”“故”，注家解释歧异。《庄子·达生》说：“吾始乎故，长乎性……吾生于陵而安于陵，故也；长于水而安于水，性也。”此以性、故并称，皆顺乎自然为义。下文“行其所无事”，亦言顺乎自然也。不过，“性”与“故”又有所不同。人、物得自于天而成就于自身者为性，《易传》所谓“继之者善，成之者性”是也。“故”者事也，“故”乃就事物得自于天之法则言之，《诗经》所谓“天之生民，有物有则”者是也。《告子上》“告子曰性无善无不善章”（11.6）亦引此诗以论天道人性。天之生物，各具其本然之则，即所谓“故”也。“故者以利为本”，朱子《集注》：“利，犹顺也。”由是，吾人之所谓性，要在循物之常则以为其根本也。下文举“天之高也，星辰之远也，苟求其故，千岁之日至，可坐而致也”为例，亦是要说明这道理。

此章言“智”，区分“大智”与“凿智”。大智，亦本自然以为义。朱熹《集注》引程子曰：“此章专为智而发。愚谓事物之理，莫非自然。顺而循之，则为大智。若用小智凿以自私，则害于性反为不智。”此说是对的。“利”者顺也。“凿”者，穿凿造作而违乎物则天性也。禹之治水，顺水之性而导之。真智亦顺性而行之自然显现，所以谓之“行其所无事”也。

8.27 公行子有子之丧章

公行子有子之丧，右师往吊。入门，有进而与右师言者，有就右师之位而与右师言者。孟子不与右师言，右师不悦曰：“诸君子皆与驩言，孟子独不与驩言，是简驩也。”

孟子闻之，曰："礼，朝廷不历位而相与言，不逾阶而相揖也。我欲行礼，子敖以我为简，不亦异乎？"

【通释】

此章见孟子不阿贵幸之精神也。

公行子，齐大夫。公行子有长子之丧，孟子与齐诸卿大夫奉君命往吊之，故下文孟子言"朝廷"之礼也。右师，即《公孙丑下》"孟子为卿于齐章"（4.6）之盖大夫王驩，字子敖，后为右师。王驩，齐之谄人，有宠于齐，时人多逢迎之。孟子独不与之言，王驩怨其简慢于己，孟子乃以行朝廷之礼应之。孟子既不阿贵幸，又动不违礼，此君子之待小人之道也。

8.28　君子所以异于人者章

孟子曰："君子所以异于人者，以其存心也。君子以仁存心，以礼存心。仁者爱人，有礼者敬人。爱人者，人恒爱之；敬人者，人恒敬之。有人于此，其待我以横逆，则君子必自反也：我必不仁也，必无礼也，此物奚宜至哉？其自反而仁矣，自反而有礼矣，其横逆由是也，君子必自反也：我必不忠。自反而忠矣，其横逆由是也，君子曰：'此亦妄人也已矣。如此则与禽兽奚择哉？于禽兽又何难焉？'是故君子有终身之忧，无一朝之患也。乃若所忧，则有之：舜人也，我亦人也。舜为法于天下，可传于后世，我由未免为乡人也，是则可忧也。忧之如何？如舜而已矣。若夫君子所患，则亡矣。非仁无为也，非礼无行也。如有一朝之患，则君子不患矣。”

【通释】

此章论君子为人之原则和动机。此即《孟子·尽心上》“万物皆备于我章”（13.4）之义也。

君子之处事，必反求诸己，而不责于人，故其心俯仰无愧怍，而无虑于患矣。其心之所忧者，唯希贤慕圣而已。

8.29　禹稷当平世章

禹、稷当平世，三过其门而不入，孔子贤之。颜子当乱世，居于陋巷，一箪食，一瓢饮，人不堪其忧，颜子不改其乐，孔子贤之。孟子曰：“禹、稷、颜回同道。禹思天下有溺者，由己溺之也；稷思天下有饥者，由己饥之也，是以如是其急也。禹、稷、颜子，易地则皆然。今有同室之人斗者，救之，虽被发缨冠而救之，可也。乡邻有斗者，被发缨冠而往救之，则惑也；虽闭户可也。”

【通释】

此章言圣贤心存天下、不以己忧之精神。

禹稷处平世，身在其位而任其责，故其有忧民之急。“三过其门而不入”，《滕文公上》“有为神农之言章”（5.4）亦说：“禹八年于外，三过其门而不入。”颜回当乱世，不为世所用，安贫乐道，不为己忧。“居于陋巷，一箪食，一瓢饮，人不堪其忧，颜子不改其乐”，《论语·雍也》：“子曰：贤哉回也！一箪食，一瓢饮，在陋巷，人不堪其忧，回也不改其乐。贤哉回也！”禹、稷，颜回，所处历史际遇不同，而其道一也。故云：“禹、稷、颜子，易地则皆然。”

8.30　公都子曰匡章章

公都子曰："匡章，通国皆称不孝焉，夫子与之游，又从而礼貌之，敢问何也？"

孟子曰："世俗所谓不孝者五：惰其四支，不顾父母之养，一不孝也；博弈好饮酒，不顾父母之养，二不孝也；好货财，私妻子，不顾父母之养，三不孝也；从耳目之欲，以为父母戮，四不孝也；好勇斗很，以危父母，五不孝也。章子有一于是乎？夫章子，子父责善而不相遇也。责善，朋友之道也；父子责善，贼恩之大者。夫章子岂不欲有夫妻子母之属哉？为得罪于父，不得近，出妻屏子，终身不养焉。其设心以为不若是，是则罪之大者。是则章子已矣。"

【通释】

此章论孝并兼论"父子之间不责善"之义。

匡章事见《战国策·齐策》。《战国策·齐策》记齐威王使章子将兵拒秦，有报"章子以齐兵降秦"，齐威王则坚信章子必不叛齐，齐威王的解释是："章子之母启得罪其父，其父杀之，而埋马栈之下。吾使章子将也，勉之曰：'夫子之强，全兵而还，必更葬将军之母。'对曰：'臣非不能更葬先妾也，臣之母启得罪臣之父，臣之父未教而死。夫不得父之教而更葬母，是欺死父也，故不敢。'夫为人子而不欺死父，岂为人臣欺生君哉？"全祖望据此解释说："然则所云责善，盖必劝其父以弗为已甚而父不听，遂不得近，此自是人伦大变，章子之黜妻屏子，非过也。"（参焦循《孟子正义》）

孟子谓世所谓五不孝，章子一无所犯；且于其父子关系之不睦，又能躬自深责于己，原夫章子之心，不可谓之不孝也。孟子以为，章子之过，在于不知“父子之间不责善”之理，误将朋友责善之道，施之于父子之间，以至父子乖违而不能相得（遇）者也。关于“父子不责善”之义，可参考《离娄上》“君子之不教子章”（7.18）“通释”。

8.31 曾子居武城章

曾子居武城，有越寇。或曰：“寇至，盍去诸?”曰：“无寓人于我室，毁伤其薪木。”寇退，则曰：“修我墙屋，我将反。”寇退，曾子反。左右曰：“待先生如此其忠且敬也，寇至，则先去以为民望，寇退则反，殆于不可。”沈犹行曰：“是非汝所知也。昔沈犹有负刍之祸，从先生者七十人，未有与焉。”

子思居于卫，有齐寇。或曰：“寇至，盍去诸?”子思曰：“如伋去，君谁与守?”

孟子曰：“曾子、子思同道。曾子，师也，父兄也；子思，臣也，微也。曾子、子思易地则皆然。”

【通释】

此章论曾子、子思事异而道同也。

武城：在今山东费县西南。沈犹行：赵岐注：“曾子弟子也。”沈犹为复姓。负刍之祸：赵岐注：“时有作乱者曰负刍，来攻沈犹氏。”

此章记曾子与子思所居遇寇，曾子避之，子思则助卫赴难。同样的事情，却有不同的选择。孟子的解释是，曾子与子思所处地位、情势不同，因而有不同的选择和应对之方法。按本篇“可以取章”（8.23）所论君子取予进退选择之原则，曾子所居遇寇，以其“师也，父兄也”之地位，其进退，属于两可间之选择，故曾子选择避而不与其难，否则将有“过死”之病；子思所居遇寇，以其“臣也，微也”之地位，其进退，则属于是非可否之选择，故子思选择从容赴难，否则将有“不及”

之失。曾子、子思的选择，恰合乎君子无过不及之中道原则，是以孟子认为，“曾子、子思同道”，二者“易地则皆然”也。

此章非孟子与万章之徒难疑问答之语，当属孟子所自撰的“法度之言”，其有意突出的，即是曾子、子思之“同道”。这个“同道”，乃强调其在为学、为道上，有一脉相承的精神传统，即秉承仁义为内在原则。此点可参阅《公孙丑下》“孟子将朝王章”（4.2）“通释”。

8.32　王使人瞯夫子章

储子曰：“王使人瞯夫子，果有以异于人乎？”孟子曰：“何以异于人哉？尧舜与人同耳。”

【通释】

此章言人之类性本同之义也。

储子，齐人。焦循《正义》：“储子见《战国策·燕策》，谓齐宣王破燕者。此亦言储子为相，是为齐人也。”

瞯者，偷窥也。齐王以貌观人，孟子有贤名，而以为孟子形貌有异于人，是以使人窥之也。“尧舜与人同耳”。言圣人与人同类，其心之所同然者“理、义”也，是“尧舜与人同耳”。然圣人与常人亦有不同者在。这个不同，不在形貌，而在“圣人先得我心之同然耳”。此亦可见孟子上承尧舜、周公、孔子三圣之道之职志。参《滕文公下》“公都子问好辩章”（6.9）。

8.33　齐人有一妻一妾章

齐人有一妻一妾而处室者，其良人出，则必餍酒肉而后反。其妻问所与饮食者，则尽富贵也。其妻告其妾曰：“良人出，则必餍酒肉而后反；问其与饮食者，尽富贵也，而未尝有显者来，吾将瞯良人之所之也。”

蚤起，施从良人之所之，遍国中无与立谈者。卒之东郭墦间，之祭者，乞其余，不足，又顾而之他。此其为餍足之道也。其妻归，告其妾曰："良人者，所仰望而终身也，今若此！"与其妾讪其良人，而相泣于中庭。而良人未之知也，施施从外来，骄其妻妾。

由君子观之，则人之所以求富贵利达者，其妻妾不羞也，而不相泣者，几希矣。

【通释】

此章讥讽世之以枉曲之道求富贵利达者之无耻之耻，以深诫之也。

施从良人之所之：良人，夫也；施，音迤，斜行也。墦：墓也。施施：如字，喜悦自得之貌。

卷九　万章通释上

（共9章）

9.1　舜往于田章

万章问曰："舜往于田，号泣于旻天。何为其号泣也？"

孟子曰："怨慕也。"

万章曰："父母爱之，喜而不忘；父母恶之，劳而不怨。然则舜怨乎？"

曰："长息问于公明高曰：'舜往于田，则吾既得闻命矣；号泣于旻天，于父母，则吾不知也。'公明高曰：'是非尔所知也。'夫公明高以孝子之心，为不若是恝，我竭力耕田，共为子职而已矣。父母之不我爱，于我何哉？帝使其子九男二女，百官牛羊仓廪备，以事舜于畎亩之中，天下之士多就之者，帝将胥天下而迁之焉。为不顺于父母，如穷人无所归。天下之士悦之，人之所欲也，而不足以解忧；好色，人之所欲，妻帝之二女，而不足以解忧；富，人之所欲，富有天下，而不足以解忧；贵，人之所欲，贵为天子，而不足以解忧。人悦之、好色、富、贵，无足以解忧者，惟顺于父母可以解忧。人少，则慕父母；知好色，则慕少艾；有妻子，则慕妻子；仕，则慕君，不得于君则热中。大孝终身慕父母。五十而慕者，予于大舜见之矣。”

【通释】

此章论舜之大孝之义。《万章》上篇共九章，要在言尧、舜、禹、汤、孔子事迹，以论古圣相传之道也。

万章：孟子弟子，齐人。朱子《集注》：“舜往于田，耕历山时也。”舜耕于田，号泣于旻天。孟子谓其所以号泣者，怨慕也。这“怨”字很重要。万章之惑，即集中在这个“怨”字上。故万章问：“父母爱之，喜而不忘；父母恶之，劳而不怨。然则舜怨乎？”《礼记·祭义》记曾子语曰：“父母爱之，喜而弗忘；父母恶之，惧而无怨。”可知，万章乃引曾子语以请于孟子，以为此“怨慕”之说与曾子事父母之义有异。公明高为曾子弟子，故孟子亦引公明高答长息之义以释万章之疑。“劳而不怨”，“惧而无怨”，这个“不怨”“无怨”，当然是不怨父母。这里的关键是，孟子所说的“怨慕”之“怨”，所怨的对象是否为父母？万章之疑，要在于此。

要注意的是，孟子以“怨慕”释舜之“号泣于旻天”，而下文却是将“怨”和“慕”分开作解的。“夫公明高以孝子之心，为不若是恝，我竭力耕田，共为子职而已矣。父母之不我爱，于我何哉”，解释的是“怨”；“大孝终身慕父母。五十而慕者，予于大舜见之矣”，讲的则是“慕”。朱子《集注》：“怨慕，怨己之不得其亲而思慕也。”是谓“怨”与“慕”，对象不同，其所“怨”者在己，而其所“慕”者，则在父母也。朱子解“怨”作“怨己”，是很正确的。

“怨己”，表现了一种反思内省之痛。这对理解孝子之心，有很深的意义。公明高之答长息，只有一句话：“非尔所知也。”孟子对此作了解释：“夫公明高以孝子之心，为不若是恝。”“恝”者，无愁无忧义。孝子爱父母至深，故父母之不我爱，不能不深自忧愁而痛彻于心也。“我竭力耕田，共为子职而已矣。父母之不我爱，于我何哉”，是反思己之恭为子职，犹未能尽心尽力乎，何为父母之不我爱耶？此怨，悲怨也，哀怨也，非怨仇亲不爱己，而是痛自反省于己，深怨己之何以不能使亲之爱己也。如怨己已尽孝而亲不我爱，则已为不孝；如谓尽己之心而已，亲不我爱与我无关而“恝”然无忧无虑者，亦非可谓之为孝也。即此可见孟子对孝子之心及其情态之深切细微的体察。《告子下》“告子曰小弁章”（12.3）论《诗经》“《小弁》之怨”，对孝子爱父母之情态，亦有深刻的论述，可以参考。

下文专论“慕”。这“慕”，与“怨”不同，其对象是父母。“慕”，是一种思慕依恋于父母之情，人皆有之。然常人此一情愫，往往随年龄之增长而减衰。“人少，则慕父母；知好色，则慕少艾；有妻子，则慕妻子；仕，则慕君，不得于君则热中”，说的就是这个意思。处身社会关系之中，“人悦之、好色、富、贵”，皆常人汲汲所求得者。而舜已集天下荣宠、美色、富贵于己一身，却不能解其中心之忧，“惟顺于父母可以解忧”。舜常葆赤子“慕父母”之心，“五十而慕”，故孟子称其为“大孝”也。

9.2　娶妻如之何章

万章问曰：“《诗》云：‘娶妻如之何？必告父母。’信斯言也，宜莫如舜。舜之不告而娶，何也？”

孟子曰：“告则不得娶。男女居室，人之大伦也。如告，则废人之大伦，以怼父母，是以不告也。”

万章曰：“舜之不告而娶，则吾既得闻命矣；帝之妻舜而不告，何也？”

曰：“帝亦知告焉则不得妻也。”

万章曰：“父母使舜完廪，捐阶，瞽瞍焚廪。使浚井，出，从而掩之。象曰：‘谟盖都君咸我绩，牛羊父母，仓廪父母，干戈朕，琴朕，弤朕，二嫂使治朕栖。’象往入舜宫，舜在床琴。象曰：‘郁陶思君尔。’忸怩。

舜曰：‘惟兹臣庶，汝其于予治。’不识舜不知象之将杀己与？”

曰：“奚而不知也？象忧亦忧，象喜亦喜。”

曰：“然则舜伪喜者与？”

曰：“否。昔者有馈生鱼于郑子产，子产使校人畜之池。校人烹之，反命曰：‘始舍之圉圉焉，少则洋洋焉，攸然而逝。’子产曰：‘得其所哉！得其所哉！’校人出，曰：‘孰谓子产智？予既烹而食之，曰得其所哉，得其所哉。’故君子可欺以其方，难罔以非其道。彼以爱兄之道来，故诚信而喜之，奚伪焉？”

【通释】

此章论舜孝悌之义。

此章先解释舜“不告而娶”事。万章引《诗经》而质诸孟子：“《诗》云：‘娶妻如之何？必告父母。’信斯言也，宜莫如舜。舜之不告而娶，何也？”此诗见《齐风·南山》。是当时有是礼或风俗也。孟子之解释，涉及到权经的问题。盖礼仪、礼俗之规定，根据在于人之存在。先王制礼作乐，其义亦在人的存在之展开与实现。礼仪为有形之规矩，有形，乃有方所、有限定；人之存在，则生生不息，变动不居。故欲成就和实现人之存在，必于礼仪有所变通始可。是以礼制既须适应不同时代历史的变化而有新的创制，当下之行礼，亦须因应现实而有所变通。《离娄上》“男女授受不亲章”（7.17）所谓“男女授受不亲，礼也；嫂溺援之以手者，权也”，就讲到了这一点。就本章所论，娶妻“必告父母”，是礼之规定；因舜之际遇“不告而娶”，则义在行权。“告则不得娶。男女居室，人之大伦也。如告，则废人之大伦，以怼（仇怨）父母，是以不告也。”《离娄上》“不孝有三章”亦说：“不孝有三，无后为大。舜不告而娶，为无后也，君子以为犹告也。”男女婚嫁，族群繁衍，为人之大伦。舜之父母兄弟，顽嚚傲狠，告之婚姻则废，而致父子相怼，是以行权而不告也。而此行权，则是要合乎更高的人道原则，以达人之存在的实现。

下文叙述舜之父母弟弟害舜事，以言君子行事之至诚及其原则。

完廪：完，治、修缮；廪，粮仓。捐阶：捐，去也；阶，梯也。出：指舜从旁处出井。谟盖都君咸我绩：谟，谋也；盖，害字之假借；都君，舜也，《史记·五帝本纪》：舜“一年而所居成聚，二年成邑，三年成都”，故称都君。干戈：干，盾；戈，戟。弤：弓。栖：床也。郁陶思君尔：郁陶，思念状。忸怩：惭愧状。惟兹臣庶：惟，思也。赵岐注：“校人，主池沼小吏也。圉圉，鱼在水羸劣之貌。洋洋，舒缓摇尾之貌。攸然，迅走趣水深处也。”方：道也。罔：欺骗蒙蔽也。

以万章之意，舜既知象之害己，象来而犹喜之，疑舜之喜为“伪喜”。孟子则答以“道”，谓象以爱兄之道来，舜之喜，乃诚信而喜之，而非伪也。君子待人，诚中形外，而无一毫虚妄不实之处。其待弟，更是诚心爱之而无伪也。孟子复举子产事以明此义。君子“可欺以方”，而不可“罔以非道”。方者，道也。道是君子之行的内在原则，由此，君子之行事，亦皆本诸内心之至诚与真情，而无一毫虚伪存于胸中也。

9.3　象日以杀舜为事章

万章问曰：“象日以杀舜为事，立为天子则放之，何也？”

孟子曰：“封之也；或曰，放焉。”

万章曰：“舜流共工于幽州，放驩兜于崇山，杀三苗于三危，殛鲧于羽山，四罪而天下咸服，诛不仁也。象至不仁，封之有庳。有庳之人奚罪焉？仁人固如是乎？在他人则诛之，在弟则封之。”

曰：“仁人之于弟也，不藏怒焉，不宿怨焉，亲爱之而已矣。亲之，欲其贵也；爱之，欲其富也。封之有庳，富贵之也。身为天子，弟为匹夫，可谓亲爱之乎？”

“敢问或曰放者，何谓也？”

曰：“象不得有为于其国，天子使吏治其国而纳其贡税焉，故谓之放。岂得暴彼民哉？虽然，欲常常而见之，故源源而来。‘不及贡，以政接于有庳’，此之谓也。”

【通释】

此章言舜为天子而处其弟之道也。

舜为天子，于其弟象，或曰封，或曰放。孟子对之作了解释。

何谓之封？

舜于共工、驩兜、三苗、鲧，皆施之以“放”。《尚书·舜典》：“流共工于幽州，放驩兜于崇山，窜三苗于三危，殛鲧于羽山，四罪而天下咸服。”与《孟子》所记略同。流，徙也。“杀”，《尚书》作“窜”，杀为窜之假借，驱逐义。三苗，古国名。殛，为“極”之假借，亦流放义。诛，责遣之也。四罪，皆流放之。此章也是把它放在“放”的论域中来讨论的。万章的问题是，舜处置四罪，皆驱遣流放之，处置其弟，则封之，疑仁人当不应如是。

孟子的回答是，仁人之于弟，亲爱之而已。古有封建亲戚之义，象之罪，惟“日以杀舜为事”，其罪只在舜一人而已。仁人亲爱其弟，是当封之也已。

然何以又有“放”之说乎？为象之不善，不当处上位而为虐于民，故设官吏而治其国，使其不得有治理其封国之权。故又有流放之说也。是舜处置其弟，乃在“封”与“放”之间。处近地而能常见之，故与四罪之“放”有异；设置官吏而使其不得有治权，是又与平常所谓“封”不同。舜对象之处置，在情与理、亲亲与公义之间，找到一种很好的平衡点。孔子说：“舜其大知也与！舜好问而好察迩言，隐恶而扬善，执其两端，用其中于民，其斯以为舜乎！”（《中庸》引孔子语）舜之处象，即此“执两用中”的大智慧之表现。

9.4 咸丘蒙问章

咸丘蒙问曰：“语云：‘盛德之士，君不得而臣，父不得而子。’舜南面而立，尧帅诸侯北面而朝之，瞽瞍亦北面而朝之。舜见瞽瞍，其容有蹙。孔子曰：‘于斯时也，天下殆哉，岌岌乎！’不识此语诚然乎哉？”

孟子曰：“否，此非君子之言，齐东野人之语也。尧老而舜摄也。《尧典》曰：‘二十有八载，放勋乃徂落，百姓如丧考妣，三年，四海遏密八音。’孔子曰：‘天无二日，民无二王。’舜既为天子矣，又帅天下诸侯以为尧三年丧，是二天子矣。”

咸丘蒙曰：“舜之不臣尧，则吾既得闻命矣。《诗》云：‘普天之下，莫非王土；率土之滨，莫非王臣。’而舜既为天子矣，敢问瞽瞍之非臣，如何？”

曰：“是诗也，非是之谓也，劳于王事而不得养父母也。曰‘此莫非王事，我独贤劳也’。故说诗者，不以文害辞，不以辞害志。以意逆志，是为得之。如以辞而已矣，《云汉》之诗曰：‘周余黎民，靡有孑遗。’信斯言也，是周无遗民也。孝子之至，莫大乎尊亲；尊亲之至，莫大乎以天下养。为天子父，尊之至也；以天下养，养之至也。《诗》曰：‘永言孝思，孝思维则。’此之谓也。《书》曰：‘祗载见瞽瞍，夔夔齐栗，瞽瞍亦允若。’是为父不得而子也。”

【通释】

此章辩“盛德之士，君不得而臣，父不得而子”之说，而兼及读书之法。

咸丘蒙：孟子弟子。其容有蹙：蹙者，颦蹙不自安貌。岌岌：危殆义。放勋：尧名。徂落：亡故。百姓：百官群臣。考妣：亡故的父母。遏密八音：遏，止；密，静；八音，金、石、丝、竹、匏、土、革、木八种乐器之音。

咸丘蒙以“盛德之士，君不得而臣，父不得而子”之说质诸孟子，孟子谓此乃齐东野人之语，而非君子之言，未可以据信也。

先辩“君不得而臣”说之非。孟子谓尧年老而命舜摄天子之事，是时尧仍为君而舜仍为臣。故舜摄位后二十八年尧崩，舜仍为臣，而得帅天下诸侯为尧服三年之丧也。若舜于尧在世时就已登天子之位，又为尧行三年之丧，则是天下有二天子，是有违于礼者。可知尧不为舜臣也。

次辩“父不得而子”说之非。咸丘蒙举《小雅·北山》诗“普天之下，莫非王土；率土之滨，莫非王臣”，谓既然天下皆为王土，居此土者皆为王臣，何以瞽瞍可不为臣。

孟子的回答，首先讨论《北山》诗意，并由此引申出一种具有普遍意义的读书之法。孟子指出，《北山》诗实质上是一种发牢骚的说法：谓吾人所任，莫非王事，何以我独勤劳而不得奉养父母，而非如咸丘蒙脱离此诗具体情境所理解的那种意思。“不以文害辞，不以辞害志。以意逆志，是为得之。”意谓读者之意，志谓作者之志。逆者，迎也。朱子《集注》：“言说诗之法，不可以一字而害一句之义，不可以一句而害设辞之志，当以己意迎取作者之志，乃可得之。”是言解诗不能拘泥于文字和辞句，而当即文辞而超越之，以切己之领悟而通达于诗人之心志，方可得诗之真意也。又如《大雅·云汉》说：“周余黎民，靡有孑遗。”黎者，众也；孑者，独也。如仅以言辞论，则将谓周朝无一人留存。此执着于言辞之弊也。

孟子论舜之孝：“孝子之至，莫大乎尊亲；尊亲之至，莫大乎以天下养。为天子父，尊之至也；以天下养，养之至也。”又引《大雅·下武》诗，谓舜之孝，已臻孝德孝行之极致，可以世为天下则也。《书》曰：“祗载见瞽瞍，夔夔齐栗，瞽瞍亦允若。”古文《尚书》亦载此文，赵岐注谓属“《尚书》逸篇”。祗，敬也；载，事也。夔夔齐栗，敬慎恐惧也。允，信也；若，顺也。《书》言舜为天子，敬慎戒惧以事瞽瞍，瞽瞍亦信而顺之也。舜以至诚，尽极孝道，而能感化顽嚚之瞽瞍以至于此，是舜乃能以其亲亲推扩至于家国天下，而能垂范天下而为百世则者也。由此可知，“父不可得而子”之说，非君子之言也。

9.5　尧以天下与舜章

万章曰："尧以天下与舜，有诸？"

孟子曰："否，天子不能以天下与人。"

"然则舜有天下也，孰与之？"

曰："天与之。"

"天与之者，谆谆然命之乎？"

曰："否，天不言，以行与事示之而已矣。"

曰："以行与事示之者，如之何？"

曰："天子能荐人于天，不能使天与之天下。诸侯能荐人于天子，不能使天子与之诸侯。大夫能荐人于诸侯，不能使诸侯与之大夫。昔者，尧荐舜于天，而天受之；暴之于民，而民受之。故曰，天不言，以行与事示之而已矣。"

曰："敢问荐之于天而天受之，暴之于民而民受之，如何？"

曰："使之主祭，而百神享之，是天受之；使之主事，而事治，百姓安之，是民受之也。天与之，人与之，故曰，天子不能以天下与人。舜相尧二十有八载，非人之所能为也，天也。尧崩，三年之丧毕，舜避尧之子于南河之南，天下诸侯朝觐者，不之尧之子而之舜；讼狱者，不之尧之子而之舜；讴歌者，不讴歌尧之子而讴歌舜，故曰，天也。夫然后之中国，践天子位焉。而居尧之宫，逼尧之子，是篡也，非天与也。《太誓》

曰：‘天视自我民视，天听自我民听。’此之谓也。”

【通释】

《万章上》前四章皆言舜之德，五、六两章则言唐虞夏后殷周继统之义，我们把五、六两章放到一起来讲。

9.6 人有言至于禹而德衰章

万章问曰：“人有言：‘至于禹而德衰，不传于贤而传于子。’有诸?”

孟子曰：“否，不然也。天与贤，则与贤；天与子，则与子。昔者，舜荐禹于天。十有七年，舜崩。三年之丧毕，禹避舜之子于阳城，天下之民从之，若尧崩之后，不从尧之子而从舜也。禹荐益于天。七年，禹崩。三年之丧毕，益避禹之子于箕山之阴。朝觐讼狱者，不之益而之启，曰：‘吾君之子也。’讴歌者，不讴歌益而讴歌启，曰：‘吾君之子也。’丹朱之不肖，舜之子亦不肖。舜之相尧，禹之相舜也，历年多，施泽于民久。启贤，能敬承继禹之道。益之相禹也，历年少，施泽于民未久。舜、禹、益相去久远，其子之贤不肖，皆天也，非人之所能为也。莫之为而为者，天也；莫之致而至者，命也。匹夫而有天下者，德必若舜、禹，而又有天子荐之者，故仲尼不有天下。继世以有天下，天之所废，必若桀纣者也，故益、伊尹、周公不有天下。伊尹相汤以王于天下，汤崩，太丁未立，外丙二年，仲壬四年，太甲颠覆汤之典刑，伊尹放之于桐，三年，太甲悔过，自怨自艾，于桐处仁迁义，三年，以听伊尹之训己也，复归于亳。周公之不有天下，犹益之于夏、伊尹之于殷也。孔子曰：'唐虞禅，夏后殷周继，其义一也。'"

【通释】

《万章上》五、六两章论唐虞夏后殷周继统之义，最后引孔子语作结："唐虞禅，夏后殷周继，其义一也。"是言唐虞禅让，夏商周传子，其中有一个内在贯通的"义"或原则。这个继统之"义"或原则，概括言之，就是天命、民意、亲亲与尊贤之内在的统一。

"尧以天下与舜章"（9.5），言尧之传位于舜，乃将天命归结于民意。

"天子不能以天下与人"，"天与之"，是言尧之禅位于舜，非私相授受。圣人举措，实代天理物，先天而天弗违，后天而奉天时，故廓然大公，而无一毫私意之间隔。

"天与之"，非天谆谆然而命之，"天不言，以行与事示之而已"。所谓以行与事示之，乃表现为，天子之所荐，为天和人民所接受，故可说是"天与之""人与之"。而这个"天与之"，实表现为"人与之"。如舜于尧在位时摄政达二十八年之久，此为天意，实非人力所能为。尧崩，三年之丧毕，舜避尧之子丹朱于黄河之南，然朝觐、狱讼与歌颂者，皆之舜而不之丹朱，舜为天下人所拥戴，是知其为天子，实天意之所在。如《尚书·太誓》所说，"天视自我民视，天听自我民听"，天子继位之合法性，原于天命，最终乃归本于民意之所系。此亦今人所谓民本之义也。

"人有言至于禹而德衰章"（9.6），接上章，进一步申论王位继统之义。

或谓"至于禹而德衰，不传于贤而传于子"，万章以此问题质诸孟子。孟子对此予以否定，认为尧舜之"传贤"，夏禹之"传子"，皆本于天命，而非人为。所谓"天与贤，则与贤；天与子，则与子"，讲的就是这个意思。

这涉及到儒家治道的一个重要原则："亲亲"与"尊贤"的关系问题。就本章而言，夏禹传子，凸显了"亲亲"之义；唐虞禅让，则凸显了"尊贤"之义。孟子引孔子语曰"唐虞禅，夏后殷周继，其义一也"，将尧舜"传贤"与夏禹"传子"同归于一个天道的原则，其道理何在？

郭店楚简有《唐虞之道》一篇，对唐虞禅让的内在原则，作了系统的说明。《唐虞之道》属于子思学派，[①] 孟子的王位继统说，即继承了《唐虞之道》的思想原则。

《唐虞之道》以亲亲、尊贤言仁、义，并由此理解禅让之义："尧舜之行，爱亲尊贤。爱亲故孝，尊贤故禅……孝，仁之冕也；禅，义之至也……爱亲忘贤，仁而未义也；尊贤遗亲，义而未仁也……爱亲尊贤，虞舜其人也。"又："禅也者，上德授贤之谓也。上德则天下有君而世明，授贤则民兴效而化乎道。"[②] 此即以亲亲、尊贤释仁义，以"尊贤"释禅让之义。

《唐虞之道》又说："古者尧之与舜也：闻舜孝，知其能养天下之老也；闻舜弟，知其能事天下之长也；闻舜慈乎弟［象□□，知其能］为民主也。故其为瞽盲子也，甚孝；及其为尧臣也，甚忠；尧禅天下而授之，南面而王天下，而甚君。故尧之禅乎舜也，如此也。""亲亲"与"尊贤"、孝与忠，表现的是内与外、血缘伦理与社会伦理的关系。由此看来，尧舜之禅让，乃以"尊贤"为原则；而此"贤"德，则以孝悌亲亲为内容，更准确地说，舜之"贤"或仁义，乃由亲亲孝悌推扩而成。

孟子言王位继统之法，继承了《唐虞之道》这一亲亲与尊贤统一的继统与德治原则。不过，《万章上》第五、六章论王位继统之义，不限于尧舜禅让，它以"尊贤"这一原则解释唐虞及三代王位继统之意义，使它具有了一种普遍性的政治原则的意义。

《万章上》前四章言舜之事，主要讲其孝弟之德。舜父瞽瞍不慈、弟象顽恶，然舜事父能尽孝，于弟则能尽其亲爱之情。其极称舜之大孝曰："孝子之至，莫大乎尊亲；尊亲之至，莫大乎以天下养。为天子父，尊之至也；以天下养，养之至也。"其第四章亦论到舜忠事帝尧之事。

---

① 参阅李景林《教化的哲学》第四章"二、关于郭店简《唐虞之道》的学派归属问题"，黑龙江人民出版社2006年版。

② 《唐虞之道》引文，见李零《郭店楚简校读记》，北京大学出版社2002年版，下同。

此与前引《唐虞之道》所述舜之德完全相同，而《孟子》所论尤详。

由此看来，所谓“天与贤，则与贤；天与子，则与子”，实落脚在一个“贤”字上。唐虞禅让，以“传贤”为其特征；而这个“贤”，已包含了亲亲的原则在其中。夏禹“传子”，凸显了亲亲的一面，然此所传者，亦必有“贤”德，乃能具有继统之合法性。是唐虞之“禅”，夏后殷周之“继”，其本质性的原则，乃是“尊贤”。举一“尊贤”，则“亲亲”与“尊贤”皆在其中矣。

而这个亲亲与尊贤之内在统一的原则在实际具体历史境域中的落实，就是一个天命或天道的问题。“人有言至于禹而德衰章”（9.6）下文通过具体分析舜、禹、启何以“有天下”，而益、伊尹、周公、孔子何以“不有天下”的历史原因，对这一天命或天道的问题作了深入的讨论。

舜荐禹于天，其情形与尧荐舜同。是禹之继舜，亦属“天与贤”者也。禹亦曾荐益，益亦曾避禹之子启于箕山（在今河南登封东南）之阴。然禹之子“启贤，能敬承禹之道”，故得天下人之拥戴，而继承天子之位，可谓之“天与子”。是“天与子”，所遵循者，亦“尊贤”之原则也。

可见，具有贤德，是继位天子之必要条件，但却非其充要条件。这就涉及到天命的问题。“莫之为而为者，天也；莫之致而至者，命也。”天乃自然的律则，命为必然的结果。此所言“自然”“必然”，相对于人为、人力而言，天和命，皆人力、人为所不能与者。就原则而言，圣贤当有天下、居上位；然每一个体，皆有其特殊的历史际遇，此即所谓天命。天命，对于个体而言，又称时命。《荀子·宥坐》记孔子语曰：“夫贤不肖者，材也；为不为者，人也；遇不遇者，时也；死生者，命也……君子博学深谋，修身端行，以俟其时。”前引郭店楚简《唐虞之道》讲圣贤当得其位，这是一个原则的讲法；同时它也强调，这一原则的具体落实与“时”“命”相关：“古者尧生为天子而有天下，圣以遇命，仁以逢时，未尝遇［贤。虽］秉于大时，神明将从，天地佑之，纵仁圣可举，时弗可及矣！夫古者舜居于草茅之中而不忧，登为天子而不骄。居草茅之中而不忧，知命也；身为天子而不骄，不专也。”天有其时，人所面临的历史际遇，亦称作“时”。由此历史际遇和各种条件所综合决定之结果，则可谓之“命”。舜、禹圣贤而“有天下”，益、伊尹、周公、孔子“不有天下”，即与其所遇之时、命相关。

“人有言至于禹而德衰章”（9.6）提出“有天下”之两个重要的条

件:“匹夫而有天下者,德必若舜、禹,而又有天子荐之者”;“继世以有天下,天之所废,必若桀纣者也”。又:“舜、禹、益相去久远,其子之贤不肖,皆天也,非人之所能为也。”这个“相去久远”,是略说,统括舜相尧、禹相舜、益相禹之久暂而言。是言舜相尧、禹相舜、益相禹时间之久暂,尧、舜、禹之子之贤与不肖,皆为继任者所面临的历史境遇,是其“时”与“命”,非人力所可为者也。具体说来,舜、禹既为圣、贤,又有天子之荐;尧之子丹朱与舜之子亦皆不肖;舜之相尧,历时二十八年,禹之相舜,亦历时十有七年,恩泽施于百姓者久,是舜、禹之所以有天下也。益非不贤也,然益之时、命,则大异于舜、禹。禹之子启贤,又益相禹仅七年而禹崩,其恩泽施于民者未久,故未能得天下百姓之拥戴,益之所以不有天下者以此。伊尹、周公之“不有天下”,其时命类于益。伊尹、周公皆圣贤,然伊尹辅太甲,而太甲能悔过;周公相成王,而成王有贤德,未得其时,是伊尹、周公之所以不有天下者也。孔子布衣,遭遇乱世,虽有圣德,而不能得天子之荐,是孔子之所以不有天下者也。孟子此章言时命,所论极细微具体且合情合理。

“尧以天下与舜章”(9.5)和“人有言至于禹而德衰章”(9.6)论王位继统之义,发挥了子思(《唐虞之道》)以亲亲尊贤为内容的禅让说,并把它推扩为贯穿唐虞及三代的一个普遍治道原则。“唐虞禅,夏后殷周继,其义一也。”这个贯通唐虞禅让与夏后殷周世及之“义”,乃合亲亲于尊贤,以为天子传位之内在的原则;归天命于民意,以为天子继位之合法性之根据。

9.7 人有言伊尹以割烹要汤章

万章问曰:“人有言:‘伊尹以割烹要汤。’有诸?”

孟子曰:“否,不然。伊尹耕于有莘之野,而乐尧舜之道焉。非其义也,非其道也,禄之以天下,弗顾也。系马千驷,弗视也。非其义也,非其道也,一介不以与人,一介不以取诸人。汤使人以币聘之,嚣嚣然曰:‘我何以汤之聘币为哉?我岂若处畎亩之中,由是以乐尧舜之道哉?’汤三使往聘之，既而幡然改曰：‘与我处畎亩之中，由是以乐尧舜之道，吾岂若使是君为尧舜之君哉？吾岂若使是民为尧舜之民哉？吾岂若于吾身亲见之哉？天之生此民也，使先知觉后知，使先觉觉后觉也。予，天民之先觉者也；予将以斯道觉斯民也。非予觉之，而谁也?’思天下之民，匹夫匹妇，有不被尧舜之泽者，若己推而内之沟中。其自任以天下之重如此，故就汤而说之以伐夏救民。吾未闻枉己而正人者也，况辱己以正天下者乎？圣人之行不同也，或远或近，或去或不去，归洁其身而已矣。吾闻其以尧舜之道要汤，未闻以割烹也。《伊训》曰：‘天诛造攻自牧宫，朕载自亳。’”

【通释】

此章因伊尹之事而论君子行事与行止进退抉择之原则，并及士人君子兼善天下、道义担当之职责也。

时有传言，谓伊尹曾为鼎俎庖人之事以干谒汤，万章以此质诸孟子。

“伊尹以割烹要汤”，《墨子·尚贤下》：“昔伊尹为莘氏女师仆，使为庖人，汤得而举之，立为三公，使接天下之政，治天下之民。”《史记·殷本纪》：“伊尹名阿衡。阿衡欲干汤而无由，乃为有莘氏媵臣，负鼎俎，以滋味说汤，致于王道。”有莘，古国名。是当时有此传言也。

孟子否定此说，并由此正面论述伊尹之行事原则与其道义担当的精神。

孟子谓伊尹曾耕于有莘之野，以尧舜之道自乐，坚守道义为其最高的原则。非其道义，一介不取不与，富贵利禄不能撄其心。君子之道，正己而后能正人，未有曲己辱己而能正人者也。圣人君子之行，虽其远近进退各有所当，然其要归，乃在于坚守道义，以此洗心而自洁其身也。如以割烹要汤，是以辱己以求正天下，是伊尹所不为也。

汤曾使使具礼以聘伊尹，伊尹初不欲出，汤三使往聘，而后乃自觉其以道义觉斯民之职责，出而相汤以伐夏救民。“天之生此民也，使先知觉后知，使先觉觉后觉也。予，天民之先觉者也；予将以斯道觉斯民也。非予觉之，而谁也？”此虽记伊尹之言，然观乎孟子“上承三圣”（《公孙丑上》3.2），五百年必有王者兴，“如欲平治天下，当今之世，舍我其谁”（《公孙丑下》4.13）之志向，谓之为孟子之夫子自道，亦未为不可。道者天下公器也，故先觉此道者，非其私有者也，出而担当天下，以先知觉后知，先觉觉后觉，济世救民，共成王道，斯圣人君子之天职。这表现了中国古代士人兼善天下和道义担当的精神。

《伊训》曰：“天诛造攻自牧宫，朕载自亳。”赵岐注：“《伊训》，《尚书》逸篇名。”为伊尹训诫太甲之文。牧宫，桀宫。造、载，皆始义。朕，伊尹自称。亳，殷都。是伊尹言天之诛伐夏，始自桀宫，为其自作孽也；而由我于殷都亳邑始其事也。

9.8 或谓孔子于卫主痈疽章

万章问曰：“或谓孔子于卫主痈疽，于齐主侍人瘠环，有诸乎？”

孟子曰：“否，不然也，好事者为之也。于卫主颜雠由。弥子之妻与子路之妻，兄弟也。弥子谓子路曰：‘孔子主我，卫卿可得也。’子路以告。孔子曰：‘有命。’孔子进以礼，退以义，得之不得曰‘有命’。而主痈疽与侍人瘠环，是无义无命也。孔子不悦于鲁、卫，遭宋桓司马，将要而杀之，微服而过宋。是时，孔子当阨，主司城贞子，为陈侯周臣。吾闻观近臣，以其所为主；观远臣，以其所主。若孔子主痈疽与侍人瘠环，何以为孔子？”

【通释】

此章论孔子之行事原则也。

主：谓客于某人家，或以某人为主人也。痈疽：《史记·孔子世家》作“宦者雍渠”。侍人瘠环：侍人，即寺人，奄人也。二人皆时君狎臣也。颜雠由：《史记·孔子世家》作颜浊邹，卫国之贤大夫。弥子：卫灵公幸臣弥子瑕。桓司马、司城贞子、陈侯周：朱子《集注》：“桓司马，宋大夫向魋也。司城贞子，亦宋大夫之贤者也。陈侯，名周。按《史记》：孔子为鲁司寇，齐人馈女乐以间之，孔子遂行。适卫月余，去卫适宋。司马魋欲杀孔子，孔子去至陈，主于司城贞子。”近臣、远臣：朱子《集注》：“近臣，在朝之臣；远臣，远方来仕者。”

有传言称孔子在卫国时客于痈疽家，在齐国时客于侍人瘠环家，万章以此质诸孟子。孟子对此予以否定，谓其不过好事者之流言耳。孟子称孔子在卫，客于颜雠由家。弥子曾因子路请于孔子，许以“卫卿”之位，以求孔子客于其家。孔子不许，而答以“有命”。孟子据此事论孔子之行事原则，谓孔子抉择其行止进退，皆以“礼义”为据，而将行为的结果，付之于“命”。此孔子所以为孔子者也。

“进以礼，退以义，得之不得曰‘有命’”，“主痈疽与侍人瘠环，是无义无命也”，这两句话，从正反两面，指出了义、命之间的区分及其统一的关系。

义与命的关系，质言之，即人的行为之动机或道德抉择与其事功效果之间的关系。礼义，为道德的法则。人求仁得仁，欲仁仁至，是以行仁行义，乃人唯一能够凭自力所可求得者，故为人之最本己的可能性，亦是君子之本分和天职。而此所谓“命”，则是一个与人的气性生命或功利结果相关的观念。人的历史境遇、生死寿夭、富贵贫贱、事业成就之类，乃受制于各种外在因素，而不能为人所直接可求可欲者，皆属于“命”的范围。故义与命之间，有着分位上的区别性。但同时，在二者之间，又存在着一种价值实现意义上的内在关联性：人本其道义之抉择，而得其所应得，乃能赋予其“命”或此事功效果以正面的存在意义和价值。此即孟子之所谓“正命”（《尽心上》13.2）。而这“正命”之意义与价值，乃为人“尽其道”之道德抉择所建立、所赋予，此亦即孟子之所谓“立命”（《尽心上》13.1）。从这个“立命”和“正命”的意义上，我们只可以说君子有命；而小人或不能躬行道义者，则是“无义无命”。小人不能躬行道义，其“无义”，因而“无命”。在这个意义上，义与命之间，又存在着一种因果意义上的关联性。这个“正命”由人之道义抉择所“立”并赋义，具有君子人格与天命之完成的双重意义。关于此点之详细讨论，可参阅《尽心上》13.1、13.2“通释”。

孔子对君子进退之道多有论述。《论语·泰伯》：“天下有道则见，无道则隐。邦有道，贫且贱焉，耻也；邦无道，富且贵焉，耻也。”《论语·述而》：“子谓颜渊曰：用之则行，舍之则藏，惟我与尔有是夫。”“见隐”“用藏”，亦即进退。君子之行，有进有退。决定此进退的原则就是“道”或礼义，而非出于功利的动机。人或有道可行而不能“进”，或有屈己枉道苟取富贵而不知“退”者，此皆为孔子所不齿。“进以礼，退以义，得之不得曰‘有命’。”孔子一生追求用世以行其道。然能否用世，从孔子的立场看，既是“命”，同时亦为“义”与“不义”之分野。换言之，孔子不能用世之“命”，正是孔子自己为自己所设定的界限。故直面人生之际遇所作的决断，恰恰表明了“命”与人道的内在一致性。在这里，“天命”不是外在于人的消极的“宿命”，人的行“义”之决断所面对的“命”本身便成为规定着人之“应当”的界限。以孔子之威望与才能，若在道义原则上稍作让步，卿相宰辅之位，取之当如探囊耳。然此已非君子之行，故为孔子所不取。“若孔子主痈疽与侍人瘠环，何以为孔子”，说的就是这个意思。

9.9　或曰百里奚自鬻于秦章

万章问曰：“或曰：‘百里奚自鬻于秦养牲者五羊之皮，食牛，以要秦穆公。’信乎？”

孟子曰：“否，不然。好事者为之也。百里奚，虞人也。晋人以垂棘之璧与屈产之乘，假道于虞以伐虢。宫之奇谏，百里奚不谏。知虞公之不可谏而去，之秦，年已七十矣，曾不知以食牛干秦穆公之为污也，可谓智乎？不可谏而不谏，可谓不智乎？知虞公之将亡而先去之，不可谓不智也；时举于秦，知穆公之可与有行也而相之，可谓不智乎？相秦而显其君于天下，可传于后世，不贤而能之乎？自鬻以成其君，乡党自好者不为，而谓贤者为之乎？”

【通释】

此章论百里奚之贤智也。

百里奚：虞国人，后为秦穆公所得，而仕于秦，号“五羖大夫”。垂棘之璧：垂棘，晋国地名；璧，美玉。屈产之乘：屈地所产之良马；乘，四匹。宫之奇：虞国之贤臣。

有传言称，百里奚以五羊皮之价卖己于秦国之养牲者，为人饲牛，以伺机干谒秦穆公。万章以此质诸孟子，孟子予以否定，以之为好事者之流言，不可信。孟子以理推之：谓晋人以垂棘之美玉与屈产之宝马借道于虞以伐虢，宫之奇谏之，百里奚则预知虞君之不可谏与虞之将亡，而去虞之秦，可知其“智”；又知秦穆公之可与有为而相之，以襄成其霸业，可知其为“贤”。而卖己以成其君，则虽一般能洁身自爱者所不屑为，是知如百里奚之贤智，此其所必不为者也。

百里奚能审时度势而不污己以干君，孟子为之辩正并有以褒扬之者以此。

卷十　万章通释下

（共9章）

10.1　伯夷目不视恶色章

孟子曰："伯夷目不视恶色，耳不听恶声。非其君不事，非其民不使。治则进，乱则退。横政之所出，横民之所止，不忍居也。思与乡人处，如以朝衣朝冠坐于涂炭也。当纣之时，居北海之滨，以待天下之清也。故闻伯夷之风者，顽夫廉，懦夫有立志。

"伊尹曰：'何事非君？何使非民？'治亦进，乱亦进。曰：'天之生斯民也，使先知觉后知，使先觉觉后觉。予，天民之先觉者也。予将以此道觉此民也。'思天下之民，匹夫匹妇有不与被尧舜之泽者，如己推而内之沟中，其自任以天下之重也。

"柳下惠不羞污君，不辞小官。进不隐贤，必以其道。遗佚而不怨，阨穷而不悯。与乡人处，由由然不忍去也。'尔为尔，我为我。虽袒裼裸裎于我侧，尔焉能浼我哉？'故闻柳下惠之风者，鄙夫宽，薄夫敦。

"孔子之去齐，接淅而行。去鲁，曰：'迟迟吾行也，去父母国之道也。’可以速而速，可以久而久，可以处而处，可以仕而仕，孔子也。”

孟子曰：“伯夷，圣之清者也；伊尹，圣之任者也；柳下惠，圣之和者也；孔子，圣之时者也。孔子之谓集大成。集大成也者，金声而玉振之也。金声也者，始条理也；玉振之也者，终条理也。始条理者，智之事也；终条理者，圣之事也。智，譬则巧也；圣，譬则力也。由射于百步之外也，其至，尔力也；其中，非尔力也。”

【通释】

此章历述伯夷、伊尹、柳下惠之处事原则与人格特征，论孔子为圣之集大成者之义。

横：强暴也。顽：顽者贪义，与廉相对。鄙：狭陋。袒裼裸裎：袒裼，脱衣露出上身；裸裎，裎音程，裸露身体。由由然：自得之貌。接淅而行：淅谓淘米；接淅，《说文》引作“滰淅”。“滰”（音绛），滤干义。孔子去齐，不待滤干淘米即行，言其行之急速也。

本章述伯夷、柳下惠事迹，与《公孙丑上》“伯夷非其君不事章”（3.9）所论略同；其论伊尹事迹，与《万章上》“人有言伊尹以割烹要汤章”（9.7）略同，可以与之相互参照。

伯夷之处事与人格特征，要在一个“清”；伊尹之处事与人格特征，要在一个“任”；柳下惠之处事与人格特征，要在一个“和”；孔子之处事与人格特征，乃要在一个“时”。

伯夷之“清”，其表现，是崖岸高峻，嫉恶如仇，目不容纤尘，而超拔于俗世之表。其风教之所之，能使贪者廉洁之心生，懦弱者自强之志立。伊尹之“任”，其表现，是自觉其先知觉后知、先觉觉后觉之天赋使命，出而济世救民、兼善天下之道义担当的精神。柳下惠之“和”，其表现，是行不避俗世，进退以道而无喜悲，出入污世而犹自洁。其风教之所之，能使鄙狭者宽裕，浅薄者敦厚。孔子之“时”，其表现，乃无适无莫，无可无不可，进退隐现，久暂迟速，莫不从容中道，而时措之宜也。

孟子以孔子为圣之“集大成”者，并以“金声玉振”，即乐之始与成为喻以论之。问题在于，《孟子》对伯夷、伊尹、柳下惠多有所论，然多称三者为智者、贤者，而罕言其为“圣人”。那么，孟子此章言“圣之清”“圣之任”“圣之和”，是否认为伯夷、伊尹、柳下惠已达到了圣人人格了呢？回答应是否定的。

《公孙丑上》“伯夷非其君不事章”（3.9）孟子评价伯夷、柳下惠，乃谓“伯夷隘，柳下惠不恭；隘与不恭，君子不由也”。是言伯夷、柳下惠之行，各有偏至，其流弊，一者陷于狭隘，一者流于失敬，故为君子所“不由”，可知孟子并不认为其完成了圣人之人格。

在孟子的评价中，伊尹较近于孔子，但在《尽心下》之末章，孟子乃明确将孔子与尧、舜、汤、文王列在“闻而知之”的圣人一类，而将伊尹与禹、皋陶、莱朱、太公望、散宜生列在“见而知之”的智者、贤人一类。孟子所说的“闻而知之”者，皆是能够直接体证“天道”的圣人，并且是一时代文化文明之“作”者或开创者。而其所谓“见而知之”的贤人或智者，则只能是一种既成事业的“述”者或继承者。在这里，“圣”与“智”或“贤”者之界限是很明确的。

值得注意的是，《公孙丑上》“知言养气章”（3.2）亦说到伯夷、伊尹“皆古之圣人也”。不过，孟子“皆古之圣人也”之说，是承接公孙丑所谓“子夏、子游、子张皆有圣人之一体，冉牛、闵子、颜渊，则具体而微”之语脉而来的，而且下文语气一转，乃进而言伯夷、伊尹与孔子实不能相“班”：“自有生民以来，未有孔子也。”并引有若的话，以“麒麟之于走兽，凤凰之于飞鸟”来比喻二者之本质性的区别。可知“知言养气章”“古之圣人也”之说，乃是在一般贤者能有圣人之“一体”（或圣之某一方面的表现或要素）之语境下之权说，而非确指其为圣人也。准此，本章所谓“圣之清”“圣之任”“圣之和”，亦皆当理解为圣人之“一体”而言。圣人之为圣人，包涵有“清”“任”“和”等种种要素，然仅具“清”“任”“和”诸要素之一端，则不可谓之圣人。而孔子之“集大成”，乃即此种种要素而又超越之，乃可谓之“圣人”。其与仅具其“一体”者，有本质性的区别。是具此“一体”而有所偏弊者，可谓之智者或贤人，而不可谓之圣人也。这与《尽心下》末章“闻而知之者”与“见而知之者”分判之义，亦是相通的。

本章最后以乐之始成论孔子之“集大成”。此所谓“集大成”，非言集圣人之“大成”，而是说“集大成”方可谓之“圣”。何以言此？乃因“圣”为整体性之人格，而非各种人格要素之集合也。圣固有“清”“任”“和”之内容，但却非“清”“任”“和”之集合。“集大成也者，金声而玉振之也。金声也者，始条理也；玉振之也者，终条理也。始条理者，智之事也；终条理者，圣之事也。智，譬则巧也；圣，譬则力也。由射于百步之外也，其至，尔力也；其中，非尔力也。”此以乐之始与成例之也。条理，朱子《集注》：“犹言脉络，指众音而言也。”又解“金声而玉振”：“于其未作，而先击镈钟以宣其声；俟其既阕，而后击特磬以收其韵。宣以始之，收以终之。二者之间，脉络贯通，无所不备，则合众小成而为一大成。犹孔子之知无不尽，而德无不全也。”乐之终始条贯，为一整体，孟子以此为喻，亦在明圣人人格，为一全德之整体。圣智一体，但圣可包智，智则不必包圣。“智，譬则巧也”，巧，落在思知技巧一边；“圣，譬则力也”，力，则着重于存在及其实现一边。圣内涵智，乃德性、存在之实现，故曰“集大成”者也。

10.2　周室班爵禄章

北宫锜问曰：“周室班爵禄也，如之何？”

孟子曰：“其详不可得闻也。诸侯恶其害己也，而皆去其籍。然而轲也尝闻其略也。天子一位，公一位，侯一位，伯一位，子、男同一位，凡五等也。君一位，卿一位，大夫一位，上士一位，中士一位，下士一位，凡六等。天子之制，地方千里，公、侯皆方百里，伯七十里，子、男五十里，凡四等。不能五十里，不达于天子，附于诸侯，曰附庸。天子之卿受地视侯，大夫受地视伯，元士受地视子、男。大国地方百里，君十卿禄，卿禄四大夫，大夫倍上士，上士倍中士，中士倍下士，下士与庶人在官者同禄，禄足以代其耕也。次国地方七十里，君十卿禄，卿禄三大夫，大夫倍上士，上士倍中士，中士倍下士，下士与庶人在官者同禄，禄足以代其耕也。小国地方五十里，君十卿禄，卿禄二大夫，大夫倍上士，上士倍中士，中士倍下士，下士与庶人在官者同禄，禄足以代其耕也。耕者之所获，一夫百亩。百亩之粪，上农夫食九人，上次食八人，中食七人，中次食六人，下食五人。庶人在官者，其禄以是为差。”

【通释】

此章孟子因北宫锜之问而述论周代之爵禄制度。

北宫锜：卫人。班：班，列也。

按孟子的理解，先王班爵封建之义，要在足以行仁道，安百姓而已，过此以往，皆不当为也。如《告子下》“鲁欲使慎子为将军章”（12.8）孟子告慎子：“天子之地方千里，不千里不足以待诸侯。诸侯之地方百里，不百里不足以守宗庙之典籍。周公之封于鲁，为方百里也，地非不足，而俭于百里……今鲁方百里者五，子以为有王者作，则鲁在所损乎，在所益乎？徒取诸彼以与此，然且仁者不为，况于杀人以求之乎？君子之事君也，务引其君以当道，志于仁而已。”说的就是这个道理。天子地方千里，诸侯地方百里，要在行仁道，而非以土地和功利为目的。东周诸侯兼并，时鲁国土地，已当初封时五倍之多，实有悖于先王封建之义，当在减之列。今诸侯扩疆拓土，杀人盈城盈野，而为人臣者，又逢迎之以成其恶，皆出于一己之私欲也。此孟子所以斥“春秋无义战”（《尽心下》14.2），而主“善战者服上刑”（《离娄上》7.14）也。

“其详不可得闻也。诸侯恶其害己也，而皆去其籍。然而轲也尝闻其略也。”今之诸侯，以兼并拓疆相尚，率多僭越逾制，以其制于己不利，而灭去其典籍。故周世爵禄之制，孟子已谓不知其详，而仅能言其大概。孟子述之，亦要在复先王爵禄制度之本义以纠名实正人伦而已。

按孟子所述，天子诸侯，其爵位共分五等：天子、公、侯、伯、子男。是天子亦爵称也。《白虎通·爵》：“天子者，爵称也。爵所以称天子者何？王者父天母地，为天之子也。”周代诸侯爵号本有公、侯、伯、子、男五等，孟子所述，则以子男合为一等，分诸侯爵位为四等。《公羊传》也有《春秋》以公一等、侯一等、伯子男为一等的三等之说。表明西周至春秋时代诸侯爵位的等级是有变化的。[①] 诸侯国内又分六等：君、卿、大夫、上士、中士、下士。

班禄之制：天子地方千里，公侯皆百里，伯七十里，子男皆五十里。是诸侯爵位虽有五等，但实际封地实分三等。"不能五十里，不达于天子，附于诸侯，曰附庸。"《礼记·王制》："不能五十里者，不合于天子，附于诸侯，曰附庸。"郑注："不合谓不朝会也。"不能：不足也。谓不足五十里之小国，不得与诸侯直接朝会天子，而以其国事附于大国也。

天子之卿、大夫、士受地制禄之法：视，比也。元士，命士也；天子之士称元士，以别于诸侯之士也。天子之卿受地与侯同，大夫受地与伯同，元士受地与子男同。

诸侯国之内卿、大夫、士制禄之法：大国，公侯之国。赵岐注："庶人在官者，未命于士者也。"是庶人在官者，即官长所除，而不命于国君之吏员。公侯之国地方百里，国君之禄，十倍于卿，卿四倍于大夫，大夫二倍于上士，上士二倍于中士，中士二倍于下士，下士与庶人在官者相同，其禄足以抵偿其耕田之所得。次国、小国制禄之法，可以此类推之。

农夫授田之法及庶人在官者制禄之法：百亩之粪，施肥耕作也。谓耕者所获收入，一夫授田百亩，其施肥培溉，耕作有粗细，出力有勤惰，是其收获有多寡。上等农夫可养九人，其次八人，中等可养七人，其次六人，下等五人。庶人在官者之禄，亦据此分为五等。卿大夫士之禄，乃以此为基数也。

10.3　万章问曰敢问友章

万章问曰："敢问友。"

孟子曰："不挟长，不挟贵，不挟兄弟而友。友也

---

① 参阅陈恩林《先秦两汉文献中所见周代诸侯五等爵》，《历史研究》1994 年第 6 期。

者，友其德也，不可以有挟也。孟献子，百乘之家也，有友五人焉：乐正裘、牧仲，其三人则予忘之矣。献子之与此五人者友也，无献子之家者也。此五人者，亦有献子之家，则不与之友矣。非惟百乘之家为然也，虽小国之君亦有之。费惠公曰：‘吾于子思，则师之矣；吾于颜般，则友之矣；王顺、长息，则事我者也。’非惟小国之君为然也，虽大国之君亦有之。晋平公之于亥唐也，入云则入，坐云则坐，食云则食。虽疏食菜羹，未尝不饱，盖不敢不饱也。然终于此而已矣。弗与共天位也，弗与治天职也，弗与食天禄也，士之尊贤者也，非王公之尊贤也。舜尚见帝，帝馆甥于贰室，亦飨舜，迭为宾主，是天子而友匹夫也。用下敬上，谓之贵贵；用上敬下，谓之尊贤。贵贵尊贤，其义一也。”

【通释】

此章论友道也。

“友其德也，不可以有挟也”，言交友者，乃相友以德，仅以其德之可友而友之，此友道之根本也；凡有所依仗，或依仗于地位、权势、富贵等以与人交，皆有悖于交友之道。

下文举孟献子、费惠公、晋平公、尧舜为例以明此义。

孟献子，鲁卿公孙蔑，孟氏为鲁三桓之一，有百乘之赋，是既富且贵者也。“献子之与此五人者友也，无献子之家者也。此五人者，亦有献子之家，则不与之友矣。”朱子《集注》：“张子曰：献子忘其势，五人者忘人之势。不资其势而利其有，然后能忘人之势。若五人者有献子之家，则反为献子之所贱矣。”孟献子与乐正裘、牧仲等五人交友，孟献子自忘其富贵，五人亦忘孟献子之富贵，惟以德相友，是为得友道之根本者也。

费惠公，小国之君，于子思师之而不臣，于颜班则友之，是其能尊贤而得友道也。亥唐，晋国之贤人，隐居而不仕。晋平公以大国之君，友于亥唐而以礼下之，亦忘其势位而知礼贤者也。然晋平公仅止于此，不能举贤者在其位，则未能尽王公尊贤之义也。舜以匹夫谒尧帝，尧之友舜，乃尧妻之二女，馆之副宫，互为宾主，又荐之于天，为天下举贤，此天子友匹夫之道也。

"用下敬上，谓之贵贵；用上敬下，谓之尊贤。贵贵尊贤，其义一也。"贵贵尊贤，其义要在贵德敬贤，其友道之极致也。此为本章之结论。

10.4　敢问交际何心章

万章问曰："敢问交际何心也？"

孟子曰："恭也。"

曰："却之却之为不恭，何哉？"

曰："尊者赐之，曰：'其所取之者义乎，不义乎？'而后受之，以是为不恭，故弗却也。"

曰："请无以辞却之，以心却之，曰'其取诸民之不义也'，而以他辞无受，不可乎？"

曰："其交也以道，其接也以礼，斯孔子受之矣。"

万章曰："今有御人于国门之外者，其交也以道，其馈也以礼，斯可受御与？"

曰："不可。《康诰》曰：'杀越人于货，闵不畏死，凡民罔不譈。'是不待教而诛者也。殷受夏，周受殷，所不辞也。于今为烈，如之何其受之？"

曰："今之诸侯，取之于民也，犹御也。苟善其礼际矣，斯君子受之，敢问何说也？"

曰："子以为有王者作，将比今之诸侯而诛之乎？

其教之不改而后诛之乎？夫谓非其有而取之者，盗也，充类至义之尽也。孔子之仕于鲁也，鲁人猎较，孔子亦猎较。猎较犹可，而况受其赐乎？”

曰：“然则孔子之仕也，非事道与？”

曰：“事道也。”

“事道，奚猎较也？”

曰：“孔子先簿正祭器，不以四方之食供簿正。”

曰：“奚不去也？”

曰：“为之兆也。兆足以行矣，而不行，而后去，是以未尝有所终三年淹也。孔子有见行可之仕，有际可之仕，有公养之仕。于季桓子，见行可之仕也；于卫灵公，际可之仕也；于卫孝公，公养之仕也。”

【通释】

此章论交际进退之道也。亦以孔子为例，表现了一种原则性与灵活性的统一。

交际：朱子《集注》：“际，接也。交际，谓人以礼仪币帛相交接也。”御人于国门之外：御，赵岐注：“御人，以兵御人而夺之货。”“杀越人于货，闵不畏死，凡民罔不譈”：越，于也；于货，取其货也；闵，强为之也；譈，怨也。比：连也。充类至义：推至于类、义之原则而言之也。较猎：赵岐注：“较者，田猎相较夺禽兽，得之以祭，时俗所尚，以为吉祥。孔子不违而从之，所以小同于世也。”簿正祭器：朱子《集注》：“徐氏曰：先以簿书正其祭器，使有定数，而不以四方难继之物实之。夫器有常数，实有常品，则其本正矣，彼猎较者将久而自废矣。”

所谓交际，以礼相交接之义也。以礼相交际，其核心在恭敬。万章就此问礼物辞受之原则。孟子解释俗语“却之却之为不恭”，谓尊者合乎礼仪之馈赠，当如孔子据礼受之。就原则而言，吾人必不受不义之财。万章谓今诸侯之物，亦非其所有而强取于民者，孔子行道，当不受此不义之物。孟子之所答，乃言道非机械的教条，君子之行道，亦必有以通变而曲尽事物之宜。以今之诸侯譬况于盗者，亦就原则而言，故即使有王者起，亦不能不教而尽诛之也。如孔子之仕鲁，亦遂其较猎之习，而由簿正祭品以徐校正之也。是孔子之出仕，亦据道之可行与否、诸侯之礼遇及其养贤之意等不同情况而有所变通，而作出抉择。这表现了一种原则性与变通性的统一。

10.5　仕非为贫也章

孟子曰："仕非为贫也，而有时乎为贫。娶妻非为养也，而有时乎为养。为贫者，辞尊居卑，辞富居贫。辞尊居卑，辞富居贫，恶乎宜乎？抱关击柝。孔子尝为委吏矣，曰：'会计当而已矣。'尝为乘田矣，曰：'牛羊茁壮长而已矣。'位卑而言高，罪也。立乎人之本朝，而道不行，耻也。"

【通释】

此章亦言出仕之原则。

孟子谓君子出仕，目的在于行道，而非以富贵为目的也。然君子亦有为贫而仕之时。为贫而仕，宜居下位，宜取薄俸，足以维持生存而已。不为位卑而议政，不为窃禄而位列朝廷。是为贫而仕，亦不失其行道之旨也。

10.6　士之不托诸侯章

万章曰："士之不托诸侯，何也？"

孟子曰："不敢也。诸侯失国而后托于诸侯，礼也。士之托于诸侯，非礼也。"

万章曰："君馈之粟，则受之乎？"

曰："受之。"

"受之何义也？"

曰："君之于氓也，固周之。"

曰："周之则受，赐之则不受，何也？"

曰："不敢也。"

曰："敢问其不敢，何也？"

曰："抱关击柝者，皆有常职以食于上。无常职而赐于上者，以为不恭也。"

曰："君馈之则受之，不识可常继乎？"

曰："缪公之于子思也，亟问，亟馈鼎肉，子思不悦。于卒也，摽使者出诸大门之外，北面稽首，再拜而不受，曰：'今而后知君之犬马畜伋。'盖自是台无馈也。悦贤不能举，又不能养也，可谓悦贤乎？"

曰："敢问国君欲养君子，如何斯可谓养矣？"

曰："以君命将之，再拜稽首而受。其后廪人继粟，庖人继肉，不以君命将之。子思以为鼎肉使己仆仆尔亟拜也，非养君子之道也。尧之于舜也，使其子九男事之，二女女焉，百官牛羊仓廪备，以养舜于畎亩之中，后举而加诸上位，故曰：王公之尊贤者也。"

【通释】

此章万章问"士之不托于诸侯"，孟子乃即此而论士人出处辞受之义也。

"诸侯失国而后托于诸侯，礼也。士之托于诸侯，非礼也。"托者，寄也，寓也。《礼记·郊特牲》："诸侯不臣寓公。"郑注："寓，寄也。"

《仪礼·丧服》“齐衰三月章”：“寄公为所寓”，《传》曰：“寄公者何也？失地之君也。”诸侯或因天子削地，或为诸侯所驱逐而失国，得寄居于他国，谓之寄公或寓公。是孟子谓“诸侯失国而后托于诸侯”为合礼也。古人以有职事者为士。《说文解字》：“士，事也。”《白虎通义·爵》：“士者，事也，任事之称也。”执事于官府各部门，为“士”所当居之位。士又为古时贵族最低的一个等级。春秋战国时代，士逐渐成为当时社会所形成的所谓士、农、工、商四民之首。一些有学问的知识人，亦得以“仕”为其专业，随着百家之学的兴起，乃渐次形成了一种以道自任的士人精神。从传统的封建制度而言，执事于官府各部门，本为“士”所当居之位。

《滕文公下》“周霄问古之君子仕乎章”（6.3）说：“士之失位也，犹诸侯之失国家也”，“士之仕也，犹农夫之耕也。”本章也说：“抱关击柝者，皆有常职以食于上。无常职而赐于上者，以为不恭也。”故孟子乃谓士人之寄食于诸侯，为不合礼之事。两章可互相参照。

本章论“士”，既保留了“士者事也”这一原初的涵义，同时，又由此引申出国君待士人之赐、周、馈与养贤诸种方式，以言其应对之原则。“赐”乃不可受者，理由已如前述。君之于民，有周济之义，故对国君之“周”，则可受之。国君之“馈”，有养贤之义，当可受。孟子复举子思与鲁穆公一段佚事以申论此义。国君馈食，应有养贤之意，然鲁穆公待子思，既不能举之使在位，又不能以礼奉养之，子思乃以为穆公以犬马畜己，故屏而却之。孟子谓尧之于舜，既备尽养贤之礼，又举之于上位，乃王公尊贤之典范也。孟子借子思尧舜佚事对国君养贤之义之评论，凸显了儒者以道义自任和以德抗位的自由精神。

上章举孔子，此章举子思事论士君子出仕之原则，亦表现了孟子之接续圣道的道统意识。

10.7　敢问不见诸侯章

万章曰：“敢问不见诸侯，何义也？”

孟子曰：“在国曰市井之臣，在野曰草莽之臣，皆谓庶人。庶人不传质为臣，不敢见于诸侯，礼也。”

万章曰："庶人，召之役，则往役；君欲见之，召之，则不往见之，何也？"

曰："往役，义也；往见，不义也。且君之欲见之也，何为也哉？"

曰："为其多闻也，为其贤也。"

曰："为其多闻也，则天子不召师，而况诸侯乎？为其贤也，则吾未闻欲见贤而召之也。缪公亟见于子思，曰：'古千乘之国以友士，何如？'子思不悦，曰：'古之人有言曰：事之云乎，岂曰友之云乎？'子思之不悦也，岂不曰：'以位，则子君也，我臣也，何敢与君友也？以德，则子事我者也，奚可以与我友？'千乘之君求与之友而不可得也，而况可召与？齐景公田，招虞人以旌，不至，将杀之。志士不忘在沟壑，勇士不忘丧其元。孔子奚取焉？取非其招不往也。"

曰："敢问招虞人何以？"

曰："以皮冠，庶人以旃，士以旂，大夫以旌。以大夫之招招虞人，虞人死不敢往。以士之招招庶人，庶人岂敢往哉？况乎以不贤人之招招贤人乎？欲见贤人而不以其道，犹欲其入而闭之门也。夫义，路也；礼，门也。惟君子能由是路，出入是门也。《诗》云：'周道如底，其直如矢；君子所履，小人所视。'"

万章曰："孔子，君命召，不俟驾而行。然则孔子非与？"

曰："孔子当仕，有官职，而以其官召之也。"

【通释】

此章论君子出入进退之道，亦言为君不召师、不召贤之义也。

传质：传，执也；质，通挚、贽。初相见之礼，士执雉，庶人执鹜。市井之臣、草莽之臣：古有国野之分，国谓都邑，国外曰郊，郊外曰牧，牧外曰野。国中之民会于市，谓之市井之臣；居野之人，谓之草莽之臣或草茅之臣。

孟子答万章问不见诸侯之义，谓庶人不执质为臣者，礼不见诸侯。然庶人有服役之责，故招之役则往，招之见则不往。

下文复论天子不召师与为君尊贤之义。《礼记·曲礼》："礼闻来学，不闻往教。"国君有隆师尊贤之义，而无召师召贤之礼。如国君因其博闻贤德而欲见，更无招之使来之理也。下文举鲁穆公多次往见子思之事以明此义。"缪公亟见于子思，曰：'古千乘之国以友士，何如？'子思不悦，曰：'古之人有言曰：事之云乎，岂曰友之云乎？'子思之不悦也，岂不曰：'以位，则子君也，我臣也，何敢与君友也？以德，则子事我者也，奚可以与我友？'"亟，屡次；见于子思，往见子思也。鲁穆公欲友子思，子思不悦。按孟子的解释，子思之意，实以德和道义自任，而以"德"高于"位"也。故为君之召贤者，既无此礼，亦不合理。孟子谓"天子不召师"，"将大有为之君，必有所不召之臣"〔《公孙丑下》"孟子将朝王章"（4.2）〕，讲的就是这个意思。

不仅为君不召师不召贤，虽小吏庶民，非其招亦不往也。齐景公招虞人事，亦见于《滕文公下》"陈代曰不见诸侯章"（6.1），可参照。"志士不忘在沟壑，勇士不忘丧其元。"志士坚守道义，勇士见义勇为，虽丧失生命，弃尸荒野亦无憾。孔子之称道虞人者，以其"非其招不往"，视持守礼所规定之职责更重于生命也。虞人尚且如此，况士君子乎！君子之所以为君子者，即在于坚守礼义之道为其行为之内在原则而不须臾离也。下文复引《诗经·小雅·大东》诗句以阐发此义。周行：大道。底：《大东》作"砥"，即磨刀石。

"孔子，君命召，不俟驾而行。然则孔子非与？"《论语·乡党》："君命召，不俟驾行矣。"孔子时为大夫，国君乃以其所任官职身份召之也。

10.8 一乡之善士章

孟子谓万章曰："一乡之善士，斯友一乡之善士。一国之善士，斯友一国之善士。天下之善士，斯友天下之善士。以友天下之善士为未足，又尚论古之人。颂其诗，读其书，不知其人，可乎？是以论其世也。是尚友也。"

【通释】

此章论论世知人，尚友古人之义也。

此所谓一乡之善士、一国之善士、天下之善士，其善虽有广狭，然并不局限于此也。观天下之善士，更将论世而知人，以达古今之贯通，可知此所论实一调适上遂、下学上达之序列也，非列一固定平列之层级也。人之德性知能，初必有所限定，故须推扩展开以推至其极，乃能获致其最终的实现。此推扩与展开，既有量上之扩充，亦有普遍化之意义。故其推扩展开，一方面有同时性的意义，又有历史性的展开。是以友至一乡、一国、天下，皆有所不足，乃须进一步上达于古圣贤，人之心量，乃有达于其极致之展开。

而此达于古圣贤，非仅诵其诗，读其书而已，而且要进一步论其世，了解经典所产生的那个时代，乃能知其义而通其心也。圣人"闻而知之"，乃苦心孤诣，对越上帝；而其落实，则有制度文为之设。故吾人必经此制度文为而又超越之，乃能心通古圣而上达于天。此亦尽心知性知天之一途径也。

10.9 齐宣王问卿章

齐宣王问卿。孟子曰："王何卿之问也？"

王曰："卿不同乎？"

曰："不同。有贵戚之卿，有异姓之卿。"

王曰："请问贵戚之卿。"

曰："君有大过则谏，反覆之而不听，则易位。"王勃然变乎色。曰："王勿异也。王问臣，臣不敢不以正对。"王色定，然后请问异姓之卿。曰："君有过则谏，反覆之而不听，则去。"

【通释】

此章论大臣之职责也。

此章言卿有贵戚之卿与异姓之卿之区分。贵戚之卿，为内外亲族之所任，故有宗社之责也。是君有大过，反复谏之而不改，得举宗室之贤者而改立之也。异姓之卿，乃以贤而任者也。有过谏之反复而不听，可以辞而去之也。孟子之言，亦以此警示宣王，宣王闻之勃然变乎色，亦见其警示之效也。

卷十一　告子通释上

（共 20 章）

11.1　性犹杞柳章

告子曰："性犹杞柳也，义犹桮棬也。以人性为仁义，犹以杞柳为桮棬。"

孟子曰："子能顺杞柳之性而以为桮棬乎？将戕贼杞柳而后以为桮棬也？如将戕贼杞柳而以为桮棬，则亦将戕贼人以为仁义与？率天下之人而祸仁义者，必子之言夫！"

【通释】

《告子上》篇，集中讨论"性"的问题。而在本篇所记载的孟子与告子关于"性"的几番辩论中，则集中地讨论了"性"的涵义问题。《告子上》篇前四章记载了孟子与告子关于"性"的辩论。第五章则是孟子通过公都子间接对"仁内义外"说的反驳，可看作是对第四章辩论的一个补充。

第一章和第二章辩论的问题是：人性中究竟包不包涵"善"即"仁义"的规定，或者说，善或仁义是与人性无关而由外加于人者，还是循人性而有者。

"性犹杞柳也，义犹桮棬也。以人性为仁义，犹以杞柳为桮棬。"告子以杞柳为喻，以证明其仁义非人性所本有之说。告子的论辩逻辑是，杞柳是材料，桮棬则是由杞柳做成的器物。杞柳与桮棬完全是两回事。杞柳没有形成桮棬的内在规定。桮棬之成，由于人力。同样，性亦无“义”的规定，仁义之成，亦由于外力。告子似属墨家〔参《公孙丑下》“知言养气章”（3.2）“通释”〕，其人性论，可以看作是一种人性“白板论”。

“子能顺杞柳之性而以为桮棬乎？将戕贼杞柳而后以为桮棬也？如将戕贼杞柳而以为桮棬，则亦将戕贼人以为仁义与！率天下之人而祸仁义者，必子之言夫！”孟子亦以告子所举桮棬与杞柳的关系为喻，来说明人性与仁义之关系，然其结论却与告子正相反对。在孟子看来，性并非无规定的抽象才质或与料。杞柳之为桮棬，是一种创造；仁义亦表现为人性的完成。然此创造和完成，并非任意，其根据乃在于杞柳和人的本性。如果认为外力可以对人性加以任意塑造，那么，任何邪恶的东西都可以是合理的了。因此，孟子认为，告子的人性“白板论”，是一种十分有害的理论，将导致“祸仁义”的结果。

11.2　性犹湍水章

告子曰：“性犹湍水也，决诸东方则东流，决诸西方则西流。人性之无分于善不善也，犹水之无分于东西也。”

孟子曰：“水信无分于东西，无分于上下乎？人性之善也，犹水之就下也。人无有不善，水无有不下。今夫水，搏而跃之，可使过颡；激而行之，可使在山。是岂水之性哉？其势则然也。人之可使为不善，其性亦犹是也。”

【通释】

此章仍用借喻的类比法来讨论人性善恶的问题。

“性犹湍水也，决诸东方则东流，决诸西方则西流。人性之无分于善不善也，犹水之无分于东西也。”依照告子的观念，人性是一块无任何规定的“白板”，它就像水之“无分于东西”一样，是无善无恶的。善恶完全是后天或外力作用的结果。

孟子亦借水为喻来说明人性，但其解释，则与告子完全不同。按照孟子的解释，水流必然向下，人性本然向善，皆有其固有的规定。外力（势）可引水上山，环境可使人为不善，然水和人的本性并未因此而改变。在此，孟子亦解释了恶的起源。人的本性是善，恶则是人在后天的环境中“放失”其“本心”的结果。

11.3 生之谓性章

告子曰：“生之谓性。”

孟子曰：“生之谓性也，犹白之谓白与？”

曰：“然。”

“白羽之白也，犹白雪之白；白雪之白，犹白玉之白与？”

曰：“然。”

“然则犬之性犹牛之性，牛之性犹人之性与？”

【通释】

“性犹杞柳章”（11.1）和“性犹湍水章”（11.2），是用借喻和类比的形式来讨论人性中有否仁义或善性之规定的问题。“生之谓性章”（11.3）和“食色性也章”（11.4）孟子与告子的论辩，则主要是从内容上对上述各自的观点进行论证，对对方提出反驳。在这里，双方争论的焦点，并不在于自然生命之情欲本能是否属于“性”的问题，而在于人的自然生命之情欲本能本身是否内在地包涵和先天地具有普遍性道德规定的问题。“孟季子问公都子章”（11.5），是对“食色性也章”（11.4）有关“仁内义外”讨论的一个延伸，故下面把“生之谓性章”（11.3）、

“食色性也章”（11.4）和“孟季子问公都子章”（11.5）放在一起来讨论。

11.4　食色性也章

告子曰：“食色，性也。仁，内也，非外也；义，外也，非内也。”

孟子曰：“何以谓仁内义外也？”

曰：“彼长而我长之，非有长于我也；犹彼白而我白之，从其白于外也，故谓之外也。”

曰：“异于[①]白马之白也，无以异于白人之白也；不识长马之长也，无以异于长人之长与？且谓长者义乎？长之者义乎？”

曰：“吾弟则爱之，秦人之弟则不爱也，是以我为悦者也，故谓之内。长楚人之长，亦长吾之长，是以长为悦者也，故谓之外也。”

曰：“耆秦人之炙，无以异于耆吾炙，夫物则亦有然者也，然则耆炙亦有外与？”

11.5　孟季子问公都子章

孟季子问公都子曰：“何以谓义内也？”

曰：“行吾敬，故谓之内也。”

“乡人长于伯兄一岁，则谁敬？”

---

① 朱子《集注》引张氏曰：“上‘异于’二字疑衍。”此说是也。

曰："敬兄。"

"酌则谁先？"

曰："先酌乡人。"

"所敬在此，所长在彼，果在外，非由内也。"

公都子不能答，以告孟子。

孟子曰："敬叔父乎？敬弟乎？彼将曰：'敬叔父。'曰：'弟为尸，则谁敬？'彼将曰：'敬弟。'子曰：'恶在其敬叔父也？'彼将曰：'在位故也。'子亦曰：'在位故也。庸敬在兄，斯须之敬在乡人。'"

季子闻之，曰："敬叔父则敬，敬弟则敬，果在外，非由内也。"

公都子曰："冬日则饮汤，夏日则饮水，然则饮食亦在外也？"

【通释】

先来看"食色性也章"（11.4）和"孟季子问公都子章"（11.5）两章关于"仁内义外"的辩论。

"告子曰：'食色，性也。仁，内也，非外也；义，外也，非内也。'"告子这两句话，包涵了两个命题："食色性也"；"仁内义外"。而孟子与告子的辩论，却只谈"仁内义外"，并未直接涉及"食色性也"的问题，论者对"食色性也"与"仁内义外"二命题之间的联系，亦甚少关注。故须先对此点做一些讨论。

关于"食色性也"与"仁内义外"的关系，历来注解似未能讲得很清楚。朱子判"食色性也"与"仁内义外"为二事，认为二者互不相干。《语类》卷五十九："告子谓仁爱之心自我而出，故谓之内；食色之可甘可悦，由彼有此，而后甘之悦之，故谓之外。又云：上面'食色性也'自是一截，下面'仁内义外'自是一截，故孟子辨告子，只谓'何以谓仁内义外也'。"《集注》："告子以人之知觉运动者为性，故言人之甘食悦色者即其性。故仁爱之心生于内，而事物之宜由乎外。”按朱子的解释，孟子与告子的辩论，根本未涉及“食色性也”的问题。但是，“食色性也章”（11.4）是先言“食色性也”，继而才提出“仁内义外”这一命题的。因此，孟子以“仁内义外”的问题与告子进行辩论，如完全不理会、不涉及“食色性也”，是令人费解的。朱子说“食色性也”意为“甘食悦色者即其性”，是对的；但说“食色性也”和“仁内义外”是互不相关的“两截”，则不妥。对这个“食色性也”，孟子并不否认。《尽心上》（“形色天性也章”13.38）：“形色天性也，唯圣人然后可以践形。”“践”者实现义。孟子肯定“形色”（包括人的耳目鼻口四肢之欲等）是人的“天性”；但同时又强调，只有修养达到“圣人”的境界，这“形色”作为人的“天性”所本有的意义和价值才能得到完全的实现。这就肯定了本篇首章（“性犹杞柳章”）孟子所强调的仁义内在于人性的观念。但这里则表示出，这个“内在”，就是内在于人的“形色”实存。这样看来，“食色性也”，乃是孟子和告子所共许的一个命题，也是他们下面讨论“仁内义外”问题的一个前提。而本篇第四、五章对“仁内义外”的讨论，已经包涵了“食色性也”亦即“甘食悦色”的问题在内。因为围绕“仁内义外”这一命题，孟子和告子所辩论的，正是这个“甘食悦色”的“内”中是否具有“义”的普遍性规定的问题。可见，告子“仁内义外”这一命题的实质内容，就是“食色性也”的问题。孟子仅就“仁内义外”这一命题与告子辩论，是因为“仁内义外”本已包括“食色性也”的问题在内了。

下面讨论“仁义”内外的问题。

首先应注意的是，告子所言“仁内义外”的“仁”，并非指普遍道德原则意义上的“仁”。依《告子上》首章，告子持仁义皆在性外之说，此处何以又讲“仁内义外”？细绎“食色性也章”（11.4）的论辩可知，这里的“仁内”之“仁”，与本篇首章所论仁义皆在性外之“仁”，其涵义并不相同。首章所言“仁”，与“义”一样，都是指普遍的道德原则而言。而在这里，告子主张“仁内义外”说，这个“仁”字，则仅仅是指一种自然的爱悦之情，而其所谓“义”，则是具有客观意义的普遍原则。所谓“吾弟则爱之，秦人之弟则不爱也，是以我为悦者也，故谓之内”，说的也是这个意思。“生之谓性章”（11.3）所谓“生之谓性”之内容，即“食色性也”。以人天生之自然生命及其依于形体之情欲本能为性，故其所谓性“内”之“仁”，乃就“食色之性”为内容的爱悦之情而言的。此处之“悦”“爱”，即“仁内义外”这一命题之所谓“仁”之内涵。义者，宜也。义作为“宜”的客观普遍性道德伦理内涵，则不包含于此爱悦的主观性中，故谓之“外”。按照告子的观点，人的爱悦情感主观而内在，道德的原则（“义”）却是客观而外在，二者并无实质性的联系。告子“人性无分于善不善”或“性无善无不善”的判断，即据此而有。所以，孟子对告子的批驳，实质上是人的情感生活中是否内在地、先天地具有普遍的道德原则的问题，而非仁、义何者在“内”的问题。

孟子对告子“仁内义外说”的批驳，逻辑其实很简单，也很清楚。

告子论证“仁内义外”，其根据是，“彼长而我长之，非有长于我也；犹彼白而我白之，从其白于外也，故谓之外也。”在告子看来，人的爱悦之情（即告子所谓“仁”），是私人性、主观性、内在性的。如我爱吾之弟而不爱秦人之弟，这与耆炙饮食之类食色之爱悦相同。“义”与“白”一样，皆属与人的情感生活无关的事实之认定，为人所共同认可，所以是客观而普遍的。这样，告子就将爱悦之自然本能看作纯粹的主观性内容而与客观普遍性之道德规定相分割对峙，进而认为，在人的情欲、爱悦本能中，不包含“义”的普遍性规定，因而性无善恶、仁义外在于人性。

“白马之白也，无以异于白人之白也；不识长马之长也，无以异于长人之长与？且谓长者义乎？长之者义乎？”在告子看来，肯定一物是否为白物，与义与不义的判断一样，其标准客观而外在，故谓之“义外”。普遍客观性的道德规定，是落在人的主观“爱悦”情感之外的。孟子的这个论辩，则凸显了人的道德判断、道德意识与事实判断之根本的区别性。此言长幼之差别，固然与一个有关事实的判断相关，但“义”的内涵，却并不在“长”，而在人的“敬长”之情（“长之者义”）。吾人肯定一物为白物，是一个事实的判断，它与主体的内在情感无关。而“义”的普遍性和客观性，却不仅是一个事实的问题，而是一个有关事实的内在价值规定和判断的问题，它与人的内在情感和行为是密切相关的。吾人“长人”，会因其为“长者”而“长之”；却不可能由“长马”（认定一匹马年长）而“长之”。“义”的意义，就在于这个“长之”，即“敬长”之心、“敬长”之情，这是一个关乎道德价值的判断。从这个意义上说，“义”在“内”而不在“外”。“义”既为普遍客观之“宜”，同时又发端于人的内在的情感生活（“敬”“以长为悦”）。

那么，我们就有理由认为，普遍的道德原则乃内在于人的情感生活，因而为人所本有、所固有。

下面讨论“生之谓性章”（11.3）。

此章的关键，是提出“人禽之辨”即人作为“类”的本性问题，或者说，是从“类”性的角度来理解人性的内涵。

“告子曰：‘生之谓性。’孟子曰：‘生之谓性也，犹白之谓白与?’曰：‘然。’‘白羽之白也，犹白雪之白；白雪之白，犹白玉之白与?’曰：‘然。’‘然则犬之性犹牛之性，牛之性犹人之性与?’”本章所争论的问题，与“仁内义外”的辩论有相同之处。不过，本章争论的焦点，却主要集中于“人禽之辨”的问题。告子所谓“生之谓性”，其内容实即“食色性也”；而人的道德规定，乃外加于人者。问题在于，在这个“食色之性”即自然生命本能上，怎样来理解人之所以为人的特殊性。

孟子首先指出了“白”与“性”两个概念的区别性。吾人言“白”，所关注者，乃对象的抽象共同性。在这个意义上，白羽、白雪、白玉之“白”并无不同。但“性”这一概念所标示的，却是一类物在其整体存在上所显现出来的根本特性。“犬之性”“牛之性”与“人之性”，在“类”性的意义上，有着根本的区别。故吾人之言“性”，乃与言“白”不同。人性这一概念所意谓的，是人与动物相区别的、标示人之所以为人的根本特性。

不过要特别注意的是，本章言“性”，与“食色性也章”（11.4）“仁内义外”之辩一样，都是落在“食色之性”上来论人性。就是说，人之作为人，在其实存性上，亦表现出其异于动物的独特性。或谓孟子的人性论，是讲人与动物有相同的生物本性，而人的本质特性却在于其道德性。这种看法似是而非。说人之本质特性在于其道德性，这固然不错。但是，依照孟子的人性观念，这种道德性，并非由人的实存之外内铄而来的抽象的共同性。人之实存即其情态性的存在。如果说人有一种与禽兽相同的生物本能，那就等于说，道德的规定不属于人之实存样态而必须由外面引入。认人之生物本性与禽兽同，乃告子的人性白板说，而非孟子的人性观念。《告子上》的几番辩论，所要排除的，正是这种外在关系论的观念。孟子与告子从同一前提（人性之内容即人的自然实存性）出发，指出：人异于禽兽之特性作为“类”性，恰恰通体显现在人之实存性。人之作为人，并不存在告子所说的那种抽象的生物本性，人之实存性本身，亦表现出它异于动物的独特性。

11.6 告子曰性无善无不善章

公都子曰："告子曰：'性无善无不善也。'或曰：'性可以为善，可以为不善。是故文武兴，则民好善；幽厉兴，则民好暴。'或曰：'有性善，有性不善。是故以尧为君，而有象；以瞽瞍为父，而有舜；以纣为兄之子，且以为君，而有微子启、王子比干。'今曰'性善'，然则彼皆非与？"

孟子曰："乃若其情，则可以为善矣，乃所谓善也。若夫为不善，非才之罪也。恻隐之心，人皆有之；羞恶之心，人皆有之；恭敬之心，人皆有之；是非之心，人皆有之。恻隐之心，仁也；羞恶之心，义也；恭敬之心，礼也；是非之心，智也。仁义礼智，非由外铄我也，我固有之也，弗思耳矣。故曰：'求则得之，舍则失之。'或相倍蓰而无算者，不能尽其才者也。《诗》曰：'天生蒸民，有物有则。民之秉夷，好是懿德。'孔子曰：'为此诗者，其知道乎！'故有物必有则，民之秉夷也，故好是懿德。"

【通释】

本篇前五章，乃就告子提出的人性论问题展开逻辑的论辩。以下三章，则主要围绕"才"这一概念，落实于心性（包括情、气）的论域以呈显人性的具体内容。以下三章（11.6、11.7、11.8），可合称为孟子"论才三章"。

此章要义，是从人的情感实存性上证显人性本善之义。

公都子据当时三种人性论质诸孟子。一曰“性无善无不善”，此告子之说也。此说已如本篇第一、二章所述，言性中无善无恶，是一种人性白板论。二曰“性可以为善，可以为不善”，是将善恶之来源，归结于环境和后天之习性。三曰“有性善，有性不善”，是以人之禀赋差异言性。公都子由此而提出问题：“今曰‘性善’，然则彼皆非与?”

可见，孟子言性善，是有针对性的。《尽心上》讲“尽心知性以知天”，可知孟子论性，乃从心上说。而其论心，实以情言之。所以，孟子论“性”，实只是即情显性，由“情”显性善之义。

孟子言性善，其重要的依据即“四端”说。四端说，乃是要在人的内心情感生活的当下显现中指点出性善的根据。人心的活动表现为情，而情是人心可以直接予以实证的东西。所以，孟子言性善之义，乃主要由“情”来作说明。《孟子》书有两处讲到“四端”，除本章外，又见《公孙丑上》“人皆有不忍人之心章”（3.6）。《公孙丑上》论四端，其角度主要是凸显不忍恻隐之情表现的先天自然的意义。本章所论，则着重就“情”这一实存情态来凸显性善的内涵。

“乃若其情”之“情”，可有二义，一作实解，一作情感之“情”解。有人认为应作“实”解，不应作性情义解。① 其实，解一字义，首应从上下文联系来看。下文恻隐、羞恶、恭敬、是非四者统括于恻隐之心，乃指情感之“情”而言，是知此“情”字即指情感之情。

情是心的内容或其现行、表现，“心”乃统括言之。“恻隐之心”“羞恶之心”“恭敬之心”“是非之心”，有人称作“四心”，不妥。四者只是一心，或一心之四种情态性的表现。按孟子称作“四端”，最为确切。端，赵岐注：“端者，首也。”朱子《集注》：“端者，绪也。”“首”由其始发言，“绪”就其外显言。总之，皆是就情的显现以言心，由情之显发包含道德之普遍性规定而显性善之义。

四端、四德，其中包含有恻隐同情之“仁”，敬长尊贤之“义”，等差区别之“礼”，是非判断之“智”。然四者非各有本原，礼、义非单纯区分之规定，“智”亦非单纯认知之知解作用。四者统归于一心，而以恻隐之仁统括四者而为一生命贯通之整体。此点前面《公孙丑上》“人皆有不忍人之心章”（3.6）“通释”已言之，可以参考。

“乃若其情，则可以为善矣，乃所谓善也。若夫为不善，非才之罪

---

① 参阅杨泽波《孟子性善论研究》，中国社会科学出版社 1995 年版，第 31 页。

也。”我们要注意孟子这里所说的“才”这个概念。孟子提出人性善之说，乃以这个“才”的概念为据。“才”即先天的才具。在这段话里，孟子把性善所凭依之才具，落实到“情”上来说。这个“情”，就是恻隐、羞恶、恭敬、是非四端之情。有人把孟子的性善论理解为一种“向善论”。从孟子“才”这个观念可以看出，此所谓“性善”，不仅是一种向善的可能，而且具有先天的内容。四端具有本然的道德性指向，这一点没有问题。但这个指向，乃表现为一种实有或存有义的活动，具有直接发行实践的内在力量，而不仅仅是一种认知意义的方向性。孟子称之为“才”，用语是很准确的。当然，这从“情”上所言的“才”，乃以实存性的“气”为其基础。这一点，本篇“牛山之木章”有详细的论述，可以相互结合来理解。

正因为仁义礼智植根于吾人先天之才具，孟子乃能笃定地说：“仁义礼智，非由外铄我也，我固有之也，弗思耳矣。”天之生民，有其物之实存，必有其内在的法则与之俱在。故此仁义礼智，乃天之所与我者，而内在具于人心及其实存，反思即可得之。

11.7　富岁子弟多赖章

孟子曰：“富岁子弟多赖，凶岁子弟多暴，非天之降才尔殊也，其所以陷溺其心者然也。今夫麰麦，播种而耰之，其地同，树之时又同，浡然而生，至于日至之时，皆熟矣。虽有不同，则地有肥硗，雨露之养、人事之不齐也。故凡同类者，举相似也，何独至于人而疑之？圣人，与我同类者。故龙子曰：‘不知足而为屦，我知其不为蒉也。’屦之相似，天下之足同也。口之于味，有同耆也，易牙先得我口之所耆者也。如使口之于味也，其性与人殊，若犬马之与我不同类也，则天下何耆皆从易牙之于味也？至于味，天下期于易牙，是天下之口相似也。惟耳亦然。至于声，天下期于师旷，是天下之耳相似也。惟目亦然。至于子都，天下莫不知其姣也。不知子都之姣者，无目者也。故曰：口之于味也，有同耆焉；耳之于声也，有同听焉；目之于色也，有同美焉。至于心，独无所同然乎？心之所同然者何也？谓理也、义也。圣人先得我心之所同然耳。故理义之悦我心，犹刍豢之悦我口。"

【通释】

此章乃从"同类相似"这一类性的角度来论述人性本善之义。"生之谓性章"（11.3）讲人性，谓人之性不同于犬之性和牛之性，强调"性"所意谓的是人与动物相区别的、标示人之所以为人的根本特性。这是从类性上理解人性。本章特别申明此义。

"富岁子弟多赖，凶岁子弟多暴。"解释有不同。朱子《集注》："富岁，丰年也。赖，藉也。丰年衣食饶足，故有所赖藉，而为善。凶年衣食不足，故有以陷溺其心而为暴。"

在现实中，人会有不同的行为表现。如富岁弟子多赖，而凶岁则多暴，此非天之降才有殊异，或人之本性有差别，而是人受外在环境之左右而陷溺了其本心所致。吾人种瓜必得瓜，种豆必得豆。由此可知，"凡同类者，举相似也"。人的存在亦不能例外。"圣人与我同类"，其性亦必与我相似而无大异。

而凡同类者，其所"期"亦必相同。这个所"期"，可以理解为人、物之类性所规定的其所当趋赴之目标，或曰其"目的性"。吾人织屦，必不至于编成篑，因为天下人之足同。同样，吾人之口于味有同嗜，故同期于易牙；耳于声有同听，故同期于师旷；目于色有同美，故皆能欣赏子都之美娇。人之类性同，其心亦有所同然，此吾人之同期于圣人者也。

"心之所同然者何也？谓理也、义也。圣人先得我心之所同然耳。故理义之悦我心，犹刍豢之悦我口。"然，即是。"同然"，即共同的肯定。人心所共同肯定者，即是"理、义"。人不同于动物，是一个类。标志这个"类"的独特本质的，就是人心所共同肯定的"理、义"。孟子说："人之所异于禽兽者几希，庶民去之，君子存之。"〔《离娄下》"人之所以异于禽兽者章"（8.19）〕。"理、义"正标志着人与动物的本质差别。

天下人之口相似，故于味则"期"于易牙。天下人有相似之类性，故于人性之理，则有"期"于圣人。是圣人乃人所当趋赴之目标，标识人之为人的"目的性"所在。不过，这个目的，乃是自身目的。因为，吾人之所相期于圣人者，只是圣人"先得我心之同然耳"。这个"然"，乃属于我自己。所以，孟子讲人"同类相似"，既以理义为"我心之同然"，又说"理义之悦我心，犹刍豢之悦我口"。"心之同然"，是理性上的判断和抉择，"理义之悦我心"，则为情感上的实有。孟子四端之说，亦印证了这一点。孟子讲"仁义礼智根于心，非由外铄我也"，不仅是在理性之自觉上说，更重要的是强调，仁义礼智乃内在于人的情感生活而为人的存在所真实拥有。因此，这种普遍之"类"性，乃是在人之自然实存状态中显现的具体普遍性，而非抽象设定之外在的共同性。

11.8 牛山之木章

孟子曰："牛山之木尝美矣，以其郊于大国也，斧斤伐之，可以为美乎？是其日夜之所息，雨露之所润，非无萌蘖之生焉，牛羊又从而牧之。是以若彼濯濯也。人见其濯濯也，以为未尝有材焉，此岂山之性也哉？虽存乎人者，岂无仁义之心哉？其所以放其良心者，亦犹斧斤之于木也，旦旦而伐之，可以为美乎？其日夜之所息，平旦之气，其好恶与人相近也者几希，则其旦昼之所为，有梏亡之矣。梏之反复，则其夜气不足以存；夜气不足以存，则其违禽兽不远矣。人见其禽兽也，而以为未尝有才焉者，是岂人之情也哉？故苟得其养，无物不长；苟失其养，无物不消。孔子曰：'操则存，舍则亡，出入无时，莫知其乡。’惟心之谓与?”

【通释】

本章论“才”，是要通过性、心、情、气、才之统一关系，来说明人的善性之实存或存在性的基础。

《公孙丑上》之“知言养气章”（3.2）论养浩然之气，是一种德性修养论或工夫论。而浩然之气，并非凭空所生。朱子《集注》释“浩然之气”曰：“本自浩然，失养故馁。唯孟子为善养之以复其初也。”又说：“盖天地之正气，而人得以生者，其体段本如是也。唯其自反而缩，则得其所养；而又无所作为以害之，则其本体不亏而充塞无间矣。程子曰：天人一也，更不分别。浩然之气，乃吾气也。养而无害，则塞乎天地；一为私欲所蔽，则欿然而馁，却甚小也。”程朱认为浩然之气，乃人禀自于天，为先天本有，所谓“养”，其意义只在于去除蒙蔽以“复其初”。按这个解释，浩然之气非凭空所生，而有其先天的根据。这个先天根据，就是本章所讲的“夜气”或“平旦之气”。要把这两章结合起来理解。

“才”，是本章所集中论述的一个重要观念。但孟子所谓“才”，非后儒所言才性气质之才。才性气质，注重在人的方禀赋之区别和个体之差异。魏晋人言才性，重在人的禀赋之异。宋儒引入气质气性的概念，亦要在解决个体差异的问题。小程子说：“性出于天，才出于气，气清则才清，气浊则才浊……才则有善与不善，性则无不善。”（《二程遗书》卷十九）此所谓“才出于气”，有清有浊，即言人之资质的差异性。而孟子所言“才”，虽亦与“气”相关，但其所指，乃是“性”之内在于其中的普遍性的才具或实存性基础，其着眼点在人存在之“通”性而非才质禀赋之异。孟子“论才三章”——“性无善无不善章”（11.6）、“富岁子弟多赖章”（11.7）及本章所讲到的“才”，实皆指德性或善性的实存基础而言。

“虽存乎人者，岂无仁义之心哉！其所以放其良心者，亦犹斧斤之于木也。旦旦而伐之，可以为美乎？其日夜之所息，平旦之气，其好恶与人相近也者几希，则其旦昼之所为，有梏亡之矣。梏之反复，则其夜气不足以存；夜气不足以存，则其违禽兽不远矣。人见其禽兽也，而以为未尝有才焉者，是岂人之情也哉！”从这一段话可以看出，这“才”

是明确落实到“气”上来讲的。而这里所谓“才”，乃是一个标志人的实存之总体的观念。

人的实存本具“仁义之心”。“虽存乎人者，岂无仁义之心哉！其所以放其良心者，亦犹斧斤之于木也。”从这句话可知，这里的“仁义之心”，与“良心”同义。孟子所谓“良心”，包括“良知”与“良能”两方面的意义。良知，是就人之自觉言；良能，是就人之才具言。本章所谓的“才”，即是讲的这个“良心”的才具义。人不仅能够对仁义有知与觉，而且在实存上先天真实地拥有这仁义。孟子正是在这个意义上证成其性善说的。

“其日夜之所息，平旦之气，其好恶与人相近也者几希。”由此可知，“仁义之心”或“良心”乃是以与人“相近”的“好恶”之情的方式，在人的实存上展现出来的。这“相近”，所表现的就是“富岁子弟多赖章”（11.7）所述人之区别于禽兽的那个“类性”。而这个见诸好恶之情的人之“相近”的类性，乃以人的“平旦之气”或“夜气”的存在为其基础。由此，孟子提出了“才”这一概念。这样，“才”这一概念，便可以概括为：以“夜气”或“平旦之气”为基础，在“好恶”之情上显现出其“良心”或“仁义之心”的存在整体。

仁义之心的直接表现是与人“相近”的“好恶”之情。《告子上》“性无善无不善章”（11.6）论“才”，乃从四端言。可知此“与人相近也者几希”的“好恶”之情，指的就是呈显仁义礼智的“四端”之情。不过，“性无善无不善章”（11.6）言“仁义礼智，非由外铄我也，我固有之也，弗思耳矣。故曰：求则得之，舍则失之，或相倍蓰而无算者，不能尽其才者也”；本章则说，“存乎人者，岂无仁义之心哉”，“操则存，舍则亡”。前者讲“思”“得”；后者讲“存”“操存”。“求则得之，舍则失之”，是“思”或反思性的自觉和把握。而“仁义之心”“存乎人”，“操则存，舍则亡”，强调的则是存在上的本具和拥有。本章落实于“气”而言“才”，它与“性无善无不善章”（11.6）的角度有所差别。

所谓“平旦之气”和“夜气”，就其为“日夜之所息”而言，可称作“夜气”；就其平旦显现之清明而言，又可称作“平旦之气”，其实只是一个“气”。不过，我们不能把这个“夜气”或“平旦之气”理解为一个特殊的称谓。孟子论人性，强调人的德性具有一个普遍的“才”或实存基础。本章更将人的仁义之心、良心、好恶之情的本然指向，统统落实到“夜气”或“平旦之气”这个基础，以言人的性善之先天才具。这个基础，决不能是一个特殊的东西。其实本章讲得很明白：“其旦昼之所为，有梏亡之矣。梏之反复，则其夜气不足以存；夜气不足以存，则其违禽兽不远矣。人见其禽兽也，而以为未尝有才焉者，是岂人之情也哉！”此处“情”训实，为真实、本真义。可见，人的旦昼所为梏亡“夜气”，乃由乎人之思虑计度，和外物之诱，非其本然。而这个“夜气”或“平旦之气”所表现者，正是人的实存或“气”之本真、本然。

“夜气不足以存”，朱子《集注》：“昼之所为，既有以害其夜之所息；夜之所息，又不能胜其昼之所为，是以展转相害。至于夜气之生，日以寖薄，而不足以存其仁义之良心，则平旦之气亦不能清，而所好恶遂与人远矣。”所谓“存”，即“存其仁义之良心”。“性无善无不善章”（11.6）论“才”，讲“求则得之”；本章论“才”，则讲“操则存”。“求则得之”是就反思而言；“操则存”，则是就存在拥有而言。当然，“操则存”的拥有，已包含“求则得”的反思在内。本章的“操则存”，是更全面的论述。可见，“虽存乎人者，岂无仁义之心哉”，这个“仁义之心”的“存乎人”，正是在存在或人的“气”之本然意义上的真实拥有，而非单纯的认知或觉知。由此，孟子乃在“才”或人的存在（“气”）本然拥有“仁义之心”或“良心”的角度证成了其人性的本善义。

孟子落实到“气”的本然存在言人性之实现，因而，须由“养”的工夫来呈现仁义或理义的本体。“故苟得其养，无物不长；苟失其养，无物不消。孔子曰：‘操则存，舍则亡，出入无时，莫知其乡。’惟心之谓与？”这就是说，心对仁义或理义的“操存”和拥有，正要经由“养长”而实现之。

11.9　无或乎王之不智章

孟子曰：“无或乎王之不智也。虽有天下易生之物也，一日暴之，十日寒之，未有能生者也，吾见亦罕矣。吾退而寒之者至矣，吾如有萌焉何哉？今夫弈之为数，小数也，不专心致志，则不得也。弈秋，通国之善弈者也。使弈秋诲二人弈，其一人专心致志，惟弈秋之为听；一人虽听之，一心以为有鸿鹄将至，思援弓缴而射之，虽与之俱学，弗若之矣。为是其智弗若与？曰：非然也。”

【通释】

此章谓事无大小，罕有不专心致志而有能成功者也。

王：赵岐注：“王，齐王也。”缴：朱子《集注》：“缴，音灼……以绳系矢而射也。”

孟子谓齐王之不智，在其不能专心一意于王政之说也。此犹生物，虽易生之物，一暴十寒，亦未能生也。孟子又举学弈之事以明此义。

此章有一阅读理解上的问题。

“虽有天下易生之物也，一日暴之，十日寒之，未有能生者也，吾见亦罕矣。吾退而寒之者至矣，吾如有萌焉何哉？”“吾见亦罕矣”句，旧注多解作孟子谓己少见齐王。如赵岐注：“我亦希见于王，既见而退，寒之者至。谓左右佞谄顺意者多，譬诸万物，何由得有萌牙生也。”以后注家多从此说。如朱子《集注》：“我见王之时少，犹一日暴之也；我退，则谄谀杂进之日多，是十日寒之也。虽有萌蘖之生，我亦安能如之何哉？”按此章上下文意，此解似不妥。按下文学弈之例，此言“一暴十寒”，意在批评学者之不能专心致志于学，而非批评为师之不能教。观《孟子》书所述，孟子于齐王，有循循然之劝诱，有正颜厉色之批评。孟子去齐，曰：“予三宿而出昼，于予心犹以为速，王庶几改之”，“王庶几改之，予日望之”。可谓仁至而义尽。同时，以孟子德高于位、舍我其谁之自期，望其在齐王面前有这种自我批评，亦属难以想象之事。故孟子“一暴十寒”之说，应是批评齐王之不学，而非自我批评己之不教者也。

知此，则“吾见亦罕矣”，当接“虽有天下易生之物也，一日暴之，十日寒之，未有能生者也”句连读，意谓“一暴十寒”而尚有物能生者，“吾亦罕见之也”，是对上句一暴十寒无物能生之理的强调。下句“吾退而寒之者至矣”之“吾”字，犹言“吾人”或“我们”，并非指孟子自己而言，是委婉地指出“王”“退而寒之”，吾将奈何！这样理解，在上下文意之贯通，与史实及孟子之性格相符诸方面，都觉得更合理一些。

11.10　鱼我所欲也章

孟子曰：“鱼我所欲也，熊掌亦我所欲也。二者不可得兼，舍鱼而取熊掌者也。生亦我所欲也，义亦我所欲也。二者不可得兼，舍生而取义者也。生亦我所欲，所欲有甚于生者，故不为苟得也。死亦我所恶，所恶有甚于死者，故患有所不辟也。如使人之所欲莫甚于生，则凡可以得生者，何不用也？使人之所恶，莫甚于死者，则凡可以辟患者，何不为也？由是则生而有不用也，由是则可以辟患而有不为也，是故所欲有甚于生者，所恶有甚于死者。非独贤者有是心也，人皆有之，贤者能勿丧耳。一箪食，一豆羹，得之则生，弗得则死，嘑尔而与之，行道之人弗受；蹴尔而与之，乞人不屑也。万钟则不辨礼义而受之。万钟于我何加焉？为宫室之美、妻妾之奉、所识穷乏者得我与？乡为身死而不受，今为宫室之美为之；乡为身死而不受，今为妻妾之奉为之；乡为身死而不受，今为所识穷乏者得我而为之，是亦不可以已乎？此之谓失其本心。”

【通释】

本章从道德抉择的角度说明人皆有本心善性。

鱼与熊掌皆我之所欲，二者不可兼得，吾将舍鱼而取熊掌者也。由此可见，人皆有选择的能力。而此选择，必将选择于我而言价值更高者也。

人莫不欲生而恶死。然而，人却可在生与义不可兼得时，舍生而取义。这表明，对人来讲，人之所欲，有甚于生者；人之所恶，有甚于死者。这个舍生取义，行不为苟得，患有所不避之心，人皆有之。

康德讲人有自由意志，使人能够打破自然律的链条。自然物受制于因果律而不能超越，人却能够打破因果律，自己决定其行为而不受外力的制约。“一箪食，一豆羹，得之则生，弗得则死，嘑尔而与之，行道之人弗受；蹴尔而与之，乞人不屑也。”就表明了这种自由意志的存在。饿了必须吃，渴了必须喝，这是自然律。狗所遵从的就是自然律。你抽它一鞭，踢它一脚，它吠几声跑了；但只要给它食物，饿了它还会来吃。人却不同。人宁肯饿死，而不屑食嗟来之食，即便是一个乞丐，也有他的尊严。人可以打破这种自然律的界限，具有自由决断和自我决定其行为之权能。这是人唯一可以不靠外在力量而自身所具备的一项天赋，是人的自由意志的表现。

这表明，人本具有本心与善性，人在现实中之有苟且或不善之行，乃其本心之遮蔽所致。

11.11　仁人心也章

孟子曰：“仁，人心也；义，人路也。舍其路而弗由，放其心而不知求，哀哉！人有鸡犬放，则知求之，有放心而不知求。学问之道无他，求其放心而已矣。”

【通释】

此章以“求放心”规定“为学之道”之内容和价值实现之方式。

“仁，人心也；义，人路也。”朱子《集注》：“仁者，心之德，程子所谓心如谷种，仁则其生之性是也。然但谓之仁，则人不知其切于己，故反而名之曰人心，则可以见其为此身酬酢万变之主，而不可须臾失矣。义者，行事之宜，谓之人路，则可以见其为出入往来必由之道，而不可须臾舍矣。”此解甚好，可从。

在孟子看来，性善不仅是一种向善的可能性，而且有其先天的内容。所以，其言为学之道，简易直截，就是反躬内求，就是“求放心”；由此挺立良知本心，以知性知天而达天德，便成为其德性养成和价值实现之基本的方式和途径。

11.12　今有无名之指章

孟子曰：“今有无名之指，屈而不信，非疾痛害事也，如有能信之者，则不远秦楚之路，为指之不若人也。指不若人，则知恶之；心不若人，则不知恶，此之谓不知类也。”

【通释】

言人当知反思其心。

思孟贵心，有大体与小体之分。其以感官形体为小体，而以心为大体。耳目之官不思，故易受制于外物，而不能自作主宰。心之所贵，在其不仅有对理义之“同然”，且对理义有所“同悦”。故为学之要，在于先立乎其大体。大体立于中，而小者不能夺，乃能有大人君子人格之成就。以下数章，皆言此义。

11.13　拱把之桐梓章

孟子曰：“拱把之桐梓，人苟欲生之，皆知所以养之者。至于身，而不知所以养之者，岂爱身不若桐梓哉？弗思甚也。”

【通释】

此章言人皆爱其身；爱其身，首当思以养之。养其身者，非口腹衣食之养也，即下一章所谓“养其大者为大人”者也。

11.14 人之于身也章

孟子曰：“人之于身也，兼所爱。兼所爱，则兼所养也。无尺寸之肤不爱焉，则无尺寸之肤不养也。所以考其善不善者，岂有他哉？于己取之而已矣。体有贵贱，有小大。无以小害大，无以贱害贵。养其小者为小人，养其大者为大人。今有场师，舍其梧槚，养其樲棘，则为贱场师焉。养其一指而失其肩背，而不知也，则为狼疾人也。饮食之人，则人贱之矣，为其养小以失大也。饮食之人无有失也，则口腹岂适为尺寸之肤哉？”

【通释】

此章言体有大小，养其大者为要。

狼疾人：赵岐注：“谓医养人疾，治其一指，而不知其肩背之有疾，以至于害之。此为狼藉乱不知治疾之人也。”朱子《集注》：“狼善顾，疾则不能，故以为失肩背之喻。”解释有异。

本章特别突出了一个“养”字。人是一个整体的存在，其本心虽反思可得，却又极易因物欲、习性而受到蒙蔽。故人心“大体”之挺立，又须通过修养的工夫来达成。“养其小者为小人，养其大者为大人”，就特别强调了这一点。

11.15 钧是人也章

公都子问曰：“钧是人也，或为大人，或为小人，何也？”

孟子曰："从其大体为大人，从其小体为小人。"

曰："钧是人也，或从其大体，或从其小体，何也？"

曰："耳目之官不思，而蔽于物。物交物，则引之而已矣。心之官则思，思则得之，不思则不得也。此天之所与我者，先立乎其大者，则其小者不能夺也。此为大人而已矣。"

【通释】

本章提出大体、小体之分以论人的存在。

子思贵心，已有大体、小体之说。帛书《五行》篇区分大体与小体，以论"心贵"之旨。① 孟子此章继承子思大体与小体之区分的观念，进而对此大体小体之内涵，作了进一步的阐述。谓心之官能反思其本心，先立乎其大者，则能自作主宰，而不受情欲、外物之左右，乃可为大人已。由此引申出一种修养工夫的理论。

"耳目之官不思，而蔽于物。物交物，则引之而已矣。心之官则思，思则得之，不思则不得也。此天之所与我者，先立乎其大者，则其小者不能夺也。此为大人而已矣。"孟子继承了子思"贵心"的思想传统，不过，其言心，又特重"思"。此言耳目等欲望指向满足的对象，往往拘执于外物而不能返归本心。心的作用是"思"。孟子所谓"思"，即内省反思。"学问之道无他，求其放心而已矣。"〔"仁人心也章"（11.11）〕"求放心"，首在于内省反思。"思则得之，不思则不得也。"善性具于人心。人只要在本心当下一念显现时稍加反省，便可排除物欲、私意的陷隔而使心之本然凸显出来。孟子把"思"看作人心善性所固有的智照作用。孟子讲"心之官则思"，以"心"为"大体"，主张"先立乎其大者"，认为人心本有"良知"，并特标出"是非之心"一端为"智"德的根据。这样，"思"的内容，便完全被理解为一种主体先天道德良知的显现和自觉，而避免与向外的认知相混同。道德主体的确立完全是自作主宰，而非由于外力。

---

① 见李景林《教养的本原》，北京师范大学出版社 2009 年版，第 175—176 页。

11.16　天爵人爵章

孟子曰："有天爵者，有人爵者。仁义忠信，乐善不倦，此天爵也；公卿大夫，此人爵也。古之人修其天爵，而人爵从之。今之人修其天爵，以要人爵，既得人爵，而弃其天爵，则惑之甚者也，终亦必亡而已矣。"

【通释】

此章言天爵人爵之分。

爵者，人之所贵者也。本其所始，又可有"天爵"与"人爵"之分。天爵者，人之所得自于天而存乎己者也；人爵者，人所得自于外而非由己所能决定者也。"仁义忠信"之行，反求诸己而自得，吾人可自我决定，不假于外力，是为吾本性先天所有而贵于己者也。"公卿大夫"之属，其来自外至，非由我所直接可求，而属诸命者也。故人惟当修其天爵，乐善不倦，而将人爵之来付之自然。反之，以修天爵为手段而谋取人爵者，其惑滋甚，将并人爵、天爵而两失之矣。

11.17　欲贵者章

孟子曰："欲贵者，人之同心也。人人有贵于己者，弗思耳。人之所贵者，非良贵也。赵孟之所贵，赵孟能贱之。《诗》云：'既醉以酒，既饱以德。'言饱乎仁义也，所以不愿人之膏粱之味也。令闻广誉施于身，所以不愿人之文绣也。"

【通释】

此章论"良贵"。

赵孟：晋国正卿赵盾，字孟。“既醉以酒，既饱以德”：出《诗经·大雅·既醉》。膏粱：肥肉细米。

此承上章言之也。“良贵”者，得自于天而内在于己之善性也。此天之所与我，而为己所本有者也。所贵于己而能自作主宰者，德义而已矣。人莫不欲尊贵，却又往往不知反思此在己之“良贵”，而向外求其在人者。“赵孟之所贵，赵孟能贱之。”赵岐注：“赵孟，晋卿之贵者也，能贵人，又能贱人。人之所自有也者，他人不能贱之也。”故仁德圆满者，不慕其在外者也。

11.18　仁之胜不仁章

孟子曰：“仁之胜不仁也，犹水胜火。今之为仁者，犹以一杯水救一车薪之火也；不熄，则谓之水不胜火。此又与于不仁之甚者也，亦终必亡而已矣。”

【通释】

此章以“水胜火”喻修养工夫。

仁之胜不仁，犹水之胜火。须立志行仁，而继之以操存长养之功，真积力久，乃能有成。如不能立其大者，则如牛山之木，斧斤伐之，牛羊牧之，萌蘖之生，又梏亡之，亦犹杯水车薪，则其仁何由而存乎？此亦养成之说也。

11.19　五谷者章

孟子曰：“五谷者，种之美者也。苟为不熟，不如荑稗。夫仁，亦在乎熟之而已矣。”

【通释】

此章以谷种喻仁德修养工夫。

莠稗：草之似谷者也。

五谷虽美，不养之熟，不如莠稗。仁虽为吾人所本有，亦须加以操存养长之功，成而熟之，乃可实现仁德之美。

11.20 羿之教人射章

孟子曰："羿之教人射，必志于彀；学者亦必志于彀。大匠诲人，必以规矩；学者亦必以规矩。"

【通释】

本章言为学之道，须循学理法式，乃能有所成就。

志：期也。彀：弓满也。规矩：学之道理法式也。

孔子讲"从心所欲不逾矩"，《中庸》讲"诚者，不勉而中，不思而得，从容中道，圣人也"，强调追求自作主宰的内心自由。但内心自作主宰与遵循客观法度，实犹一体之两面，相为表里，不可或缺。故内心之自由，并非任性妄为，孟子此章即特别强调了客观法度一面的重要性。

卷十二　告子通释下

（共16章）

12.1　礼与食孰重章

任人有问屋庐子曰："礼与食孰重?"

曰："礼重。"

"色与礼孰重?"

曰："礼重。"

曰："以礼食则饥而死，不以礼食则得食，必以礼乎？亲迎则不得妻，不亲迎则得妻，必亲迎乎?"

屋庐子不能对。明日之邹，以告孟子。孟子曰："于答是也，何有？不揣其本而齐其末，方寸之木可使高于岑楼。金重于羽者，岂谓一钩金与一舆羽之谓哉？取食之重者，与礼之轻者而比之，奚翅食重？取色之重者与礼之轻者而比之，奚翅色重？往应之曰：'紾兄之臂而夺之食，则得食；不紾，则不得食，则将紾之乎？逾东家墙而搂其处子，则得妻；不搂则不得妻，则将搂之乎?"

【通释】

此章言礼对于人的存在之重要性。

任：古国名，风姓，在今山东济宁。屋庐子：孟子弟子，名连。邹：国名，在今山东邹城。揣：度量。岑楼：朱子《集注》“岑楼，楼之高锐似山者。”奚翅：“翅”与“啻”同。紾：戾也，扭转弯曲义。

礼之要，在于因人之情而为之节文。人之形色情欲，固人之天性也，然不以礼节度而扰化之，则必陷于朴野以至于流宕失真。人之情质之美，必由礼义文为规定之，教化升华之，方能实现其作为人之天性之本有的价值和真实性。故言“礼重”。然言礼，乃重在其根本。如不揣其本而齐其末，则失言礼之本旨矣。

12.2 人皆可以为尧舜章

曹交问曰：“人皆可以为尧舜，有诸？”

孟子曰：“然。”

“交闻文王十尺，汤九尺。今交九尺四寸以长，食粟而已。如何则可？”

曰：“奚有于是？亦为之而已矣。有人于此，力不能胜一匹雏，则为无力人矣。今曰举百钧，则为有力人矣。然则举乌获之任，是亦为乌获而已矣。夫人岂以不胜为患哉？弗为耳。徐行后长者，谓之弟；疾行先长者，谓之不弟。夫徐行者，岂人所不能哉？所不为也。尧舜之道，孝弟而已矣。子服尧之服，诵尧之言，行尧之行，是尧而已矣。子服桀之服，诵桀之言，行桀之行，是桀而已矣。”

曰：“交得见于邹君，可以假馆，愿留而受业于门。”

曰："夫道，若大路然，岂难知哉？人病不求耳。子归而求之，有余师。"

【通释】

此章亦人性善之说也。

曹交：赵岐注："曹君之弟。交，名也。"乌获：古代力士也。

"人皆可以为尧舜"，"尧舜之道，孝弟而已矣"，人皆有能力行之。曾子谓"夫子之道，忠恕而已矣。"孔子亦曰："忠恕违道不远。"孔子后学以至于孟子，特别重视亲亲孝道。儒家思想在孔子之后有一种内转的趋势，于此亦可见一斑。此义可参下章（12.3）"通释"。

12.3　高子曰小弁章

公孙丑问曰："高子曰：'《小弁》，小人之诗也。'"

孟子曰：："何以言之？"

曰："怨。"

曰："固哉，高叟之为诗也！有人于此，越人关弓而射之，则己谈笑而道之。无他，疏之也。其兄关弓而射之，则己垂涕泣而道之。无他，戚之也。《小弁》之怨，亲亲也。亲亲，仁也。固矣，夫高叟之为诗也！"

曰："《凯风》何以不怨？"

曰："《凯风》，亲之过小者也。《小弁》，亲之过大者也。亲之过大而不怨，是愈疏也。亲之过小而怨，是不可矶也。愈疏，不孝也。不可矶，亦不孝也。孔子曰：舜其至孝矣！五十而慕。"

【通释】

此章言亲亲之义也。见孟子特重亲亲孝道。

“亲亲，仁也。”此义孟子在其他地方亦多有论述，可以相互参证。《尽心上》“人之所不学而能者章”（13. 15）：“孟子曰：人之所不学而能者，其良能也；所不虑而知者，其良知也。孩提之童，无不知爱其亲也；及其长也，无不知敬其兄也。亲亲，仁也；敬长，义也。无他，达之天下也。”《离娄上》“仁之实事亲是也章”（7. 27）：“孟子曰：仁之实，事亲是也；义之实，从兄是也；智之实，知斯二者弗去是也；礼之实，节文斯二者是也；乐之实，乐斯二者，乐则生矣，生则恶可已也，恶可已，则不知足之蹈之手之舞之。”孟子既以亲亲敬兄之义为诸德之核心内容，同时，又以孩提之童皆有亲亲敬长之情，以明人皆先天具有良知、良能之义。孟子注重亲亲孝道，于此亦可见一斑。不过，孟子又特别强调，吾人之言“亲亲仁也，敬长义也”，在于由此情可以推扩至于天下，而能实现其为一种普遍的人类之爱及普遍的道德原则，而非局限于亲亲敬长之情也。对此中义理，要做全面的理解。

此章对亲亲之情，既有亲切的体认，复有深入的分析。

《小弁》与《凯风》之诗，皆涉及到亲亲之情，《小弁》怨而《凯风》则不怨。弟子不解。孟子的解释是，《小弁》之怨，为亲之过大；《凯风》之不怨，为亲之过小。二者一怨一不怨，其义一也。于此可见亲亲之情之真切与细微处，吾人于事亲，当深切体察之。

关于《小弁》之怨，朱子《集注》：“《小弁》，《小雅》篇名，周幽王娶申后，生太子宜臼。又得褒姒，生伯服而黜申后，废宜臼。于是宜臼之傅为作此诗，以叙其哀痛迫切之情也。”《小弁》诗中有“何辜于天，我罪伊何”的悲怨之辞，故高子以为小人之诗也。孟子则认为，理解诗，不可以如此固陋机械。《小弁》之怨，正是其亲情之真实的表现。孟子举例说：“有人于此，越人关弓而射之，则己谈笑而道之。无他，疏之也。其兄关弓而射之，则己垂涕泣而道之。无他，戚之也。”越人与我疏远，故于其所害，能一笑置之；兄为吾至亲，于其所伤害，必致痛彻于心。故谓“《小弁》之怨，亲亲也”。

关于《凯风》之不怨，朱子《集注》：“《凯风》，《邶风》篇名。卫有七子之母，不能安其室，七子作此以自责也。”赵岐注：“孟子曰，《凯风》言‘莫慰母心’，母心不悦也。知亲之过小也。”按孟子的理解，亲之过大而不怨，是表现己与亲人感情疏远，犹之乎“越人”之不关己也；亲之过小而怨，则如小有刺激即咆哮不止，二者皆不孝之表现也。

“孔子曰：舜其至孝矣！五十而慕。”最后，复举舜五十犹思慕父母之例，而言亲亲至孝之义也。“慕”，思慕也。或亦解作舜“怨慕”父母，以证《小弁》之怨，亦可。不过，“怨”与“慕”，其对象不同。其所“慕”者，是对父母之思慕依恋。其所“怨”者，乃在于痛切反省于己，怨己何以不能得父母之爱也。可参《万章上》“舜往于田章”(9.1) 之“通释”。

12.4　宋牼将之楚章

宋牼将之楚，孟子遇于石丘，曰：“先生将何之？”

曰：“吾闻秦楚构兵，我将见楚王说而罢之。楚王不悦，我将见秦王说而罢之。二王我将有所遇焉。”

曰：“轲也请无问其详，愿闻其指。说之将何如？”

曰：“我将言其不利也。”

曰：“先生之志则大矣，先生之号则不可。先生以利说秦楚之王，秦楚之王悦于利以罢三军之师，是三军之士乐罢而悦于利也。为人臣者怀利以事其君，为人子者怀利以事其父，为人弟者怀利以事其兄，是君臣、父子、兄弟终去仁义，怀利以相接，然而不亡者，未之有也。先生以仁义说秦楚之王，秦楚之王悦于仁义而罢三军之师，是三军之士乐罢而悦于仁义也。为人臣者怀仁义以事其君，为人子者怀仁义以事其父，为人弟者怀仁义以事其兄，是君臣、父子、兄弟去利，怀仁义以相接也，然而不王者，未之有也。何必曰利？”

【通释】

此章亦言行王政或仁政，当以“仁义”而非功利为最高的原则也。

宋牼，宋人，为战国著名学者。《庄子·天下》论宋钘之说：“不累于俗，不饰于物，不苟于人，不忮（违逆）于众，愿天下之安宁以活民命，人我之养，毕足而止，以此白心（纯洁内心）。”又：“见侮不辱，救民之斗，禁攻寝兵，救世之战……”“以禁攻寝兵为外，以情欲寡浅为内。”《逍遥游》又谓宋荣子之说“定乎内外之分，辨乎荣辱之境”。可见其学说的精神：一是分内外，强调立定内在的修养，不受外在的干扰；二是寡欲，救世。

孟子强调为政当以“仁义”而非“利”为最高的原则，此亦孟子所谓王政王道之原则。此义《梁惠王上》“孟子见梁惠王章”（1.1）之“通释”已有详细的讨论，可参阅。

12.5 孟子居邹章

孟子居邹，季任为任处守，以币交，受之而不报。处于平陆，储子为相，以币交，受之而不报。他日，由邹之任，见季子。由平陆之齐，不见储子。屋庐子喜曰：“连得间矣！”问曰：“夫子之任，见季子；之齐，不见储子，为其为相与？”

曰：“非也。《书》曰：‘享多仪，仪不及物，曰不享。惟不役志于享。’为其不成享也。”

屋庐子悦。或问之，屋庐子曰：“季子不得之邹，储子得之平陆。”

【通释】

此章见君子无行而不尊礼而行者也。

季任：赵岐注：“任君季弟也。”

“役志于享”：此引《书》见《尚书·洛诰》。役，用也，用其心意于享也。行礼之要，在于敬。故享献之义，要在其“志”，而不在所享献之“物”也。其所贵于“仪”者，其义亦在于此也。

“季子不得之邹，储子得之平陆。”朱子《集注》：“徐氏曰：季子为君居守，不得往他国以见孟子，则以币交，而礼意已备。储子为齐相，可以至齐之境内，而不来见，则虽以币交，而礼意不及其物也。”礼尚往来。季子之行备礼，故孟子至任国而见任子；储子志不及物，故孟子不见储子也。

12.6　先名实者章

淳于髡曰：“先名实者，为人也；后名实者，自为也。夫子在三卿之中，名实未加于上下而去之，仁者固如此乎？”

孟子曰：“居下位，不以贤事不肖者，伯夷也。五就汤，五就桀，伊尹也。不恶汙君，不辞小官者，柳下惠也。三子者不同道，其趋一也。一者何也？曰，仁也。君子亦仁而已矣，何必同？”

曰：“鲁缪公之时，公仪子为政，子柳、子思为臣，鲁之削也滋甚。若是乎，贤者之无益于国也！”

曰：“虞不用百里奚而亡，秦穆公用之而霸。不用贤则亡，削何可得与？”

曰：“昔者王豹处于淇，而河西善讴；绵驹处于高唐，而齐右善歌；华周、杞梁之妻善哭其夫，而变国俗。有诸内，必形诸外，为其事而无其功者，髡未尝睹之也。是故无贤者也，有则髡必识之。”

曰：“孔子为鲁司寇，不用，从而祭，燔肉不至，不税冕而行。不知者以为为肉也，其知者以为为无礼也。乃孔子则欲以微罪行，不欲为苟去。君子之所为，众人固不识也。”

【通释】

此章言君子之行，唯仁是从也。

公仪子：名休，为鲁相。子柳：泄柳也。王豹：卫人，善讴。淇：水名。绵驹：齐人，善歌。高唐：齐西邑。华周、杞梁：二人皆齐臣，战死于莒。其妻哭之哀，国俗化之皆善哭。税：音脱。（据朱子《集注》）

关于孔子为鲁司寇事，可参《史记·孔子世家》。《孔子世家》记孔子（五十六岁）由大司寇行摄相事，三月而鲁大治。齐人恐鲁用孔子，强而并齐，欲沮止之，乃“选齐国中女子好者八十人，皆衣文衣而舞康乐，文马三十驷，遗鲁君。陈女乐、文马于鲁城南高门外。季桓子微服往观再三，将受。乃语鲁君为周道游，往观终日，怠于政事。子路曰：‘夫子可以行矣。’孔子曰：‘鲁今且郊，如致膰乎大夫，则吾犹可以止。’桓子卒受齐女乐，三日不听政，郊又不致膰俎于大夫。孔子遂行”。

淳于髡，齐之辩士，论人行之价值，悉以“名实”即声誉和事功为标准。孟子此章论辩之要点，一是举伯夷、伊尹、柳下惠事，谓其行各有所宜，其途虽殊而同归于仁。是君子之行，一于仁可也，其途不必同。[①] 二是分析孔子以鲁之失礼而去鲁，然孔子圣人，不欲为苟去，不委罪责于鲁，乃以“燔肉不至”辞行。孔子守死善道之原则性、担责而不委过于人之仁者之心与其对父母之邦之深意，于此亦可以见矣！此章分析孔子之去鲁之义，可谓深得圣人之心者也。

12.7　五霸者三王之罪人章

孟子曰：“五霸者，三王之罪人也；今之诸侯，五

---

① 孟子对伯夷、柳下惠、伊尹事迹多有述论。可参《公孙丑上》“伯夷非其君不事章”（3.9）、《万章下》“伯夷目不视恶色章”（10.1）。

霸之罪人也；今之大夫，今之诸侯之罪人也。

“天子适诸侯曰巡狩，诸侯朝于天子曰述职。春省耕而补不足，秋省敛而助不给。入其疆，土地辟，田野治，养老尊贤，俊杰在位，则有庆，庆以地。入其疆，土地荒芜，遗老失贤，掊克在位，则有让。一不朝，则贬其爵；再不朝，则削其地；三不朝，则六师移之。是故天子讨而不伐，诸侯伐而不讨。五霸者，搂诸侯以伐诸侯者也。故曰，五霸者，三王之罪人也。

“五霸，桓公为盛。葵丘之会，诸侯束牲载书而不歃血。初命曰：诛不孝，无易树子，无以妾为妻。再命曰：尊贤育才，以彰有德。三命曰：敬老慈幼，无忘宾旅。四命曰：士无世官，官事无摄，取士必得，无专杀大夫。五命曰：无曲防，无遏籴，无有封而不告。曰：凡我同盟之人，既盟之后，言归于好。今之诸侯，皆犯此五禁。故曰，今之诸侯，五霸之罪人也。

“长君之恶，其罪小；逢君之恶，其罪大。今之大夫，皆逢君之恶。故曰，今之大夫，今之诸侯之罪人也。”

【通释】

此章意在通过抨击时政，以古律今，以重建合理的王道伦理秩序。

三王、五霸：赵岐注：“五霸者……齐桓、晋文、秦缪、宋襄、楚庄是也。三王，夏禹、商汤、周文武是也。”庆：赏也。掊克：聚敛也。让：责也。葵丘：春秋时属宋国，在今河南兰考。束牲载书而不歃：即《左传·僖公九年》所记“葵丘之会，陈牲而不杀，读书加于牲上”。束牲：束缚其牲，牲用牛。歃血：微饮血以盟誓。树：立也。曲防：曲，遍也，遍为堤防，以邻国为壑。遏籴：禁遏邻国买进粮食。封而不告：私封而不告盟主也。

其总括曰：“五霸者，三王之罪人也。今之诸侯，五霸之罪人也。今之大夫，今之诸侯之罪人也。”以下又分而析之。

古者天子有巡狩之制，诸侯有朝王之制。天子巡狩，于春有“省耕”，于秋则有“省敛”。春省耕而补不足，秋省敛而助不给，其要在于民生之养也。天子考察诸侯政治社会状况，其善治者则赏赐土地，其不善治者亦要有责罚。诸侯之述职，一不朝则贬其爵位，再不朝则削夺其土地，三不朝则讨之以六师。此孔子所谓“天下有道，礼乐征伐自天子出”者也。

“天子讨而不伐，诸侯伐而不讨。五霸者，搂诸侯以伐诸侯者也。故曰五霸者，三王之罪人也。”赵岐注：“讨者，上讨下也；伐者，敌国相征伐也。”春秋五霸，挟牵诸侯以伐诸侯，政令不出天子，此孔子所谓“天下无道，礼乐征伐自诸侯出”者也。故孟子以为其有罪于三王者也。

退而求其次，五霸亦有其可取之善者。孟子举齐桓葵丘之会而言之。葵丘五禁之盟约，其所关乎伦常与国际关系者，亦以仁义为号召。而战国诸侯，于此五禁，亦皆犯之，是亦五霸之罪人也。时之大夫，不仅长君之恶，且又谄媚而逢迎其君之恶念恶行，是道德沦丧，伦常崩解，而又今之诸侯之罪人也。

由此章可见孟子之历史观及价值观。

12.8 鲁欲使慎子为将军章

鲁欲使慎子为将军。孟子曰：“不教民而用之，谓之殃民。殃民者，不容于尧舜之世。一战胜齐，遂有南阳，然且不可。”

慎子勃然不悦曰：“此则滑釐所不识也。”

曰：“吾明告子。天子之地方千里，不千里不足以待诸侯。诸侯之地方百里，不百里不足以守宗庙之典籍。周公之封于鲁，为方百里也，地非不足，而俭于百里。太公之封于齐也，亦为方百里也，地非不足也，而俭于百里。今鲁方百里者五，子以为有王者作，则鲁在所损乎，在所益乎？徒取诸彼以与此，然且仁者不为，况于杀人以求之乎？君子之事君也，务引其君以当道，志于仁而已。”

【通释】

此章言政治之目的，在仁道之实现，而不在人君一己之私利也。

慎子：名滑釐，时善用兵者。南阳：泰山之南。

圣王封建之义，在于足以行仁道，安百姓而已，而不在拓土兼并。天子地方千里，以其不如此不足以处诸侯也。诸侯地方百里，亦因如此乃可以奉守其世传之典章。此封建之初意也，非以土地田产为目的也。故君子之事君，要在使君行道，立志于仁，而不以开疆拓土，聚敛财富为能也。

12.9　今之事君者章

孟子曰：“今之事君者皆曰：‘我能为君辟土地、充府库。’今之所谓良臣，古之所谓民贼也。君不乡道，不志于仁，而求富之，是富桀也。‘我能为君约与国，战必克。’今之所谓良臣，古之所谓民贼也。君不乡道，不志于仁，而求为之强战，是辅桀也。由今之道，无变今之俗，虽与之天下，不能一朝居也。”

【通释】

此章亦言政治目的，非在一己私利以拓土兼并，而志在仁道之实现。与上章（12.8）义同，可互参。

12.10 二十取一章

白圭曰："吾欲二十而取一，何如？"

孟子曰："子之道，貉道也。万室之国，一人陶，则可乎？"

曰："不可，器不足用也。"

曰："夫貉，五谷不生，惟黍生之。无城郭、宫室、宗庙、祭祀之礼，无诸侯币帛饔飧，无百官有司，故二十取一而足也。今居中国，去人伦，无君子，如之何其可也？陶以寡，且不可以为国，况无君子乎？欲轻之于尧舜之道者，大貉小貉也；欲重之于尧舜之道者，大桀小桀也。"

【通释】

本章论税法及制税之原则。

白圭：周人也，名丹，善治水，善治生产。貉：朱子《集注》："貉，北方夷狄之国名也。""饔飧，以饮食馈客之礼也。"

此章言政治既以王道之实行为目的，则取税之制，亦当以足以养君子、建立合度的伦常为限。其轻重，当以此为准。孟子主张十一税制，其用意亦在于此。

12.11 丹之治水也章

白圭曰："丹之治水也，愈于禹。"

孟子曰："子过矣，禹之治水，水之道也，是故禹以四海为壑。今吾子以邻国为壑。水逆行，谓之洚水。

洚水者，洪水也。仁人之所恶也，吾子过矣。”

【通释】

此章论治水之道与人道的统一性。

白圭，战国时人，以善治生产，善治水名。白圭谓己善治水而过禹。孟子则从两个方面称道禹，一者，禹之治水，循水之道、水之性而疏导之；二者，禹之行水，乃以四海为壑，而非以邻国为壑，是其所行，合乎仁道。白圭以邻国为壑，既不合水性，亦不合人道，故仁者不取也。

此应注意者，“禹之治水，水之道也”句，亦见于郭店楚简《尊德义》篇：“圣人之治民，民之道也。禹之行水，水之道也。造父之御马，马之道也。后稷之艺地，地之道也。莫不有道焉，人道为近。是以君子，人道之取先。”且用法与精神、思想亦相同。孟子中很多说法与《郭店楚简》、帛书《五行》有相同之处。此章所论，可见儒家真善合一的人道精神。

12.12　君子不亮章

孟子曰：“君子不亮，恶乎执。”

【通释】

此章论君子之诚信与操守也。

亮：信也，与“谅”同。执：持也。言君子有诚、信，乃可有所坚持和操守也。

12.13　鲁欲使乐正子章

鲁欲使乐正子为政。孟子曰：“吾闻之，喜而不寐。”

公孙丑曰：“乐正子强乎？”

曰：“否。”

“有知虑乎？”

曰："否。"

"多闻识乎？"

曰："否。"

"然则奚为喜而不寐？"

曰："其为人也好善。"

"好善足乎？"

曰："好善优于天下，而况鲁国乎？夫苟好善，则四海之内皆将轻千里而来告之以善。夫苟不好善，则人将曰：'訑訑，予既已知之矣。'訑訑之声音颜色距人于千里之外。士止于千里之外，则谗谄面谀之人至矣。与谗谄面谀之人居，国欲治可得乎？"

【通释】

此章言"好善"为为政者之根本也。

乐正子：孟子弟子乐正克也。好善：赵岐注："乐闻善言，是采用之也。"好善优于天下：朱子《集注》："优，有余裕也。言虽治天下尚有余力也。"訑訑：朱子《集注》："訑，音移……訑訑，自足其智，不嗜善言之貌。"

孟子强调，好善、喜闻善言乃为政者之根本，余如强果、有智虑、博闻强识之属，皆其末也。为政者乐闻善言而能实行之，则天下人皆将进以善言。反之，则将为谗谄面谀之人包围。此政风之所由形成者也。故孟子认为"好善"乃为政之根本，亦为为政者之最重要的素质。

12.14　古之君子何如则仕章

陈子曰："古之君子何如则仕？"

孟子曰："所就三，所去三。迎之致敬以有礼，言，将行其言也，则就之。礼貌未衰，言弗行也，则去之。其次，虽未行其言也，迎之致敬以有礼，则就之。礼貌衰，则去之。其下，朝不食，夕不食，饥饿不能出门户，君闻之曰：‘吾大者不能行其道，又不能从其言也，使饥饿于我土地，吾耻之。’周之，亦可受也，免死而已矣。”

【通释】

此章言士君子出仕去就之原则。

周：同“赒”，救济也。

孟子提出三就三去之说。君子之仕，行其义也。是去就之原则，以行其言为上。其次则迎之敬以有礼，此以其有敬重之心也。其下则救死而已矣。此亦见当时知识分子之节操也。

12. 15　舜发于畎亩章

孟子曰：“舜发于畎亩之中，傅说举于版筑之间，胶鬲举于鱼盐之中，管夷吾举于士，孙叔敖举于海，百里奚举于市。故天将降大任于是人也，必先苦其心志，劳其筋骨，饿其体肤，空乏其身，行拂乱其所为，所以动心忍性，曾益其所不能。人恒过，然后能改。困于心，衡于虑，而后作。征于色，发于声，而后喻。入则无法家拂士，出则无敌国外患者，国恒亡。然后知生于忧患，而死于安乐也。”

【通释】

此章言艰难困苦、贫贱忧患对于担大任者成就德性、砥砺意志之重要意义。

舜发于畎亩之中：畎，田间小沟；畎亩，田野。《史记》载舜曾耕于历山。傅说举于版筑之间：傅说，为殷武丁相，说音悦；版筑，以两版夹土，夯实筑墙。胶鬲：殷贤人，为纣臣。管夷吾举于士：管夷吾，即管仲；士，狱官也。管仲囚于狱官，桓公举之为相。孙叔敖举于海：孙叔敖隐于海滨，楚庄王举之为令尹。百里奚：百里奚事见《万章上》“或曰百里奚自鬻于秦章”（9.9）。拂：背逆也。曾：与增同。衡：横也。

舜为天子，而起于畎亩之中；傅说相武丁，而举于版筑之间；胶鬲殷之贤臣，乃举于鱼盐之中；管仲相桓公成霸业，而举于囚徒；孙叔敖为楚令尹，而举于海滨；百里奚为秦穆公上卿，而以五羊皮买于市。舜、傅说、胶鬲、管仲、孙叔敖、百里奚，多出身下层，经历磨难，故能坚定其意志，迁化其性情，成就其人格，而创造一番大事业。由此当知“贫贱忧戚，玉汝于成”，“生于忧患，而死于安乐”之义也。

个人是这样，国家亦如此。故说：“入则无法家拂士，出则无敌国外患者，国恒亡。”“拂”，或读为“弼”，辅弼义。不妥。按此章全文皆言个人国家，处身逆境，而能磨砺有成。故“拂”应理解为违逆己意之义。谓有敢言异见之士，乃社稷国家幸事也。

12.16　教亦多术章

孟子曰：“教亦多术矣，予不屑之教诲也者，是亦教诲之而已矣。”

【通释】

此章言不教亦教也。

儒家倡为己之学。郭店简《尊德义》篇曰：“教非改道也，教之也。学非改伦也，学己也。”《孟子》亦说过：“学问之道无他，求其放心而已矣。”凡教之道，其原则非外在的灌输，终必反求诸己得之。故正面的规诫，与夫逆之而不教，皆所以助学者之自省而证悟其在己者而已。孟子称教亦多术，称不教亦教，义当由此理解之。

卷十三 尽心通释上

（共46章）

13.1 尽其心者章

孟子曰：“尽其心者，知其性也；知其性，则知天矣。存其心，养其性，所以事天也；殀寿不贰，修身以俟之，所以立命也。”

【通释】

《尽心上》前三章集中论述心、性、天、命的问题，需要互相参照以明其义。

本章论尽心以知性知天，修身以养性事天立命之义。此章可理解为孟子性命论及其修养工夫论之总纲。

本章既讲到心、性的关系，亦讲到天人的关系。而天人关系的问题又与性、命关系的问题有关。“尽其心者，知其性也”，即言心性的关系。

一般儒学的研究，既讲人性论，又讲心性论（其中也包括性情论），但对二者的关系，却鲜少讨论。儒家人性论的特点，就是落实到“心性”（包括性情）的论域来揭示人性的具体内涵。“尽其心者，知其性也；知其性，则知天矣。”就是在心性的论域中来理解人性的问题。这是儒家理解人性问题的基本思路，孟子的人性论更凸显了这一点。

比较而言，西方哲学的人性论，主要是从认知和理论分析的角度，揭示出人性所可能有的诸种要素及其所可能的趋向。西方哲学倡导“认识你自己”，苏格拉底认为“知识即美德”。亚里士多德哲学区分内容与形式，其理解人的生命存在，则以灵魂为身体之形式；而人之灵魂，则被分析为包涵植物灵魂、感觉灵魂、理性灵魂三层的一个等级序列。依据其目的论的观念，亚氏复从“未受教化状态下”的“偶然成为的人性”向着“当人认识到自身目的后可能形成的人性”的角度来规定人性发展的趋向。这可以视为其伦理学系统的一种人性论的基础。康德的人性说，乃在设定理性立法之意志和道德法则的前提下，从人作为理性之存在的角度，探讨善恶在理性中（而非时间中，如基督教原罪说）的起源，由此分析出人有趋向于善和恶之癖性。西方哲学习于用“理性”这一要素来规定人性或人的本质。不过，在如“人是理性的动物”这一类属加种差的命题形式中，人不仅被分析为理性和动物性两种抽象的要素，而且被降低到动物这一现成性上来规定其人性的内容及其本质。这一理解人性及其本质的方式，恰恰使人失去了其存在的整体性和内在的本质，因而人之为人，亦丧失了其自身肯定的必然性。亚里士多德诉诸习惯的养成和理智的引导来说明德性的成就。康德在道德上拒斥实质或感性的内容，强调作为道德之现实要求的对于法则的敬重，只能由吾人运用道德法则对感性情感的贬抑来达成。这说明，上述种种依据理智分析所得出的人性要素，只能是一种抽象的可能性，其中并无内在于人的存在之整体结构的必然性意义。要而言之，西方哲学论人性，采取的乃是一种要素分析的和形式的讲法，而非整体的和内涵的讲法。

孟子讲尽心知性知天，修身养性事天立命，这样一个人性论的论域，与西方哲学就有很大的不同。

孟子的人性论，乃即“心”而言“性”，故尽心才能知性。性由心显，这是孟子言心性关系的基本思路。不过，心与性又有区别。这个区别的根本之点，在于“心”是一个活动性的概念，而“性”则标志着这个活动性的超越之基础。

孟子言“心”，关涉到心性论问题的，可以区分为以下四个方面：

（1）情之活动：如：不忍人之心、恻隐之心、羞恶之心、辞让之心、无欲害人之心、无穿逾之心，等等。此皆于情上言心。

（2）思、知之活动和功能：如心之官则思、是非之心、良知、心之所同然者理义，等等。此皆言心之自觉的活动与功能。

（3）心之抉择、定向和主宰的作用：如不动心、心志、志至气次、志于仁、志于道等等。此皆言心之自我主宰和确立方向的功能、作用。

(4) 心本然之德：如本心、良心、仁义之心、仁人心也，等等。此皆以表示心本然之德性。

此所言"心"之四义，前三点皆从其活动、功能、作用上讲。良心、本心、仁义之心则是从体上讲。良心、本心、仁义之心非别有一个心；心之实存层面的活动、功能、作用内在地贯通和显现着仁义之性，此即所谓本心、良心或仁义之心。

孟子论"心"，又落到"情"上来讲。上述言"心"四义之第一点，就表现了这一点。孟子以为"性"统贯于"情"而显现于人的实存性，乃一整体，故其凡言性，皆从情和实存活动之感应之几上讲，并不抽象地谈性。① 不过，"性"乃超越并贯通于此活动性之"体"性，它作为标示这个活动之整体之德性者，不能归结为有限制的活动性本身。《尽心上》"广土众民章"(13.21)："君子所性，仁义礼智根于心"。这个根于心的"体"性或善性，就心之德性说，也就是本心、良心或仁义之心。

故言心与性的关系，须从心之活动或其感应之几上来理解。

孟子所言"心"之活动（前3义），虽可略分上述三义，但实质上乃是一个活动的整体。此活动的整体可表述为：在心之主宰或定向中的一个意志情感表现。而主宰、抉择和定向本身，就有知或自觉之义表现其中。这样，心作为一个整体的活动，实际上便可以从情和知这两个角度来看。孟子讲尽心、知性，所关涉的就是这两个方面的关系。

性由心显；心的活动举体皆情（知亦在情上表现）。《公孙丑上》(3.6)："恻隐之心，仁之端也；羞恶之心，义之端也；辞让之心，礼之端也；是非之心，智之端也。"四端之情是仁义礼智的显现而非仁义礼智本身。《告子上》(11.6) 的表述则略有不同："恻隐之心，仁也；羞恶之心，义也；恭敬之心，礼也；是非之心，智也。"《尽心上》(13.15)："亲亲，仁也；敬长，义也。"《尽心下》(14.31)："人皆有所不忍，达之于其所忍，仁也；人皆有所不为，达于其所为，义也。"

---

① 《告子上》"牛山之木章"(11.8) 论人性，乃即"心"而言"性"，即"情"而言"心"，其论"情"，则又落实在"气"上说。性、心、情、气、才，统合为一个整体。"牛山之木章"所言"才"，实质上乃是以人的实存亦即"气"为基础，在其"好恶"之情上显现出其"良心"或"仁义之心"的一个标志人的存在之总体的概念。可参阅"牛山之木章"之"通释"。

这就从“情”的活动之显现，一下过渡到“仁”“义”“礼”“智”等肯定的判断，显然有一个跳跃。按今日我们所讲的逻辑，这是不合法的。盖“情”这一概念，乃表示与人的感受性、体验性相关的内在性一端；而仁义礼智作为法则性或理则表示普遍性、客观性的一端。今人们往往从二者绝对对峙的角度看问题，故有西方哲学中长期争论不休的内在性与超越性、偶然性实质的“情”能否表现普遍必然的道德法则、主知与主情等问题。告子“仁内义外”之说，亦与此有关。

不过，孟子这种跳跃式的表达，却是合法的。孟子此说，并非在给出定义，而是从内在关系论的角度，在心的感应之几上指点揭示“性”的整体性和超越性意义。孟子提出本原之“知”“思”这一概念来标志“心”之活动之自身超越的机能。《告子上》“富岁子弟多赖章”(11.7)：“口之于味也，有同耆焉；耳之于声也，有同听焉；目之于色也，有同美焉；至于心，独无所同然乎？心之所同然者何也？谓理也、义也，圣人先得我心之所同然耳。故理义之悦我心，犹刍豢之悦我口。”“然”即肯定。“同然”，即人心由“良知”或“是非之心”（智）所作之共同性的判断。《告子上》“钧是人也章”（11.15)：“心之官则思，思则得之，不思则不得也，此天之所与我者。”何谓“思则得之”？《告子上》“告子曰性无善无不善章”（11.6）作了回答：“仁义礼智，非由外铄我也，我固有之也，弗思耳矣，故曰‘求则得之，舍则失之’。”可知，“思则得”乃指对“仁义礼智”之“同然”而言。在孟子看来，“人性”之超越性的达致，首先是心之自觉或“思”的判断功能。不过要明确，孟子所谓的“知”“思”，与“情”或实存性的实证是本原一体的。知与情（包含人的整个实存性）的显现在其本原一体性意义上乃同时现起的。心之所可之理、义，同时亦在即情之本然的显现中为人心所体验和实证。要注意的是，知、情的同时现起，是在其相互涵摄中的现起，不是相互分离的现起。盖体验、体证中的实有诸己，已有自觉的规定于其中。否则，乃是“习焉而不察”“日用而不知”，非可谓已实有诸己；实证、体验中之知，已为通化情志生活之智照，否则只是对象性之认知，亦非可谓之“实有”。从这个意义上，孟子由“情”之“端”，径直说“恻隐之心，仁也，羞恶之心，义也，恭敬之心，礼也，是非之心，智也”，“亲亲，仁也；敬长，义也”，这个跳跃，是有合法性的。

但是，在思知与情志体验的实历间毕竟有一个间距。“心之所同然者理义”“思则得之”“操则存”，皆从反思、自觉一面说。“乃若其情，则可以为善矣，乃所谓善也”〔《告子上》“告子曰性无善无不善章”(11.6)〕，则是从“情”之显现的意义说。从“知”“思”一方面说，人对这善或理义，可有一直接之肯认；然“情”之实证，却是一种具有时间性和境域性的显现。故人心总有蔽而不明之时，而此理义之体证又总处于不同层次的表现中。以颜子之善，乃只可“三月不违仁”，其余则仅“日月至焉而已矣”（《论语·雍也》）。所以孔子称赞颜子者，乃其能“得一善，则拳拳服膺而弗失之矣”（《中庸》）。由此，则性在心之情志表现中的实证，总处于不同层次的显现中；因而对于性之实现说，我们未在终点上，而总是在“路”上。孟子在《告子上》“牛山之木章”中，既讲“操存”，又讲“养长”；《公孙丑上》“知言养气章”(3.2)，既讲知言，又讲养气；既讲“配义与道”，又讲“集义所生”；既讲“必有事”“勿忘”，又讲“勿助”“勿正”。其论心对超越性的实证，皆从心知与践行修养两面言之。就本章而言，“尽其心，知其性”，同时又必伴随着一个“存其心，养其性”的过程。

人必在不同层次的修养实证中有其对“性”之“知”，然“知”已经同时便超越了情志实证的实践之实有和内在性之“我”而具有了超越性和客观性的意义。这样，“知”与实有间，便同时存在着一种内在的统一性和相互区别性中的张力。一方面，因知之内在于情，故心之每一显现，皆有对那超越性理义之全体的直观；另一方面，就其实证实有而言，吾人又总处在精进不已的路程中。子思之性命论，主张由“尽性”而至位参天地。[①] 孟子之学，虽宗承子思，但其于心性关系，却只言“尽心”“存心”，“知性”“养性”，而不言“尽性”“存性”，这与子思的性命和天人关系论是有所不同的。孟子以“尽其心者，知其性也”言心性关系，其措辞是极为审慎和精当的。

西方宗教以人的实存有限而不自足，西方哲学从其分析的观念出发，以道德法则与实质相对峙，故一方面导致神意外在救赎的观念；另一方面则以道德法则为形式的普遍性而落在情志内容之外。孟子“尽心知性”之说，与此不同。一方面，他以性作为人的道德规定内在于人的实

---

① 《礼记·中庸》：“唯天下至诚，为能尽其性；能尽其性则能尽人之性；能尽人之性，则能尽物之性；能尽物之性，则可以赞天地之化育；可以赞天地之化育，则可以与天地参矣。”

存，因而认为人的“尽心”，在其情志生活实证上可整体地显现性体。另一方面，他以“知”来呈显性之对内在性的超越，表明性与心有区别，有间距，因而人之成德乃有普遍性的客观依据，避免了内在性之偏执和主观性的僭妄。

“存其心，养其性，所以事天也；殀寿不贰，修身以俟之，所以立命也。”此句讲天人的关系，同时，也对“尽心知性知天”一命题作了分疏解说。

此言天人关系，从两个方面讲，一是从“性”的角度说；一是从“命”的角度说。从“性”的角度讲“事天”，是讲人之人格、道德的完成；从修身的角度讲“立命”，是讲德福的关系。这两个方面统一起来，才是一个完整的天人合一，一个完整的“合外内之道”。这个天人的合一，也就是“至善”的实现。

从天人关系的角度看，孟子所讲的“命”作为一功利结果，与人的关系包含以下两个方面的内容：第一，“命”是一种人所不能求，非人本分内的一种必然性的外部力量。第二，人需本其人道之应当而积极地得其所应得，即所谓“正命”〔参阅本篇“莫非命也章”（13.2）〕。

《万章上》“人有言至于禹而德衰章”（9.6）：“万章曰：人有言，至于禹而德衰，不传于贤而传于子，有诸？孟子曰：否，不然也。天与贤，则与贤；天与子，则与子。……舜、禹、益相去久远，其子之贤不肖，皆天也，非人所能为也。莫之为而为者，天也；莫之致而至者，命也。匹夫而有天下者，德必若舜禹，而又有天子荐之者。故仲尼不有天下。继世而有天下，天之所废，必若桀纣者也。故益、伊尹、周公不有天下。……孔子曰：唐虞禅，夏后殷周继，其义一也。”又《梁惠王下》“鲁平公章”（2.16）：“乐正子见孟子，曰：‘克告于君（鲁平公），君为来见也。嬖人有臧仓者沮君，君是以不果来也。’曰：‘行，或使之；止，或尼之。行止，非人所能也。吾之不遇鲁侯，天也。臧氏之子焉能使予不遇哉？’”这两段话，很典型地表现了孟子对“命”的理解。此两处“天也”之“天”，与本章所谓“所以事天也”之“天”，其义实即此所谓的“命”。这里有两个要点：一是承认作为人行功利效果的“命”或“天命”乃人所不可与、不能为的一种必然力量。子之贤与不肖，乃不期然而然者；以孔子、周公之德而不有天下，乃一定外在社会际遇之限制；甚或人之行止，皆有一必然的力量使之然，都非人力所能与、所能为者，此即所谓“命”或“天命”。二是肯定“德”与“福”

（功利效果）间，却又有一种内在的关联，或有一种规律性的联系，一种必然的一致性。

“德”与“命”的这种一致性，其根据即在于人作为一个整体的存在，其内在最本己的可能性就是躬行仁义——人所禀自于天的理、义规定。它是吾人唯一能够自作主宰和自由作出决定者。在这个自作决定的前提下，人乃赋予其行为之结果以正面的道德价值。“修身以俟之，所以立命也”，讲的就是这个意思。《万章上》“或谓孔子于卫主痈疽章”（9. 8）记载，人或谓孔子于卫主痈疽，孟子辩之曰：“否，不然也，好事者为之也。于卫主颜雠由。弥子之妻与子路之妻，兄弟也。弥子谓子路曰：‘孔子主我，卫卿可得也。’子路以告。孔子曰：‘有命。’孔子进以礼，退以义，得之不得曰‘有命’。而主痈疽与侍人瘠环，是无义无命也。”“无义无命”，这里的“命”即下章〔“莫非命也章”（13. 2）〕所谓“正命”之“命”。人行皆有其结果，是为“命”。然孟子则认为，非尽其“义”，则“无命”；这个“命”，显然是就“命”之正面的价值亦即“正命”而言的。“义”与“命”，在此乃具有一种因果性的关系。从这个意义说，“命”既是客观必然，人所不可与的力量；同时，其价值之实现，却又本自人内在的“义”和“德”。在这个意义上，“命”又非全与人无关者。“殀寿不贰，修身以俟之，所以立命也”，此具有正面价值之“命”或“正命”，乃人本人道之抉择与行为所“立”，所赋予。“命”作为“福”的这一特点，亦可以称之为“必然”而“内在”。

总括以上“事天”和“立命”两个方面的意义我们可以看到，就天人关系说，“天”的法则义和“运命”义是统一的。人之尽心养性以“法天”，同时，即赋予其“命”以正面的价值。此即孟子所说的天人关系的全面内涵。孟子的“事天”“立命”（“正命”）说，正是对孔子天人关系学说的发展。

尽心养性修身以事天、立命，是孟子所理解的天人合一。由此可见，这一天人之合，为义理之合，而非实质的同一；同时，这个天人的合一，又必表现为一个经由人的存在之创造性转化的动态的历程。这样，天虽内在于人，然仍为人所敬畏之客观法则；人虽然能尽心、修身、养性以“立命”，赋予其正面的价值，然此“命”仍为一客观的必然性。由此，我们只能说是尽心以知性、知性以知天。天人之本原合一，可由尽心知性而不同层次地实现之，实证地知之，然就实质的“合一”说，吾人亦永远只在乾乾精进的途程中。

13.2 莫非命也章

孟子曰："莫非命也，顺受其正。是故知命者不立乎岩墙之下。尽其道而死者，正命也；桎梏死者，非正命也。"

【通释】

此章论正命与非正命。

岩墙：墙之将覆者也。桎梏死：言犯罪而死也。

人所得自于天者，统可称之为性，亦统可称之为命。就天之命于人者而言谓之命，就人之自得于天而成于己者而言谓之性。此义之性命，可称作"广义的性、命"。孟子又对此广义的性、命作出内在的区分，称"仁义礼智圣"诸道德规定为"性"，而称耳目口鼻四肢诸情欲及功利性要求为"命"。此义之性命，可称作"狭义的性、命"。此义可参阅本篇"求则得之章"（13.3）和"广土众民章"（13.21）。

本章对狭义的"命"，又作出"正命"与"非正命"的区分。正命非正命的区分，乃是说，此"命"，又有正面的价值与非正面的价值。"狭义的性、命"之区别，说明了一个道理：人必须以尽人性、行人道来成就其"命"，而不能外在于人性以求天命。"狭义的性"（"仁义礼智圣"），规定了人的使命和人道之"应该"。生死、夭寿、祸福，皆属于"命"。人不能外在于人道求天命，只能躬行人道，以俟天命。所谓"夭寿不贰，修身以俟之，所以立命也"，就是这个意思。人行其所当行，所得到的结果（"命"），就是"正命"。反之，如果以宿命论的态度消极地对待"命"，立于岩墙之下等死，或任意妄为，作奸犯科，罪罚致死（"桎梏死"），便是不"知命"，其结果也非"正命"。可见，"知命"，也就是知性、知人，亦即知人道，知人之所当行。人的道德抉择，对于其"命"，具有一种内在的赋值作用。人躬行人道，实现人性，所得的结果，亦正是天命之所系。从这种意义说，德与命是一致的。知天、立命，必须反求诸己，而不可驰骛于外。

13.3　求则得之章

孟子曰："求则得之，舍则失之，是求有益于得也，求在我者也；求之有道，得之有命，是求无益于得也，求在外者也。"

【通释】

此章言性命之内在区分。《中庸》首章讲"天命之谓性"，是言人得自于天的内容皆可谓之性，这是一个总体的讲法。然就人而言，其本于天之"性"，又可作内在的区分。这个区分，孔子称作"义、命"，孟子则称作"性、命"。

关于这个"求则得之，舍则失之，是求有益于得也，求在我者也"之内容，《告子上》"性无善无不善章"（11.6）说："仁义礼智，非由外铄我也，我固有之也，弗思耳矣。故曰：求则得之，舍则失之。或相倍蓰而无算者，不能尽其才者也。""仁义礼智"为吾人性中先天固有，反躬内求，即可得之。故说"求则得之"，"是求有益于得也"。"求在我者也"，则是说，此仁义礼智之性，为吾人反求诸己而自得，乃由乎自因，不假外求，而为人自身所能决定者。

与此相对，"求之有道，得之有命，是求无益于得也，求在外者也"，则指人之情欲和功利要求及事功效果一面而言，即所谓运命之"命"。凡人的富贵贫贱、生死寿夭、事业成就之属，皆可归之于此"命"的范畴之内。此一方面的要求，其满足和实现与否，乃受制于他力和种种外部条件，而非由人所能直接得求者。其决定之权，在"外"而不在"我"，只能归之于"命"。人对于此"命"，不能直接去"求"，而只能由乎其"道"而俟其所成。"求之有道，得之有命，是求无益于得也，求在外者也"，讲的就是这个道理。

13.4　万物皆备于我章

孟子曰："万物皆备于我矣。反身而诚，乐莫大焉；

强恕而行，求仁莫近焉。”

【通释】

此章言由忠恕之道而达物我、天人之合一的境界。

“万物皆备于我矣。”万物皆备于我，讲物我的合一。而这个物我合一的内涵，乃由下文所言忠恕所达之人己内外一体相通之境界所显。

“反身而诚，乐莫大焉；强恕而行，求仁莫近焉。”是言忠恕。孔子以忠恕为行仁之方。忠恕行仁，即从切己之意愿出发，通过推己及人的践履工夫，达于内外、人己、物我之一体相通。思孟论忠恕之道，既继承了孔子此一思理，又有自己的特点。本章所论，拓展了孔子忠恕观念的内涵：一是把人我关系的伦理意义拓展到物我关系的宇宙论意义；二是从“诚”之成己成人、成己成物角度来展示忠恕观念的思想内涵。本章以“反身而诚”与“强恕而行”对举，乃以诚言“忠”，以“诚”为“忠”之极致。顾炎武《日知录》卷七“忠恕”条：“反身而诚，然后能忠；能忠矣，然后由己达之家国天下，其道一也。”亦以“诚”解“忠”之义。此章以“诚”言“忠”，其着重点乃在反求诸己以应事接物、成己成物的角度来规定忠恕的内涵。孔子讲“为己之学”“为仁由己”，亦是强调反求诸己以成仁。此章之说，根据在孔子而又有所发展。

过去人常据“万物皆备于我”一语，断言孟子思想为“以主观吞并客观”的“主观唯心论”。这是一种认识论意义的评价。其实，忠恕讲的是人的存在“实现”而非认识的问题。在存在实现的意义上，这里所表达的，恰恰是一种由修己成物而达物我平等实现的客观精神。

忠恕之道通过推己及人，以达人己内外的相通，这是一个沟通的原则。这个沟通，乃以差异性的实现为前提。孟子的忠恕观念，更突出了差异性的意义。《尽心上》“君子之于物也章”（13.45）：“亲亲而仁民，仁民而爱物。”《梁惠王上》“齐桓晋文之事章”（1.7）：“老吾老以及人之老，幼吾幼以及人之幼，天下可运于掌。”此亦言忠恕之道。这个忠恕原则，其沟通的方式，是以情应物，由此而达致外内之一体相通。但这个爱，不是“兼爱”之爱，而是“爱有差等”之爱。爱有差等，即讲的是差异性。《滕文公下》“夫子好辩章”（6.9）：“杨氏为我，是无君也；墨氏兼爱，是无父也。无父无君，是禽兽也。”杨朱的“为我”和墨家的“兼爱”，是现实伦理生活中的两种极端表现。“为我”，是极端的个人主义；“兼爱”，在墨家，则导致一种禁欲主义。儒家的“仁”，包涵“为我”与“兼爱”这两“端”，但它是遵循着忠恕之道，即由己及亲，由亲及人、由人及物之自然的等差，层层拓展及于一种普遍性的“爱”。人生天地间，有自己个体存在的分位，与周遭世界之关系，自有远近、厚薄、次第之差别。比如，人对己之顾惜胜于对人之顾惜，对人之情胜于对物之情，对自己父母之爱深于对他人父母之爱。人的存在有天然的等差性，人的情感表现亦有天然的等差性。保持这份真实、真情实感，就有“忠”、有“诚”，这是人的道德成就乃至人的存在之实现的前提。墨家的“兼爱”，要取消这些天然的等差，是不能落实于人的实存性的一种抽象的原则。而人对于个体实存等差性的偏执，则会导致另一极端——“为我”。孟子认为，这两者都将造成人的非伦理（禽兽）状态。儒家以忠恕行仁，既要保持住人伦物理关系之自然的分位差异，又要排除对这差异之私己性的偏执。这种“爱”，就是包涵着个体分位差异性的“沟通”，而它所成就的，乃是一种具体的德性。

故忠恕作为行仁之方，不仅是一种方法，更是达于物我平等实现的一种工夫。平等，是价值意义上的平等；它的前提是个体差异性的实现。而物我的平等和融通无隔，乃能达到仁心流行，成就一“至乐”（“反身而诚，乐莫大焉”）的文化心态。孟子的忠恕思想，更凸显了儒家道德原则差异与普遍性之两端互通及人我、物我平等的客观性精神。

13.5　行之而不著章

孟子曰：“行之而不著焉，习矣而不察焉，终身由之而不知其道者，众也。”

【通释】

此章言知行。

“行之而不著焉，习矣而不察焉”：朱子《集注》：“著者，知之明；察者，识之精。”

此言一般民众亦在道中，只是常不能自觉明察其理也。此亦《易·系辞上》“一阴一阳之谓道，继之者善也，成之者性也，仁者见之谓之仁，知者见之谓之知，百姓日用而不知”之谓也。

13.6　人不可以无耻章

孟子曰：“人不可以无耻。无耻之耻，无耻矣。”

【通释】

此章论“耻”或羞耻心。

“无耻之耻”，朱子《集注》：“耻者，吾所固有羞恶之心也。存之则进于圣贤，失之则入于禽兽，故所系为甚大。”羞耻心乃人心良知所本有之内涵，朱子以“羞恶之心”释“耻”字义，是正确的。“无耻之耻，无耻矣”，赵岐注对此句的解释是：“人能耻己之无所耻，是为改行从善之人，终身无复有耻辱之累也。”朱注亦从此说。“人不可以无耻”，言人当有羞耻心，此为本章要旨。下句“无耻之耻，无耻矣”，则是从反面强调此义，谓人如不知耻，斯真为可耻者也。赵岐的解释过于迂曲，不可从。

本章与下一章皆论“知耻”，可放到一起来作解。

13.7　耻之于人大矣章

孟子曰：“耻之于人大矣！为机变之巧者，无所用耻焉。不耻不若人，何若人有？”

【通释】

儒家很重视羞耻心对于人格养成的意义。

在孟子看来，羞耻心是人心道德良知之本有之内涵。盖人之存在，其人心之所“同然”者，谓“理、义”，或曰仁义。“然”是肯定，与此相对者，即对于不善者之否定与拒斥。此实为人心本体一体之两面，而缺一不可者。人心之“同然”中必包涵有对此所同然之自身保持及捍卫之机制，是即人之羞耻心也。故羞耻心亦为人的良知本心所本具之内涵。

《告子上》“告子曰性无善无不善章”（11.6）言四端说：“羞恶之心，人皆有之。”又：“羞恶之心，义也。”《公孙丑上》“人皆有不忍人之心章”（3.6）：“无羞恶之心，非人也。”又：“羞恶之心，义之端也。”

“羞恶之心”，恶字应读为“善恶”之恶。或读为“好恶”之“恶”，是错误的。何以言之？《尽心下》“人皆有所不忍章”（14.31）：“孟子曰：人皆有所不忍，达之于其所忍，仁也；人皆有所不为，达之于其所为，义也。人能充无欲害人之心，而仁不可胜用也；人能充无穿逾之心，而义不可胜用也；人能充无受尔汝之实，无所往而不为义。”此章以不忍之心为仁之端，而由此扩充以达于仁；而以“有所不为”为“义”之端，并举“无穿逾之心”为此“有所不为”之心的主要内容，而由此扩充以达于“义”。是“无穿逾之心”即《告子上》与《公孙丑上》篇所谓的“羞恶之心”之内容。另外，从文义而言，四端皆有具体的内涵，如将“羞恶之心”的恶读为“好恶”的“恶”，则“羞恶之心”一端，则失去其具体之所指，在文义上亦不能通。①

不过，羞恶之心有各种表现，不限于“无穿逾之心”。其实，羞恶之心广而言之，就是《尽心下》（14.31）所说的“人皆有所不为”之心，如其所言“无欲害人之心”“无穿逾之心”“无受尔汝之实”等，凡与道德之善相违者，皆属此“人皆有所不为”之列。此即前面所说的“人心之‘同然’中必包涵有对此所同然之自身保持及捍卫之机制”之内容也。此即孟子所谓的“耻”或羞耻之心。

这个“耻”或“羞恶之心”，作为在人心之“同然”中之保持和捍卫此同然之内容的否定性机制，同时，即内具于人心与人性中。故《告子上》（11.6）说，“羞恶之心，人皆有之”，同时又说，包括此“羞恶之心”在内的四端及其所表征之“仁义礼智”，乃“非由外铄我也，我固有之也”，反思即可得之。《公孙丑上》（3.6）说，“无羞恶之心，非人也”，同时又说：“人之有是四端也，犹其有四体也。有是四端，而自谓不能者，自贼者也；谓其君不能者，贼其君者也。凡有四端于我者，

---

① 关于“羞恶之心”的理解，可详参拙文《论人性本善及其自我捍卫机制》，载《哲学动态》2018 年第 1 期。

知皆扩而充之矣，若火之始然，泉之始达。苟能充之，足以保四海，苟不充之，不足以事父母。”是羞恶之心，广义上说羞耻之心，乃为人性所本有，而非由外所得到的东西。

从这个意义上，孟子特别重视此“耻”或羞耻之心之保任工夫。“人不可以无耻章”（13.6）特别警示世人，“人不可以无耻”，而无耻之羞耻，乃是人之最可“羞耻”者。这是因为，羞耻之心不仅是标志人之所以为人之根本所在的“四端”之一，而且更重要的是，它作为人性之善的自守与捍卫机制，所标志者，乃是人之为人的底线。突破此底线，将陷于非人或者禽兽。本章所谓“为机变之巧者，无所用耻焉”，则指出，羞耻心之无者，乃由后天习性（如为机变之巧者）所陷溺或遮蔽，而非根本无者也。

由此看来，“耻之于人大矣”，不可不重视此人心本然的羞耻之心之保任。

由于此羞耻之心为人心之本然所具者，凡与人之善相反者，皆在此人性捍卫机制所否定拒斥之列，故吾人不可能为此捍卫机制列出外在的标准。人心之所同然与其否定拒斥一面，本一体之两面。人皆有羞恶之心，羞于做不好的事，这是“四端”之一，它根源于人的本性。故人须常常反躬内求，发现并保任此而不失，良知发现，把这良知本心挺立起来，由它来做决断，无须外在的权威来告诉你哪个是善、哪个是恶，哪个是荣、哪个是耻。人内在的良知显现并挺立起来，一念发动处自然知是知非，知荣知耻；凡事便能“是而是之，非而非之”，随感而应，恰到好处。它不需要任何外在的标准。这是听凭良知、良心的一种自由选择和决断，不是由外面“化”进来的东西。这是儒家的一个基本信念。

13.8　好善而忘势章

孟子曰：“古之贤王好善而忘势，古之贤士何独不然？乐其道而忘人之势，故王公不致敬尽礼，则不得亟见之。见且犹不得亟，而况得而臣之乎？”

【通释】

此章表彰士人德或道高于势的独立自由精神，凸显了“以德抗位”的独特气质。

此点可详参《公孙丑下》“孟子将朝王章”（4.2）、《万章下》“敢问不见诸侯章”（10.7）之“通释”，并可与《尽心下》“说大人则藐之章”（14.34）互参。

13.9　宋句践章

孟子谓宋句践曰：“子好游乎？吾语子游。人知之亦嚣嚣，人不知亦嚣嚣。”

曰：“何如斯可以嚣嚣矣？”

曰：“尊德乐义，则可以嚣嚣矣。故士穷不失义，达不离道。穷不失义，故士得己焉；达不离道，故民不失望焉。古之人，得志，泽加于民；不得志，修身见于世。穷则独善其身，达则兼善天下。”

【通释】

此章亦言士处世及进退之原则。

宋句践：事迹未见他书。赵岐注：“宋，姓也。句践，名也。好以道德游，欲行其道者。嚣嚣：自得无欲之貌也。”游：朱子《集注》：“游，游说也。”赵注释游为“以道德游”，朱注则释游为“游说”，皆无据。观上下文意，此游当为游于世之义。故孟子答以处世进退之义也。

士君子处世之道，要之即“尊德乐义”。人之境遇，有穷有达，其进退之原则，应是“穷不失义，达不离道”。进退皆不违道。“穷不失义”，故能自成其德，而能自得其性，所以说是“不得志，修身见于世”，“穷则独善其身”。“达不离道”，故能落实其道于现实社会，而可以得济世安民之效，所以说是“得志，泽加于民”，“达则兼善天下”。故进退皆不失己，而能安然自得者也。

13.10　待文王而后兴章

孟子曰："待文王而后兴者，凡民也。若夫豪杰之士，虽无文王犹兴。"

【通释】

此章言凡民与豪杰之士之异也。

凡民，为一般民众。豪杰，一般多以才质解之。赵岐注："凡民，无知者也；故由文王之化，乃能自兴起以趋善道。若夫豪杰之才，知千万于凡人者，虽不遭文王犹能自起以善守其身，正其行，不陷溺也。"朱子《集注》："兴者，感动奋发之意。凡民，庸常之人也。豪杰有过人之才智者也。盖降衷秉彝人所同得，惟上智之资，无物欲之蔽，为能无待于教，而自能感发以有为也。"此说亦可通。不过，孟子似不太着意于人之才质差异，吾意孟子此说似与孔子"君子之德风，小人之德草"之义略近。

13.11　附之以韩魏之家章

孟子曰："附之以韩魏之家，如其自视欿然，则过人远矣。"

【通释】

此章言人当富而不骄也。

朱子《集注》："附，益也。韩魏，晋卿富家也。欿然，不自满之意。尹氏曰：言有过人之识，则不以富贵为事。"

13.12　以佚道使民章

孟子曰："以佚道使民，虽劳不怨。以生道杀民，虽死不怨杀者。”

【通释】

此章谓当本人道以治国也。此亦《中庸》“以人治人”之义也。

朱子《集注》：“程子曰：以佚道使民，谓本欲佚之也，播谷乘屋之类是也。以生道杀民，谓本欲生之也，除害去恶之类是也。盖不得已，而为其所当为，则虽咈民之欲而民不怨。”

儒家的政治理念，首先强调要以“人道”为为政之最高原则。《中庸》引孔子语云：“子曰：道不远人。人之为道而远人，不可以为道……故君子以人治人。”朱子《中庸章句》云：“以人治人，则所以为人之道，各在当人之身，初无彼此之别。故君子之治人也，即以其人之道，还治其人之身。”这个“以人治人”或以“人之道”还治“人之身”的为政原则，其根据即“道不远人”。人先天客观地具有其自身的“道”，故循人道以治人，亦必然成为君子为政之最高的原则。“以其人之道，还治其人之身”，朱子《章句》所下这一“还”字，用得特别贴切传神，它指示出，圣人君子之治，其实质就是把人（民）所固有的道“还”给人自己，而初无任何“外铄”的成分。

又郭店竹简《尊德义》篇对此有很好的说明：“教非改道也，教之也。学非改伦也，学己也。禹以人道治其民，桀以人道乱其民。桀不易禹民而后乱之，汤不易桀民而后治之。圣人之治民，民之道也。禹之行水，水之道也。造父之御马，马之道也。后稷之艺地，地之道也。莫不有道焉，人道为近。是以君子，人道之取先。”① 宇宙万有皆有其自身的“道”。水有水之道，马有马之道，地有地之道。禹之行水，须因任水之道；造父御马，须因任马之道；后稷艺地，须因任地之道，乃能有其成功。同样，人亦有人之道，圣人因乎“人道”，故能使天下大治。是“道”对于包括人在内的宇宙万有，具有先在性和本原性的意义。为政治民，当然必须以“民（人）之道”为根据。

孟子强调为政当本诸人（民）道，是继承了孔子及子思的这一政治理念。

---

① 参阅李零《郭店楚简校读记》，第139页。

13.13　霸者之民章

孟子曰："霸者之民，驩虞如也。王者之民，皞皞如也。杀之而不怨，利之而不庸，民日迁善而不知为之者。夫君子所过者化，所存者神，上下与天地同流，岂曰小补之哉？"

【通释】

此章言君子以道治世及其教化之效。

"霸者之民，驩虞如也。王者之民，皞皞如也。"驩虞，快乐欣喜也。皞皞，广大自得也。或以为此言王霸有别。驩虞与嗥嗥，其所述生存和心情状态，容有小别。但观上下文意，此章意不在作王霸之辨，而在统说君子化民之义。且孔孟论王霸，一方面从评价和原则上对王霸有明确的判分，其最明确的说法，是"以力假仁者霸"，"以德行仁者王"〔《公孙丑上》"以力假仁者霸章"（3.3）〕。另一方面，以王霸在博施济众的事功功业层面，又有意义上的重叠交叉。故孔子对管仲有批评，亦有很高的评价。孟子更是如此。在道德价值上，孟子严格区分王霸，但在功业上，对霸者亦有很高的评价〔说参《梁惠王上》"晋国天下莫强焉章"（1.5）之"通释"〕。故孟子并非处处严分王霸，此章兼王霸统说之，亦是可以理解的。

"杀之而不怨，利之而不庸"，即上章（13.12）本人道以治国之效也。不过，此章意在说明以道治国之教化意义。故下面接着说："民日迁善而不知为之者。"

"夫君子所过者化，所存者神，上下与天地同流，岂曰小补之哉？"则继之而言此以道治世之教化之效。为政既本诸人之道，其落实，便当以德政而非以刑罚为先。孔子谓为政当"道之以德，齐之以礼"，而非"道之以政，齐之以刑"（《论语·为政》），即此义。而这个德教，并非对百姓的要求，而是要为政者率先行之，以达成"德风德草"之教化作用。郭店简《尊德义》篇说："是以为政者教道之取先……先之以德，则民进善焉。”《成之闻之》篇也说：“君子之莅民也，身服善以先之，敬慎以守之，其所在者入矣”这个“先之以德”，“身服善以先之”，即对为政者的要求，而非对百姓的要求。

“上下与天地同流”，是言君子之教化，乃法则天地之道。由此，而能观化于天下，如时雨之降，德风德草，润物无声，而化民于无迹者也。

13.14　仁言不如仁声章

孟子曰：“仁言不如仁声之入人深也，善政不如善教之得民也。善政，民畏之；善教，民爱之。善政得民财，善教得民心。”

【通释】

此章论德政教化之义，此亦孔子“道之以德，齐之以礼”而反对“道之以政，齐之以刑”之说也。

赵岐注：“仁言，政教法度之言也；仁声，乐声雅颂也。”此所谓政，即刑政之义。《论语·为政》：“道之以政，齐之以刑，民免而无耻；道之以德，齐之以礼，有耻且格。”《大戴礼记·礼察》：“世主欲民之善同，而所以使民之善者异。或导之以德教，或驱之以法令。导之以德教者，德教行而民康乐；驱之以法令者，法令极而民哀戚。”孔子以政刑与德礼相对举，孟子以“仁言”与“仁声”、“善政”与“善教”相对举，《大戴礼记·礼察》以“法令”与“德教”相对举，其义略同。相对而言，德礼、仁声、善政、德教，其所重在德性的教化及其成就；政刑、仁言、善教、法令则重在以强力推行刑法政令。故曰“善政民畏之，善教民爱之”，而“善教”乃能“得民心”。此亦强调德政教化之义也。

13.15　人之所不学而能者章

孟子曰：“人之所不学而能者，其良能也；所不虑而知者，其良知也。孩提之童，无不知爱其亲也；及其长也，无不知敬其兄也。亲亲，仁也；敬长，义也。无他，达之天下也。”

【通释】

此章以幼童皆具亲亲之情以说明人皆有良知良能。

“人之所不学而能者，其良能也；所不虑而知者，其良知也。”朱子《集注》：“良者，本然之善也。程子曰：良知良能，皆无所由，乃出于天，不系于人。”据此，“良”乃先天本然之善之义。“不学而能”“不虑而知”，亦表明此“良”具有本然、先天之义。孟子有“良心”“本心”之说。在《告子上》“牛山之木章”（11.8）孟子以“良心”与“仁义之心”为同一概念。这个“良心”或“仁义之心”的内涵，即此章所谓“良知”“良能”。人心有自觉与发之于行这两方面的作用。相对而言，良知，乃就人之自觉言；良能，乃就人之才具与存在言。

孟子落实于“心”而言性善，有两个方面的内容。一是谓人心有“同然”，其所同然者“理、义”也。这个同然，就是理性之肯定或理性上的判断和抉择。这个理性方面的肯定或抉择，亦可以理解为孟子所说的“是非之心”。一是谓“理、义之悦我心”。这个我心悦“理、义”，则指情感上的实有。孟子谓人本具善性，不仅是在理性之自觉上说，更重要的是强调，仁义礼智诸道德规定，乃内在于人的情感生活而为人的存在所真实拥有。

孟子说“乃若其情，则可以为善矣，乃所谓善也”〔《告子上》“告子曰性无善无不善章”（11.6）〕，是要从人的内心情感生活的当下显现中指点出性善的根据。这个据情而言性善，又有两种讲法，一是其四端说，另一即是本章所言，从人所具有之亲亲敬长之情来说明人心有先天的良知良能。故在言人有良能良知之后，即举“孩提之童，无不知爱其亲也；及其长也，无不知敬其兄也。亲亲仁也，敬长义也”之例，来说明人本有仁义之心。这一点，与《告子上》“牛山之木章”（11.8）以“良心”同于“仁义之心”这一观念亦可以互证。

孟子所谓心，其内容乃显现为情，“知”乃为此情所本具。故孟子所言四端，本以不忍恻隐之心统御之，然其内在即包涵有“是非之心”

在其中。是非之心即一自觉判断之机能，故以后阳明谓是非之心即“良知”。因这良知作为判断之机能，非独立于情的抽象认知功能，而是依于情感之生命的自觉或心明其意。故此“良知”之表现，乃当下可起而行之的知行合一之知。而其表现于人的亲亲之情，亦有两个方面：良知与良能，可以通谓之“良心”或“仁义之心”。此章先言“良能”，继言“良知”，亦意谓这仁义之心乃以“良能”为首出的原则，而良知为此亲亲之情之内在的规定也。

孟子言不忍恻隐之情以证人性之善，讲仁义礼智四端，此处只讲“仁义”而未言及“礼智”者，乃在于礼智皆以仁义之情为中心而见其义也。《离娄上》“仁之实事亲是也章”（7.27）：“孟子曰：‘仁之实，事亲是也；义之实，从兄是也；智之实，知斯二者弗去是也；礼之实，节文斯二者是也；乐之实，乐斯二者。乐则生矣，生则恶可已也。恶可已，则不知足之蹈之手之舞之。’”即表明了这一点。

“亲亲仁也，敬长义也。无他，达之天下也。”是说亲亲、敬长之情必推扩至于天下，乃可实现其作为仁义原则之本有的意义。

13.16　舜之居深山章

孟子曰：“舜之居深山之中，与木石居，与鹿豕游，其所以异于深山之野人者几希。及其闻一善言，见一善行，若决江河，沛然莫之能御也。”

【通释】

此章言道具有内在创造转化实存之伟大原创力。

善性为人先天所本具。舜虽圣人，居深山，与木石鹿豕处，亦不能异于野人，此见善性非现成，非教化无以成就之也；然“尧舜性之也”〔《尽心上》“尧舜性之也章”（13.30）〕，舜善与人同，与人为善〔《公孙丑上》“子路人告之以有过章”（3.8）〕，一悟本体即是工夫，沛然若决江河，一通而百通，此又见圣人之天纵，而有异于常人者也。

此儒学之所谓道之教化作用也。

13.17 无为其所不为章

孟子曰："无为其所不为，无欲其所不欲，如此而已矣。"

【通释】

此言人行当出自自因自律，而不应有外在力量所决定者也。

13.18 人之有德慧术知者章

孟子曰："人之有德慧术知者，恒存乎疢疾。独孤臣孽子，其操心也危，其虑患也深，故达。"

【通释】

此章亦言艰困忧患环境对于人格成就之重要意义。

疢疾，谓忧患也。人之德行、智慧、技艺、智能，常要经历一番磨难才能得以成就。孤臣孽子，身处险境，心存忧患，虑以纾困，故能洞悉通达生命之理也。

此亦"生于忧患，死于安乐"之义也。可与《告子下》"舜发于畎亩章"（12.15）互参。

13.19 有事君人者章

孟子曰："有事君人者，事是君则为容悦者也。有安社稷臣者，以安社稷为悦者也。有天民者，达可行于天下而后行之者也。有大人者，正己而物正者也。"

【通释】

此章言为政之不同境界也。

赵岐注论此章章指："容悦凡臣，社稷股肱，天民行道，大人正身。凡此四科，优劣之差。"朱子《集注》："此章言人品不同，略有四等。容悦佞臣不足言，安社稷则忠矣，然犹一国之士也。天民则非一国之士矣，然犹有意也。无意无必，惟其所在，而物无不化，唯圣者能之。"可以参考。此处提出"大人"（圣人）一品，正己而物自正，其道可化行于天下，于此四品之中为最高。孔子曰："其身正，不令而行"（《论语·子路》），"德之流行，速于置邮而传命"〔《公孙丑上》"夫子当路于齐章"（3.1）引孔子语〕，此之谓也。

13.20　君子有三乐章

孟子曰："君子有三乐，而王天下不与存焉。父母俱存，兄弟无故，一乐也；仰不愧于天，俯不怍于人，二乐也；得天下英才而教育之，三乐也。君子有三乐，而王天下不与存焉。"

【通释】

此章论君子之"乐"。

孟子"君子有三乐"之说，与儒家德福统一之义有密切的关系。

此章之"乐"，大体即西方哲学所谓幸福。关于福德之关系，本篇(《尽心上》)首章之"通释"已约略言之，其义大体强调修身以俟命，或曰修身以立其正命也。周茂叔教人，每令寻孔颜乐处，所乐何事。是圣贤亦有乐处，此"乐处"，即西方哲学所谓幸福者也。然周茂叔教人所寻者，在其"所乐何事"，而非教人以寻此"乐处"为人生目的也。儒家不以"乐"为其追求之目标，然亦肯定人之"乐"或幸福为善事。

人能修身以立其正命而享有之，此即儒家所理解的幸福。儒家不离德之规定以言福，谓人不能离其所当行而外在地以福乐为人生之目标；同时，儒家亦不否定人之福乐之要求。《中庸》："子曰：舜其大孝也与！

德为圣人，尊为天子，富有四海之内，宗庙飨之，子孙保之。故大德必得其位，必得其禄，必得其名，必得其寿。故天之生物，必因其材而笃焉，故栽者培之，倾者覆之。《诗》曰：‘嘉乐君子，宪宪令德，宜民宜人，受禄于天。保佑命之，自天申之。’故大德者必受命。”可知在儒家看来，德福是统一的，而福禄寿财之作为福，亦有其自身的价值。德福统一，乃为至善。德福分立，二者将皆失去其自身所具之本有的价值。以外在追求福乐为行为之目的，必将导致伦理观上的功利主义；反之，如仅以德为福，则将使福乐失却自身独立的价值，亦会导致道德伦理观上的禁欲主义。儒家以德福之统一为至善，故于此二者皆不取也。

孟子谓“万物皆备于我矣，反身而诚，乐莫大焉”，是以仁心流行而合外内、通天人为乐也，何以又仅言“三乐”？这便与儒家对“乐”或幸福的理解有关了。

“君子有三乐，而王天下不与存焉。父母俱存，兄弟无故，一乐也；仰不愧于天，俯不怍于人，二乐也；得天下英才而教育之，三乐也。君子有三乐，而王天下不与存焉。”孟子讲到君子之“三乐”，特别强调“王天下不与存焉”。王道亦有其功业之层面，此言“乐”，即从圣人所能达之功业层面而言。就此一方面说，利泽百姓，兼济天下，为王道功业之最高成就，虽尧舜亦有所不能者也。盖人之功业一面，受制于历史现实诸方面条件之限制，其成就之大小，乃属于“命”，而为吾人所不能与、不能预期、不能直接求之者也。孟子谓君子之三乐“王天下不与存”者以此。

孟子所言君子“三乐”，皆人之天性所当然者。其第一乐，“父母俱存，兄弟无故”，关乎亲亲之情，此天性之当然，并为吾心之可期于当下者也。

其第二乐，“仰不愧于天，俯不怍于人”，是吾心唯一凭自力所能知能行，而使吾人之所有行为发乎自因，而不受制于外力者。此为吾人所有福乐所由成立之根据也。

其第三乐，“得天下英才而教育之”，此既为第一乐之引申，不出吾之天性，亦为吾人由切近之性情推扩吾道以达乎国家天下之一中介环节。中国传统有“师徒如父子”之说，讲究“一日为师，终身为父”，老师亦视学生为“弟子”。是师生之谊，亦视亲亲而本夫吾人之天性者也。更有进者：师生之谊，又以共同涵泳于道为其根本特征。韩愈《师说》以“传道”为“师”之第一义：“吾师，道也……是故无贵无贱，无长无少，道之所存，师之所存也。”即很好地表现了这一点。

君子之福乐，出乎天性。由此推扩开来，其利泽百姓，兼济天下之事功成就，皆可成为吾人福乐之内容。唯因人生福乐，不可脱离人性自因自力之根本怀利以求之，是故孟子有“君子三乐”之说也。

孟子此章言君子三乐，准确地表现了儒家对人生幸福的理解。

13.21　广土众民章

孟子曰：“广土众民，君子欲之，所乐不存焉。中天下而立，定四海之民，君子乐之，所性不存焉。君子所性，虽大行不加焉，虽穷居不损焉，分定故也。君子所性，仁义礼智根于心，其生色也，睟然见于面，盎于背，施于四体，四体不言而喻。”

【通释】

本章要在说明性、命之关系。

此章所论性命理论，与《尽心下》之“口之于味章”（14.24）有着密切的意义关系，需要把这二章联系起来考察。“口之于味章”（14.24）：

> 孟子曰：“口之于味也，目之于色也，耳之于声也，鼻之于臭也，四肢之于安佚也，性也，有命焉，君子不谓性也；仁之于父子也，义之于君臣也，礼之于宾主也，知之于贤者也，圣人之于天道也，命也，有性焉，君子不谓命也。”

我们先来讨论“口之于味章”，在此基础上再来谈“广土众民章”的思想内涵。

对“口之于味章”，历来解释纷歧，主要是未能从孟子言性命分合之整体结构上理解孟子论“性”之整体内涵。

《尽心上》“求则得之章”（13.3）讲到性、命的内在区分。我们曾把子思所言“天命之谓性”，称作“广义的性、命”，把性命内在区分意义上的性命，称作“狭义的性、命”。“口之于味章”所言“性命”，讲的正是这“狭义的性、命”之内容。“口之于味章”讲到两个不同意义的“性”和不同意义的“命”。明乎此“广义的性、命”与“狭义的性、命”之区别和联系，此章两“性命”之涵义就容易理解了。

“口之于味也，目之于色也，耳之于声也，鼻之于臭也，四肢之于安佚也，性也，有命焉，君子不谓性也。”此言人之声色口腹肉身之欲望要求，或人之自然生命的情欲本能及其满足，从“天命之谓性”之“广义的性、命”而言，皆可称之为“性”，亦皆可称之为“命”。《尽心上》“求则得之章”（13.3）说：“求之有道，得之有命，是求无益于得也，求在外者也。”《万章上》“或谓孔子于卫主痈疽章”（9.8）：“进以礼，退以义，得之不得曰有命。”此处所言“命”，即狭义的“命”。是言人的口、目、耳、鼻、四肢及其欲望要求以及其功利需求之满足，受种种外部对象之制约，其实现乃由复杂的外部条件所决定，它构成了一定时空条件下人的存在之特殊的历史际遇。其结果非人所能直接控制，因而非人直接所可求得者。对它的决定之权在“外”而不在“我”，只能归之于“命”。人对于此“命”，不能直接去“求”，而只能由乎人道之当然而俟其所成〔本篇“尽其心者章”（13.1）：“殀寿不贰，修身以俟之，所以立命也”；《中庸》：“君子居易以俟命”〕。君子称其为“命”而不称其为“性”者以此。

“仁之于父子也，义之于君臣也，礼之于宾主也，知之于贤者也，圣人之于天道也，命也，有性焉，君子不谓命也。”此言人之“仁、义、礼、智、圣”诸道德规定，从“天命之谓性”之“广义的性、命”而言，皆可称之为“命”，亦皆可称之为“性”。《尽心上》“求则得之章”（13.3）说：“求则得之，舍则失之，是求有益于得也，求在我者也。”是言人之“仁、义、礼、智、圣”诸道德规定，其实现之道与前述那种“狭义的命”有根本性的区别。人不能外在地直接决定和求得其“命”。然而，遵从人道，躬行仁义，却是人唯一可自作主宰而不凭外力所能够做到的事情。其所主在“我”，本乎人心，完全凭任人之内在的自由抉择，自己决定自己而不假外求，故君子乃称之为“性”而不称之为“命”。

康德讲人的意志自由，是一个理论的悬设。孟子则由其对“仁、义、礼、智、圣”取之之道的独到理解，揭示出这意志自由之决断为一存在性事实的意义。

下面，我们再来讨论“广土众民章”。

“广土众民章”与“口之于味章”之所论，实可以相互印证。

“广土众民，君子欲之，所乐不存焉。中天下而立，定四海之民，君子乐之，所性不存焉。”这个“所乐不存”“所性不存”，亦即“口之于味章”之所谓“君子不谓性”之义。“广土众民”，亦为君子之所欲；居天下之中，而安定天下百姓，亦为君子之所乐，然此皆属事功或功业成就之事，故君子不以此为人的本性之所在。

“君子所性，虽大行不加焉，虽穷居不损焉，分定故也。”此句对上句性、命区分的观念作了进一步的阐述和强调。“君子所性”，即下文所言“根于心”之“仁义礼智”。“大行”，《公孙丑上》“夫子当路于齐章”（3.1）：“文王之德……武王周公继之，然后大行。”“大行”，即其道大行于天下。“大行”“穷居”，言人所处之境遇，及事功效果之事，皆属于“命”。人所处时势，虽有顺逆、得丧、安危、穷达等不同境况，然其对“君子”之“所性”，并不能有丝毫之增损。

“分定”，朱子《集注》解作“性分”，是对的。孟子这个“性分”义包含着性与命的区分和界限义。孟子性、命区分的根据是“性”乃一自主或自由的观念。“君子所性”之“仁义礼智”，为人之“性分”；同时，它也规定了性与命的区别，“大行”“穷居”，讲的就是“命”，合而言之，即此所言“分定”义。

“口之于味章”虽有性、命的区分，但“君子不谓性”“不谓命”，是一种遮诠的说法，而非表诠正面的说法，这就容易产生歧义和误解。如“口之于味”等自然情性之内容，“君子不谓性”，是否将之排除于“性”之外？“广土众民章”通过“性分”这一概念，解决了这一问题。在“性分”这一概念统摄下，孟子对“性”之内容作了正面的界说。“君子所性，虽大行不加焉，虽穷居不损焉，分定故也。君子所性，仁义礼智根于心，其生色也，睟然见于面，盎于背，施于四体，四体不言而喻。”就是说，情欲及其指向于外之事功，君子虽“不谓之性”，然却并非谓之为非性；君子所谓性，亦即性之本真，乃根于心之仁义礼智之道德规定，由“践形”而发行实现于形色实存并显现于功业成就之动态的全体。这就在人性作为本体之动态创造性转化的角度，揭示了人性的整体性内涵。

性、命有区别，但此区别同时也表明，性与命在道德价值上是一致的、同出一原的。作为功业效果或行为结果的“命”，虽有外部条件之限制，然而此命之实现和其道德的价值，却仍然本原于人之内在的道德抉择。本篇“尽其心者章”（13.1）、“莫非命也章”（13.2）提出“立命”“正命”说，讲的就是这个道理：“存其心，养其性，所以事天也；殀寿不贰，修身以俟之，所以立命也。”（13.1）“莫非命也，顺受其正。是故知命者不立乎岩墙之下。尽其道而死者，正命也；桎梏死者，非正命也。”（13.2）此言“命”一本于“性”。“正命”是对“命”之价值评价；“立命”，是讲此“命”之实现的本原。孟子在“天命之谓性”这一观念下区分性、命，但不是说“命”乃外在于“性”者。这里，“立命”之“立”极有深义。是言“命”非一个现成设定或预成性的概念，乃据人之行而“立”之者。人须本原于“性”之人道原则而“立命”。换言之，人本其天命之性而行其所当行，所得到的结果（命）即其“正命”。反之，如果以宿命论的态度，将“命”看作既定的东西而消极对待，或任意妄为，犯罪致死，就非正命。从这个意义上说，无德之人不能有其“命”（在“命”之本来意义即“正命”的意义上），只有“君子”才能“立命”而最终成就其“性”。故君子之“立命”，既是人性之实现，同时亦是天命之完成。

“君子所性，仁义礼智根于心，其生色也，睟然见于面，盎于背，施于四体，四体不言而喻。”这句话，讲的就是君子之“立命”在其人格上的表现。本篇“形色天性也章”（13.38）“形色天性也，惟圣人然后可以践形”的说法，亦可与此相参。“践”者实现义。从本真的意义说，形色为人之天性。但就实存而言，形色作为人的天性，并非现成。本体（仁义礼智）挺立起来，会引发和推动人的情感和肉身实存产生转变，使之不断地趋于精纯。由此尽性至命达于圣人的高度，其“形色”作为人的“天性”之本有价值，乃能真正实现出来。儒家的形上学，以工夫对应本体，这与西方哲学以实体对应属性（或本体对现象）那种认知的哲学进路，有很大的不同。通过工夫来实现、拥有和显现本体；本体推动人的存在发生转化，并在这转化了的实存上把自身呈现出来。这个过程，可名之为“教化”。“形色天性也”，是从广义的性命而言，从性、命内在区分的意义说，“形色”则属于“命”的范围。而“形色”作为人的“天性”之本有价值，经由“仁义礼智根于心”的一系列转变、转化过程，臻于“睟面盎背，施于四体”，皆人性本体之本然展现，性、命乃由此而复归于一。此正君子之“立命”于其人格成就上的表现。

13.22　伯夷辟纣章

孟子曰：“伯夷辟纣，居北海之滨，闻文王作，兴曰：‘盍归乎来？吾闻西伯善养老者。’太公辟纣，居东海之滨，闻文王作，兴曰：‘盍归乎来？吾闻西伯善养老者。’天下有善养老，则仁人以为己归矣。五亩之宅，树墙下以桑，匹妇蚕之，则老者足以衣帛矣。五母鸡，二母彘，无失其时，老者足以无失肉矣。百亩之田，匹夫耕之，八口之家，可以无饥矣。所谓西伯善养老者，制其田里，教之树畜，导其妻子，使养其老。五十非帛不暖，七十非肉不饱。不暖不饱，谓之冻馁。文王之民，无冻馁之老者，此之谓也。”

【通释】

此章言文王善养老之义也。

《离娄上》（7.13）亦有一“伯夷辟纣章”，言文王善养老，而天下归之，以此论王政。本章则言此善养老之内容，其实即制民之产，而使其民“无冻馁之老者”也。其内容极平实。有关此章养老之内容，亦可参《梁惠王上》“寡人之于国也章”（1.3）。

13.23　易其田畴章

孟子曰：“易其田畴，薄其税敛，民可使富也。食之以时，用之以礼，财不可胜用也。民非水火不生活，昏暮叩人之门户求水火，无弗与者，至足矣。圣人治天下，使有菽粟如水火，菽粟如水火，而民焉有不仁者乎？”

【通释】

此章亦言王道之经济与民生基础。

易：治理。畴：田地。菽粟：泛指粮食。

此亦衣食足而知荣辱，仓廪实而知礼节之义也。不过《滕文公上》“有为神农之言者章”（5.4）又说过：“饱食暖衣逸居而无教，则近于禽兽。圣人有忧之，使契为司徒，教以人伦：父子有亲，君臣有义，夫妇有别，长幼有序，朋友有信。”可参考。

13.24　孔子登东山而小鲁章

孟子曰：“孔子登东山而小鲁，登泰山而小天下。故观于海者难为水，游于圣人之门者难为言。观水有术，必观其澜。日月有明，容光必照焉。流水之为物也，不盈科不行。君子之志于道也，不成章不达。”

【通释】

此章言道为创生之本原，感慨圣人之道之大也。

东山：即蒙山，在鲁之东。澜：大波也。成章：朱子《集注》：“成章，所积者厚，而文章外见也。”

此言君子之志于道，如水之盈科而后进，必致其力于当下工夫，行不躐等，历阶而升，乃能上接本原，成章而达。君子之志道，犹水之有本也。

13.25　鸡鸣而起章

孟子曰：“鸡鸣而起，孳孳为善者，舜之徒也；鸡鸣而起，孳孳为利者，蹠之徒也。欲知舜与蹠之分，无他，利与善之间也。”

【通释】

此章亦言义利之辨也。

舜与盗蹠之分，义利之间也。义利之辨，以义为最高的原则，此儒家伦理之根本的原则。此说可参《梁惠王上》“孟子见梁惠王章”(1.1)“通释”。

13.26　杨子取为我章

孟子曰：“杨子取为我，拔一毛而利天下，不为也。墨子兼爱，摩顶放踵利天下，为之。子莫执中，执中为近之。执中无权，犹执一也。所恶执一者，为其贼道也，举一而废百也。”

【通释】

此章言伦理原则，亦兼及中庸方法。

“杨子取为我，拔一毛而利天下，不为也。墨子兼爱，摩顶放踵利天下，为之。”关乎伦理原则问题。《滕文公下》“公都子问好辩章”(6.9)：“杨氏为我，是无君也。墨氏兼爱，是无父也。无父无君，是禽兽也。”《滕文公上》“墨者夷之章”(5.5)亦有对墨者夷之“二本”论的批评。此两章“通释”有对杨朱、墨子伦理原则的详细讨论，可参考。

从方法论的角度说，杨氏之为我，墨氏之兼爱，都是偏执一端，也就是本章所谓的“执一”。“子莫执中，执中为近之。”子莫，赵岐注说是“鲁之贤人”。其事迹学说不详，其“执中”之确切的内容，亦不得而知。儒家强调中道。《论语·尧曰》：“尧曰：咨，尔舜，天之历数在尔躬，允执其中。四海困穷，天禄永终。舜亦以命禹。”《中庸》“子曰：

舜其大知也与！舜好问而好察迩言，隐恶而扬善，执其两端，用其中于民，其斯以为舜乎！"孔子认为尧舜禹之所传之道，即"允执其中"。"执两用中"，要在一"中"字。故云："执中为近之。"

不过，儒家的执中或执两用中，乃是有"权"之中。"执中无权，犹执一也。所恶执一者，为其贼道也，举一而废百也。"由此看来，子莫的执中，乃是一种"无权"之"中"。"权"即秤砣。秤砣要随物之轻重而移动，故权又有变义。只有通权达变，其行才能真正合道，合于"中"的原则。《论语·子罕》："可与共学，未可与适道；可与适道，未可与立；可与立，未可与权。"《离娄上》"男女授受不亲章"（7.17）也讲到权："男女授受不亲，礼也；嫂溺援之以手者，权也。""嫂溺不援，是豺狼也。"《荀子·解蔽》："夫道者，体常而尽变，一隅不足以举之。""道"是在事物之流变中显现出来的"常"。正因为如此，把握"道"的内在精神，而非把它作为一种教条性的外在规矩来服从，"执中"而有"权"，才能真正中礼合道。反之，"执中无权"，实质上就是一种教条主义，抓住一点，不及其余（"举一而废百"），其与杨墨的"执一"一样，皆将有害于道（"贼道"）。

13.27 饥者甘食章

孟子曰："饥者甘食，渴者甘饮，是未得饮食之正也，饥渴害之也。岂惟口腹有饥渴之害，人心亦皆有害。人能无以饥渴之害为心害，则不及人不为忧矣。"

【通释】

此章以口腹之害喻心之害。

口腹之害，使人不能得"饮食之正"。人心之害何也？为"理、义"之遮蔽，本心之放失，而不能得其"人情之正"者也。如"牛山之木章"所言，人能无受外诱，存其本然之良心或仁义之心，则其"好恶与人相近也几希"，而能得其人情之正者也。以此存心养长之，则何有"不及人"之忧哉？

13.28　柳下惠章

孟子曰："柳下惠不以三公易其介。"

【通释】

此章评价柳下惠之为人。

"不以三公易其介"，"介"有不同的解释。赵岐注："介，大也。柳下惠执弘大之志，不耻污君，不以三公荣位易其大量也。"朱子《集注》："介，有分辨之意。柳下惠进不隐贤，必以其道，遗佚不怨，阨穷不悯，直道事人，至于三黜，是其介也。此章言柳下惠和而不流。"按《集注》据孟子《公孙丑上》"伯夷非其君不事章"（3.9）对柳下惠的评价："进不隐贤，必以其道，遗佚而不怨，阨穷而不悯"，谓"不以三公易其介"是表彰柳下惠"和而不流"的行事风格。这是对的。但以"分辨"释"介"之义，则有所不切。张栻《癸巳孟子说》卷七："《易》曰：介于石，谓其所守之坚也。"这个解释颇能与"和而不流"之义相切合，是可取的。

13.29　有为者辟若掘井章

孟子曰："有为者辟若掘井，掘井九轫而不及泉，犹为弃井也。"

【通释】

本章言为人善始善终之义。

此亦孔子"譬如为山，未成一篑，止，吾止也；譬如平地，虽覆一篑，进，吾往也"（《论语·子罕》）之义也。为人为学，其或成或废，在己而不在人也。

13.30 尧舜性之也章

孟子曰："尧舜性之也，汤武身之也，五霸假之也。久假而不归，恶知其非有也。"

【通释】

此章言人性之表显方式。

朱子《集注》："尧舜天性浑全，不假修习。汤武修身体道，以复其性。五霸则假借仁义之名，以求济其贪欲之私耳。"可从。"久假而不归，恶知其非有也。"五霸虽假仁义而行之，行之既久，则亦可实有诸己也。是言性本吾先天所本具，然实现之道则有所不同。尧舜，"自诚明，谓之性"也。其下则"自明诚，谓之教"者也。汤武乃出之于自觉，五霸则虽假仁义而行，久乃亦可实有之也。

13.31 伊尹曰章

公孙丑曰："伊尹曰：'予不狎于不顺，放太甲于桐，民大悦。太甲贤，又反之，民大悦。'贤者之为人臣也，其君不贤，则固可放与？"

孟子曰："有伊尹之志，则可；无伊尹之志，则篡也。"

【通释】

此章论伊尹放太甲事。

"予不狎于不顺"：古文《尚书·太甲》作"予弗狎于弗顺"。狎，近也。不顺，谓不顺于礼义也。伊尹放太甲事，见《万章上》"人有言至于禹而德衰章"（9.6）："伊尹相汤以王于天下，汤崩，太丁未立，外丙二年，仲壬四年，太甲颠覆汤之典刑，伊尹放之于桐。三年，太甲悔过，自怨自艾，于桐处仁迁义。三年，以听伊尹之训己也，复归于亳。”

伊尹，臣也，太甲，君也。伊尹放太甲，是以臣放君，故公孙丑疑而问之也。孟子的回答，乃以“志”即动机为判定可否之标准。伊尹心存国家社稷，其“志”正大光明，足以感格君心，故“可”。否之，则为“篡”。吾人凡行一事，其“志”或动机不同，其意义与价值亦有本质之差异。此亦儒家行为正当性之判定标准也。

13.32　诗曰不素餐章

公孙丑曰：“《诗》曰：‘不素餐兮。’君子之不耕而食，何也？”

孟子曰：“君子居是国也，其君用之，则安富尊荣；其子弟从之，则孝弟忠信。‘不素餐兮’，孰大于是？”

【通释】

此亦社会分工之义也。

“不素餐兮”：引诗见《诗经·魏风·伐檀》。素，空也。

有劳心者，有劳力者。社会分工为人类社会之必然，劳心之君子在安邦定国、敷教人伦方面，有着不可替代的作用，乃维系社会发展所必需。可参《滕文公上》“有为神农之言者章”（5.4）、《滕文公下》“彭更问后车数十乘章”（6.4）之“通释”。

13.33　王子垫问章

王子垫问曰：“士何事？”

孟子曰：“尚志。”

曰："何谓尚志？"

曰："仁义而已矣。杀一无罪，非仁也。非其有而取之，非义也。居恶在？仁是也。路恶在？义是也。居仁由义，大人之事备矣。"

【通释】

此章论士之行及其人格特质。

《论语·里仁》："子曰：士志于道。"是对士的人格之本质的规定。此章谓士"尚志"即唯"仁义"是行，与孔子之论士义同。《滕文公下》"周霄问古之君子仕乎章"（6.3）"通释"已有说，可参考。

13.34 仲子不义与之齐国章

孟子曰："仲子，不义与之齐国而弗受，人皆信之。是舍箪食豆羹之义也。人莫大焉亡亲戚君臣上下。以其小者信其大者，奚可哉？"

【通释】

本章言父子君臣上下之人伦，为人之大节。失此，虽有小信，亦不足称。

陈仲子事见《滕文公下》"匡章曰陈仲子章"（6.10）。陈仲子以为兄之禄不洁而不屑食，遗弃父子兄弟君臣上下之大节，虽有廉洁之名，是以小节失大节，不足取也。

13.35 桃应问章

桃应问曰："舜为天子，皋陶为士，瞽瞍杀人，则如之何？”

孟子曰：“执之而已矣。”

“然则舜不禁与？”

曰：“夫舜恶得而禁之？夫有所受之也。”

“然则舜如之何？”

曰：“舜视弃天下犹弃敝蹝也。窃负而逃，遵海滨而处，终身欣然，乐而忘天下。”

【通释】

此章释弟子假设之道德冲突，言君子行事，当本乎人心天道可也。

桃应，孟子弟子也。桃应假设舜为天子，皋陶为士，瞽瞍杀人之情境，问孟子当如何合理处置此事。

这里的冲突在于，天子之父犯法，皋陶执法，能否刑天子之父；舜为天子，能否以私废公。这是一个两难的情境。

孟子揆度舜心，设此事为两段而解答之。

第一段，皋陶为主刑狱，当执杀人者。朱子《集注》：“言皋陶之心，知有法而已，不知有天子之父也。”同时，皋陶执法，舜虽为天子，亦不能禁止之。赵岐注：“夫天下乃受之于尧，当为天理民，王法不曲，岂得禁之也。”

第二段，舜面对父亲。舜，大孝者也。《万章上》“舜往于田章”（9.1）谓舜“大孝终身慕父母”：“天下之士悦之，人之所欲也，而不足以解忧；好色，人之所欲，妻帝之二女，而不足以解忧；富，人之所欲，富有天下，而不足以解忧；贵人之所欲，贵为天子，而不足以解忧。人悦之、好色、富、贵，无足以解忧者，惟顺于父母，可以解忧。”此即本章所说“舜视弃天下犹弃敝蹝”者也。是舜之孝，出自自然，鉴于天心。设使其父杀人，枉法则失其为天子之道；处父死罪则灭弃父子之情。处此情境，义不可复居天子之位，故“窃负而逃”，乃其当下唯一合理之选择也。

朱子《集注》总论此章之义：“盖其所以为心者，莫非天理之极，人伦之至，学者察此而有得焉。”堪为至当之论。

13.36 自范之齐章

孟子自范之齐，望见齐王之子，喟然叹曰："居移气，养移体，大哉居乎！夫非尽人之子与？"孟子曰："王子宫室、车马、衣服多与人同，而王子若彼者，其居使之然也。况居天下之广居者乎？鲁君之宋，呼于垤泽之门。守者曰：'此非吾君也，何其声之似我君也？'此无他，居相似也。"

【通释】

此章言环境对于人之教养教化的重要作用。

范：齐国城邑。垤泽：宋国城门名。

孟子论人的人格成就，一重思，一重养。思即反思自觉，养则重在践行工夫。孟子所言"养气""践形"，都是一种"养"的工夫。"养"的工夫，要在转化人的实存以呈显和实有道体。本章特别凸显出环境对于转化人的气质实存的重要作用。"居移气，养移体"，讲的就是这个意思。此亦孔子"里仁为美"之义也。

13.37 食而弗爱章

孟子曰："食而弗爱，豕交之也；爱而不敬，兽畜之也。恭敬者，币之未将者也。恭敬而无实，君子不可虚拘。"

【通释】

此章言交际之道也。

将：犹奉也。拘：留也。

与人交，养之而无爱心，爱之而无敬意，则是以牲畜之道待之也。故交际之道，乃以恭敬之心为其本，非礼币之为重也。

13.38　形色天性也章

孟子曰："形色，天性也。惟圣人然后可以践形。"

【通释】

此章论人的自然实存必经由教化，乃能实现其作为人性的固有价值。

"形色天性也"，犹言"食色性也"。孟子亦承认人之自然实存为人性之内容。"践"者实现义。此言"形色"亦即自然实存作为人之天性，并非现成，必修养达于圣人之境界，乃能实现其作为人之天性之固有的本质与价值。此亦修身以立命之义也，本篇"广土众民章"（13.21）之"通释"已有论及，可参。

13.39　齐宣王欲短丧章

齐宣王欲短丧。公孙丑曰："为期之丧，犹愈于已乎？"

孟子曰："是犹或紾其兄之臂，子谓之姑徐徐云尔，亦教之孝弟而已矣。"

王子有其母死者，其傅为之请数月之丧。公孙丑曰："若此者何如也？"

曰："是欲终之而不可得也，虽加一日愈于已，谓夫莫之禁而弗为者也。"

【通释】

此章言丧礼丧服之义。

儒家重礼，礼又以丧祭为重。丧祭礼仪，本于孝道亲亲，由乎“称情而立文”之原则。丧祭之义，要在“慎终追远”而使“民德归厚”。吾人之生命，原于父母，子生三年，然后免于父母之怀。故三年之丧为天下之通丧，是本乎人情而为之节文者也。故宰我欲改三年为期，孔子斥其为不仁。齐宣王欲短丧，亦见其仁心之放失。公孙丑以为期犹胜于无，孟子乃以强扭兄之臂喻其说之非是。强扭兄之臂与徐徐扭之，同为不悌。欲短丧与不守丧，亦同其不孝，并无实质的区别。教之孝悌之义可也。

与此相较，王子为其母请数月之丧，则可见其孝心。据《仪礼·丧服·记》，君之庶子，父在为其母无服，“为其母练冠麻、麻衣縓缘……既葬除之”。王子为其母本无服，而请数月之丧，比之齐宣王的“莫之禁而弗为”，王子欲为母服丧，“虽加一日愈于已”，其孝子之心尤为可贵。孟子为此而称赏之也。

13.40　君子之所以教者五章

孟子曰：“君子之所以教者五：有如时雨化之者，有成德者，有达财者，有答问者，有私淑艾者。此五者，君子之所以教也。”

【通释】

此章论君子教化之方。

财：与“材”同。

君子教化之方有五：其一如春风化雨，润物无声，此孔子所说德风德草之义也；其二成德之教，为儒家教化之根本所在；其三成才，为儒家教育之重要原则，此因材施教，要在德性之成就，而非知识技能之谓也，颜回“夫子循循然善诱人，博我以文，约之以礼，既竭吾才，如有所立卓尔，虽欲从之，末由也已”之叹，乃深得此中三昧者也；其四答问，因人因地因时制宜，随机点化而使人自得于己者，此亦基于儒家为己之学之理念而有之方法；其五私淑艾者，朱子《集注》：“私，窃也。淑，善也。艾，音乂，治也。人或不能及门受业，但闻君子之道于人，而窃以善治其身，是亦君子教诲之所及。”是儒家教化，根于人心，其道统学统，所存者神，所过者化，足以嘉惠后学者也。

13. 41　道则高矣章

公孙丑曰：“道则高矣，美矣，宜若登天然，似不可及也。何不使彼为可几及而日孳孳也？”

孟子曰：“大匠不为拙工改废绳墨，羿不为拙射变其彀率。君子引而不发，跃如也，中道而立，能者从之。”

【通释】

“此章言道有定体，教有成法，卑不可抗，高不可贬，语不能显，默不能藏。”（朱子《集注》）

《荀子·礼论》：“绳墨诚陈矣，则不可欺以曲直；衡诚县矣，则不可欺以轻重；规矩诚施矣，则不可欺以方圆；君子审于礼，则不可欺以诈伪。故绳者，直之至；衡者，平之至；规矩者，方圆之至；礼者，人道之极也。”其说与此相类。不过，荀子所表彰者在于礼，此与孟子不同者也。

13. 42　天下有道以道殉身章

孟子曰：“天下有道，以道殉身；天下无道，以身殉道；未闻以道殉乎人者也。”

【通释】

此章言君子当守死善道，而不当以原则做交易者也。

“以道殉身”，“以身殉道”，朱子《集注》：“身出则道在必行；道屈则身在必退，以死相从而不离也。”“以道殉乎人”，朱子《集注》：“以道从人，妾妇之道。”是言道与人同体而不可须臾离，可离非道也。以道殉人，犹言枉道以迎合世人，乃以道为获取利益之手段者也。

13.43 滕更之在门也章

公都子曰：“滕更之在门也，若在所礼，而不答，何也？”

孟子曰：“挟贵而问，挟贤而问，挟长而问，挟有勋劳而问，挟故而问，皆所不答也。滕更有二焉。”

【通释】

此章是孟子言其教学之原则也。亦可见孟子独立自由之精神。

滕更：赵岐注：“滕更，滕君之弟，来学于孟子也。”挟：有所倚恃也。

《告子下》“教亦多术矣章”（12.16）：“教亦多术矣，予不屑之教诲也者，是亦教诲之而已矣。”亦可参考。

13.44 于不可已而已者章

孟子曰：“于不可已而已者，无所不已。于所厚者薄，无所不薄也。其进锐者，其退速。”

【通释】

此章论观人之法。

赵岐注："已，弃也。于义所不当弃而弃之则不可。所以不可而弃之，使无罪者咸恐惧也。于义当厚而反薄之，何不薄也。不忧见薄者亦皆不自安矣。不审察人而过进不肖越其伦，悔而退之必速矣。"是以赏罚用人解此章之义。此解于义似过偏狭，于《孟子》书亦缺乏内证。不可取。

张栻《癸巳孟子说》卷七说："此观人之法也。人之秉彝，不可殄灭，故其日用之间，有不可已者焉，有所厚者焉，皆其良心之存者也。不可已者，如哭死而哀之类是也。所厚者，人伦之际是也。若于其不可已而已焉，则之人也，何所不已乎？若于厚者而薄焉，则之人也，何所不薄乎？已则生理息，薄则恕道亡，是残贼陷溺其心之甚者矣。天下之理，进之锐，则退必速。盖不进，则退矣。其进之锐者，即其所为退之速者也。"此说理甚通达，此义亦可于《孟子》书得到佐证，可从。

"于不可已而已者，无所不已。"《离娄上》"仁之实事亲是也章"(7.27)："乐之实，乐斯二者，乐则生矣，生则恶可已也，恶可已，则不知足之蹈之手之舞之。"这个"恶可已"，即言人心之当然不容已，或人心人情之当下之必然如此者。又如人见孺子入井，则有怵惕则隐之心生，人见鸟兽之觳觫，则有不忍之心生。是皆人心之本然而不容已者也，人顺此而行可也，反之，则与人性人情相悖。

"于所厚者薄，无所不薄也。"《尽心下》"不仁哉梁惠王章"(14.1)："仁者以其所爱及其所不爱，不仁者以其所不爱及其所爱。"《孝经・圣治章》："不爱其亲而爱他人者，谓之悖德；不敬其亲而敬他人者，谓之悖礼。"皆可以释此"厚、薄"之义。盖儒家强调爱有差等，以忠恕行仁，在差异实现的前提下达于人己内外之相通。此人心之本然也。

"其进锐者，其退速。"人之德性养成，皆本于人心，历阶而进，积厚而至。凡离此道而欲速达者，皆有功利之心者也。其"于不可已而已"，"于所厚者薄"者，其行皆此类也，故其躐等求速，失其本根，其退也亦将犹雪山之崩之速也。

13.45　君子之于物也章

孟子曰："君子之于物也，爱之而弗仁；于民也，仁之而弗亲。亲亲而仁民，仁民而爱物。”

【通释】

此章论忠恕之道也。

《论语·颜渊》：“樊迟问仁，子曰：爱人。”孔子谓“仁者，人也。”（《中庸》引孔子语）孟子谨守此义，亦言“仁者爱人”（《离娄下》8.28）可知，孔孟皆将“仁”限于人对人之爱，与人对物之爱是有区别的。此亦《滕文公上》“墨者夷之章”（5.5）：“天之生物也，使之一本”，爱有差等之义也。

13.46 知者无不知章

孟子曰：“知者无不知也，当务之为急；仁者无不爱也，急亲贤之为务。尧舜之知而不遍物，急先务也；尧舜之仁不遍爱人，急亲贤也。不能三年之丧，而缌、小功之察；放饮流歠，而问无齿决，是之谓不知务。”

【通释】

此章言君子百行，当急先务。

缌：缌麻，丧服五服之一，服丧三月。小功：丧服五服之一，服丧五月。放饮流歠：朱子《集注》：“放饭，大饭；流歠，长歠，不敬之大者也。”齿决：朱子《集注》：“齿决，啮断干肉，不敬之小者也。”

是言物有本末，事有轻重，知所先后，提纲振领，事乃可成也。

卷十四　尽心通释下

（共 38 章）

14.1　不仁哉梁惠王章

孟子曰：“不仁哉梁惠王也！仁者以其所爱及其所不爱，不仁者以其所不爱及其所爱。”

公孙丑曰：“何谓也？”

“梁惠王以土地之故，糜烂其民而战之，大败。将复之，恐不能胜，故驱其所爱子弟以殉之，是之谓以其所不爱及其所爱也。”

【通释】

此章亦言亲亲仁民之义也。

孟子讲亲亲而仁民，老吾老以及人之老，“人皆有所不忍，达之于其所忍，仁也”（《尽心下》14.31），此推己及人，皆从正面言。推扩之义，一者以爱心及于人，一者消解此爱亲之心之偏弊，以实现其爱亲中之普遍人类之爱的本有价值。反之，则是以其不爱之心施之于其所当亲爱之人，是其本心已陷溺遮蔽，故谓之不仁。孟子亟斥梁惠王之“不仁”者以此。

14.2 春秋无义战章

孟子曰："春秋无义战。彼善于此，则有之矣。征者上伐下也，敌国不相征也。"

【通释】

此章与以下两章都涉及战争观的问题，故可放在一起来讨论。

14.3 尽信书章

孟子曰："尽信《书》，则不如无《书》。吾于《武成》取二三策而已矣。仁人无敌于天下。以至仁伐至不仁，而何其血之流杵也？"

14.4 有人曰我善为陈章

孟子曰："有人曰：'我善为陈，我善为战。'大罪也。国君好仁，天下无敌焉。南面而征北狄怨，东面而征西夷怨，曰：'奚为后我？'武王之伐殷也，革车三百两，虎贲三千人。王曰：'无畏，宁尔也，非敌百姓也。'若崩厥角稽首。征之为言正也，各欲正己也，焉用战？"

【通释】

本篇 2、3、4 章所论都与战争问题相关。

武成：古文《尚书》篇名。杵：舂杵也。若崩厥角稽首：若崩，如山崩；厥，顿也；角，额角也。

14.2 对春秋时代的战争作了一个总体的评鉴："春秋无义战。"春秋战事频仍，相对而言，其间或有善与不善之些微差别，然就其总体而言，皆可以"不义"而总括之。其根据之一，就是"征者上伐下也，敌国不相征也"，用孔子的话说，叫做"天下有道，礼乐征伐自天子出"。春秋诸侯争霸，五霸挟天子以令诸侯。"天子讨而不伐，诸侯伐而不讨。五霸者，搂诸侯以伐诸侯者也。"〔《告子下》"五霸者三王之罪人章"(12.7)〕是政不出天子，而"礼乐征伐自诸侯出"者也。故曰"春秋无义战"也。

又"征之为言正也"，其原则在道义。《梁惠王上》1.5 讲"仁者无敌"，14.3 讲"仁人无敌于天下"，14.4 讲"国君好仁，天下无敌焉"。仁者之征伐，其政出天子，而其原则，则为仁义。王者之征伐，要在绥靖天下，安宁百姓，故能顺天应人，百姓将箪食壶浆以迎王师，至有南征北怨、东征西怨之效。孟子谓"尽信《书》不如无《书》，吾于《武成》取二三策而已矣"，其原由就在于其言武王伐纣，既以仁伐不仁，何以至于血流漂杵。王者征伐之不用杀戮亦不必用杀戮，亦由其原则所决定。

王政征伐之原则是正义，"战"之本质，却在于"争"，即以兼并争夺为目的。14.4："有人曰：'我善为陈，我善为战。'大罪也。"《离娄上》7.14 则说："君不行仁政而富之，皆弃于孔子者也，况于为之强战？争地以战，杀人盈野；争城以战，杀人盈城。此所谓率土地而食人肉，罪不容于死。故善战者服上刑。"春秋之战，政不出天子，其目的又出于兼并之私意。争城争地，杀人盈野盈城，是率土地而食人肉，故孟子深恶之。其亟言"春秋无义战"，"善战者服上刑"，盖由于此。

14.5　梓匠轮舆章

孟子曰："梓匠轮舆能与人规矩，不能使人巧。"

【通释】

此章言为学乃自得于己者也。

规矩尺度与人，是普遍者，能达运用之妙，存乎一心，从心所欲不逾矩，乃能得之。故“道”必在个性化的方式中展现自身，而非千人一面，所谓“仁者见之谓之仁，智者见之谓之智，百姓日用而不知”者是也。

14.6 舜之饭糗茹草章

孟子曰：“舜之饭糗茹草也，若将终身焉。及其为天子也，被袗衣，鼓琴，二女果，若固有之。”

【通释】

此章赞舜之德也。

糗：干粮。袗：画衣。果：同“婐”，女侍。

舜不以穷达撄其心，而安之若素，若天纵之圣也。《论语·卫灵公》：“子曰：无为而治者，其舜也与！夫何为哉？恭己正南面而已矣。”故大舜能无为而治者也。

14.7 知杀人亲之重章

孟子曰：“吾今而后知杀人亲之重也。杀人之父，人亦杀其父；杀人之兄，人亦杀其兄。然则非自杀之也，一间耳。”

【通释】

此章切诫杀人之亲，谓杀人之亲无异于自杀其亲。

观“吾今而后知”句，此论之发当有所指。“杀人之父，人亦杀其父；杀人之兄，人亦杀其兄。”儒家有复仇之说。《礼记·檀弓上》：“子夏问于孔子曰：居父母之仇，如之何？夫子曰：寝苫枕干，不仕，弗与共天下也。遇诸市朝，不反兵而斗。曰：请问居昆弟之仇如之何？曰：仕弗与共国。衔君命而使，虽遇之不斗。”又《大戴礼记·曾子制言上》：“父母之仇，不与同生；兄弟之仇，不与聚国。”杀人之亲，人将报以杀吾人之亲。是杀人之亲，无异于自杀其亲也。故孟子有此说。

14.8　古之为关章

孟子曰：“古之为关也，将以御暴；今之为关也，将以为暴。”

【通释】

此章批评当时为政者之横征暴敛也。

古书常以“古之……”来寄托理想。《梁惠王下》“明堂章”（2.5）：“昔者文王之治岐也，耕者九一，仕者世禄，关市讥而不征，泽梁无禁，罪人不孥。”设置关市，本义在于防暴利民，而当政者却据以横征暴敛。是以孟子力辟之。

14.9　身不行道章

孟子曰：“身不行道，不行于妻子。使人不以道，不能行于妻子。”

【通释】

此章言以身体道，正己乃能正人；使人更当合乎“人道”之原则。

“身不行道，不行于妻子。”言身不能体道，不能齐其家，更遑论他人。是强调为人治世，皆当以正己体道为先。

“使人不以道，不能行于妻子。”此言“以人治人”，或“以其人之道，还治其人之身”之义。是强调治世，当由乎人情，以“人道”为原则。如背离其“道”，虽妻子、家事犹不能治，更无论他人矣。

14.10 周于利者章

孟子曰："周于利者，凶年不能杀；周于德者，邪世不能乱。"

【通释】

此章言德主于内乃能不为外力所左右也。

朱子《集注》："周，足也。言积之厚，则用有余。"谓备足于财利者，尚能不受制于荒年；德性全备者，则虽遭邪乱之世，自能以道主于中而不为所乱也。

14.11 好名之人章

孟子曰："好名之人，能让千乘之国，苟非其人，箪食豆羹见于色。"

【通释】

此章亦言观人之法也。

理解此章的一个关键问题，就是此"能让千乘之国"者与"箪食豆羹见于色"者，是否为"好名之人"这同一个主体之所为。

赵岐注："好不朽之名者，轻让千乘……诚非好名者，争箪食豆羹变色。"又论此章章指曰："廉贪相殊，名亦卓异，故闻伯夷之风，懦夫有立志也。"是言"好名之人"能轻让千乘之国；而"争箪食豆羹变色"者则是"非好名者"之所为。二者并非同一主体所为，而特称赏"好名"者之"廉"。

朱子《集注》："好名之人，矫情干誉，是以能让千乘之国。然若本非能轻富贵之人，则于得失之小者，反不觉其真情之发见矣。盖观人不于其所勉，而于其所忽，然后可以见其所安之实也。"是谓好名之人拘于虚誉，其让国并非出于真心；盖其本非轻富贵者，故常于小利上计较，而露出马脚。此言“轻让千乘之国者”与“争箪食豆羹见于色”乃“好名之人”这同一主体所为。《语类》讲得更清楚：“让千乘之国，惟贤人能之。然好名之人，亦有时而能之，然若不是真个能让之人，则于小处，不觉发见矣。盖好名之人本非真能让国也，徒出一时之慕名而勉强为之耳。然这边虽能让千乘之国，那边箪食豆羹必见于色。东坡所谓人能碎千金之璧，而不能不失声于破釜，正此意也。苟非其人，其人指真能让国者，非指好名之人也。”（《朱子语类》卷六十一）

杨伯峻先生的解释与赵注、朱注皆不同。杨先生谓“苟非其人”指所让之对象，而非指施让“箪食豆羹”而变色之主体而言。

好名与好利，历来为儒家所鄙弃。赵岐注乃亟称好名之人能让国之所谓“廉”，失之皮相，殊不可取。按杨伯峻先生的解释，好名之人可以让千乘之国，但因所施予对象之不同，又会“箪食豆羹见于色”，其间联系，不甚清楚。以上三种解释，以朱子之说最为通达，尤能与孟子思想之本旨相切合。今从朱子。

14.12　不信仁贤章

孟子曰：“不信仁贤，则国空虚；无礼义，则上下乱；无政事，则财用不足。”

【通释】

此章言为政之要。

一者尚仁贤。为政在人，人存政举，故圣贤为国之根干，根干立而国本实而不虚。二者制礼义。礼义为人伦之纲维，纲维立则父子君臣上下有序而不乱。三者举政事。政事为经济民生之常，政事举则使民以时，节用有度，仓廪实而财用足。三者备而国治矣。

14.13　不仁而得国章

孟子曰：“不仁而得国者，有之矣；不仁而得天下，未之有也。”

【通释】

此章言仁者乃能得天下。此章与 14.14 意义相关，可一起讨论。

14.14 民为贵章

孟子曰：“民为贵，社稷次之，君为轻。是故得乎丘民，而为天子；得乎天子，为诸侯；得乎诸侯，为大夫。诸侯危社稷，则变置；牺牲既成，粢盛既洁，祭祀以时，然而旱干水溢，则变置社稷。”

【通释】

14.13、14.14 两章皆言政治君权之合法性问题。

14.13 谓仁者可以得天下。《万章上》“尧以天下与舜章”（9.5）说：“天子能荐人于天，不能使天与之天下……昔者尧荐舜于天而天受之，暴之于民而民受之。故曰：天不言，以行与事示之而已矣……《太誓》曰‘天视自我民视，天听自我民听’，此之谓也。”故仁者之得天下，究其根本，乃在于得民心。

政权与君权合法性之根据在民亦即民心之所向，故说“民为贵，社稷次之，君为轻”。就政治权利之本原而言，民或民心最重要，社稷之神次之，君乃受决定者，故最为轻者也。

“是故得乎丘民，而为天子；得乎天子，为诸侯；得乎诸侯，为大夫。”此言各级为政之权之所从出。朱子《集注》：“丘民，田野之民，至微贱也。然得其心，则天下归之天子，至尊贵也。”得丘民之心，得为天子；得天子之心，仅可为诸侯；得诸侯之心，仅可为大夫。故言“民为贵”也。14.13 所说“不仁而得国者，有之矣；不仁而得天下，未之有也”，亦可由此得到解释。周室封建，诸王子即可就亲亲之义而得封邦建国，而不得乎民心则不可以为天子。由此言之，不仁者虽可以得国，实不可以长久，而其得天下，殆属不可能者也。

“诸侯危社稷，则变置；牺牲既成，粢盛既洁，祭祀以时，然而旱干水溢，则变置社稷。”朱子《集注》：“诸侯无道，将使社稷为人所灭，则当更立贤君。是君轻于社稷也。”“祭祀不失礼，而土谷之神不能为民御灾捍患，则毁其坛壝而更置之。亦年不顺成，八蜡不通之意。是社稷虽重于君，而轻于民也。”此进一步重申“民为贵”之义也。

14.15　圣人百世之师章

孟子曰：“圣人，百世之师也，伯夷、柳下惠是也。故闻伯夷之风者，顽夫廉，懦夫有立志；闻柳下惠之风者，薄夫敦，鄙夫宽。奋乎百世之上，百世之下闻者莫不兴起也。非圣人而能若是乎？而况于亲炙之者乎？”

【通释】

此章称美圣人德化之效也。

所以谓圣人为百世之师者，以其流风余韵，足以浸润感化于百世之后也。此举伯夷、柳下惠为例而言之。《万章下》“伯夷目不视恶色章”（10.1）：“孟子曰：伯夷，圣之清者也……柳下惠，圣之和者也。”伯夷之特点，是清廉，故其风教所至，可使贪者清廉，使懦弱者坚定志向。柳下惠之特点，在宽和，故其风教所至，可使刻薄者敦厚，使鄙野者开化。圣人开风气于百世之先，而其风教于百世之后仍可有感化兴发之效。其后世风闻犹能如此，更何况亲受圣人之熏陶者乎？孟子之赞美圣人之教化者以此。

14.16　仁也者人也章

孟子曰：“仁也者，人也，合而言之道也。”

【通释】

此章论人之道。

《中庸》记孔子语："仁者人也。"是为孟子"仁也者，人也"之所本。《中庸》首章说："天命之谓性，率性之谓道，修道之谓教。道也者，不可须臾离也，可离非道也。"又："子曰：道不远人。人之为道而远人，不可以为道。"总括以上数语言之：道不离人，而仁则为人之所以为人之本，亦即标志人之性。人循其性而行，乃为人之道。朱子《集注》谓"仁"乃就人之"理"言；"人"乃就人之"身"言。用今语说，"仁"是就人之本质而言，"人"是就人之实存而言。人之道本不离人之实存。"仁"作为人之本质或人之性，本即人道。不过，"率性之谓道"，乃是从循性而行的动态角度论"道"。由此乃可以说："仁"之与"人"，"合而言之道也"。

14.17 孔子之去鲁章

孟子曰："孔子之去鲁，曰：'迟迟吾行也，去父母国之道也。'去齐，接淅而行，去他国之道也。"

【通释】

此章论孔子去父母之国与去他国之不同态度。

接淅：淅谓淘米；接淅，《说文》引作"滰淅"。"滰"（音绛），滤干义。

鲁国是孔子的祖国。孔子去鲁，其行迟迟，此孔子去父母之国之态度，表现了对祖国眷恋不舍的情感。孔子去齐，不待滤干淘米即行，言其行之急速也。孔子去齐，与其去鲁，态度迥然有别。《万章下》"伯夷目不视恶色章"（10.1）亦有于此相重合的文字："孔子之去齐，接淅而行。去鲁，曰：'迟迟吾行也，去父母国之道也。'可以速而速，可以久而久，可以处而处，可以仕而仕，孔子也。"这段话之语境，是比较孔子与伯夷、伊尹、柳下惠之区别，强调孔子"圣之时者"之人格特点。与本章的角度略有不同。

14.18　君子之戹于陈蔡章

孟子曰："君子之戹于陈蔡之间，无上下之交也。"

【通释】

此章以孔子厄于陈蔡事，隐喻君子之执道不回之原则精神。

戹：同"厄"。

关于孔子厄于陈蔡事，《论语·卫灵公》载孔子"在陈绝粮，从者病，莫能兴"。《荀子·宥坐》："孔子南适楚，厄于陈蔡之间，七日不火食，藜羹不糂，弟子皆有饥色。"《史记·孔子世家》："孔子在陈蔡之间。楚使人聘孔子，孔子将往拜礼。陈蔡大夫谋曰：孔子贤者，所刺讥皆中诸侯之疾。今者久留陈蔡之间，诸大夫所设行，皆非仲尼之意。今楚大国也，来聘孔子，孔子用于楚，则陈蔡用事大夫危矣。于是乃相与发徒役，围孔子于野，不得行，绝粮，从者病，莫能兴。孔子讲诵弦歌不衰。子路愠，见曰：'君子亦有穷乎？'孔子曰：'君子固穷，小人穷斯滥矣。'"孔子厄于陈蔡事，史籍多有记述。"无上下之交也"，则隐含孔子坚持原则，守死善道，而不屈节迎合世俗权势之意。《孔子世家》记陈蔡大夫之谋，就表明了这一点。孔子与弟子困厄陈蔡，弟子亦多有"愠心"。上引《孔子世家》那段话下文记子贡说："夫子之道至大也，故天下莫能容夫子。夫子盍少贬焉。"子贡劝孔子降低原则以求容于诸侯。确实，以孔子之声望与才能，若少降志屈节，得一卿相之位，而成就一番治安济民之事功，当易如反掌。《万章上》"或谓孔子于卫主痈疽章"（9.8）概括孔子之行事原则云："孔子进以礼，退以义，得之不得曰'有命'。"孔子虽欲得君行道，而终不能见用于世者，实与其守道不辍，不肯放弃原则有关。"君子固穷，小人穷斯滥矣"，处身如此穷厄绝境，孔子犹"讲诵弦歌不衰"，安之若素，并不贬损原则结交当权者以纾困。"君子之戹于陈蔡之间，无上下之交也"，正表现了孔子这种"居易以俟命"或"修身以立命"的道德与人格精神。

14.19 貉稽章

貉稽曰："稽大不理于口。"

孟子曰："无伤也。士憎兹多口。《诗》云：'忧心悄悄，愠于群小。'孔子也。'肆不殄厥愠，亦不陨厥问。'文王也。"

【通释】

此章言君子特立独行，不为环境与非议所左右也。

貉稽：士人。理：顺也。

貉稽困于世俗讪谤之言，而求教于孟子。孟子答曰"无伤"，谓士人君子多不免于众口之所谤。赵岐注以"憎"为"增"之假借，谓士"离于凡人"，宜其将增益一般人之非议也。并引《诗经》证孔子、文王之行事原则以引申其义。

"忧心悄悄，愠于群小。"是孟子引《邶风·柏舟》以论孔子之行事。

《论语·宪问》："子曰：'莫我知也夫！'子贡曰：'何为其莫知子也？'子曰：'不怨天，不尤人，下学而上达，知我者其天乎！'"君子圣人有内在的原则主乎其中，不媚俗阿世，不随物宛转，不与浊世同流，其眼界和所见亦异于常人。故"人莫我知"，对于君子圣人而言，其实是一种常态性的境遇。孔子率弟子周游列国，畏于匡，拔树于宋，厄于陈蔡之间，"累累若丧家之狗"（见《史记·孔子世家》），一生困穷，多历险难，四处碰壁，不见知见容于世。然孔子下学上达，独契于天命，故能不怨天尤人，人不知而不愠，而有不知老之将至之乐。故所谓"忧心悄悄"者，其所忧，并不在群小众口之讪谤，而在于世道之沉沦。《论语·述而》："子曰：德之不修，学之不讲，闻义不能徙，不善不能改，是吾忧也。"就表现了这一点。

"肆不殄厥愠，亦不陨厥问。"是孟子引《大雅·绵》以论文王之行事。

赵岐注："'肆不殄厥愠'：殄，绝；愠，怒也。'亦不殒厥问'：殒，失也；言文王不殄绝畎夷之愠怒，亦不能殒失文王之善声问也。"赵注"言文王不殄绝畎夷之愠怒"，应是据《梁惠王下》"交邻国有道章"（2.3）"惟仁者为能以大事小，是故汤事葛，文王事昆夷……以大事小者，乐天者也"而言的。《尽心下》之末章（14.38）列尧、舜、汤、文王、孔子为"闻而知之者"的圣人。此类圣人，闻而知道，其心无所依傍，对越上帝，独与天道相通，皆一种新时代或文明新局面的开创者。故其行事，乃不恤人言，亦不泥众言，而能独行其道。孔子之人格与行事，与文王在精神上是相通的。

14.20　贤者以其昭昭章

孟子曰："贤者以其昭昭，使人昭昭；今以其昏昏，使人昭昭。"

【通释】

此章言教化之道。

昭昭，明也；昏昏，暗也。赵岐注以"法度昭昭""法度昏昏"释昭昭、昏昏，似不妥。朱子《集注》引尹氏以"大学之道，在自昭明德，而施于天下国家"释"以其昭昭，使人昭昭"义，可从。

14.21　山径之蹊章

孟子谓高子曰："山径之蹊间，介然用之而成路；为间不用，则茅塞之矣。今茅塞子之心矣。"

【通释】

此章谓人之行道，当持之以恒，乃能有成也。

赵岐注谓高子为齐人。山径即山坡，蹊是小路。介然，坚固貌。是谓山岭间小道，本不显明，如能坚定专行一条，则能成大路。“为间不用”，为间，稍顷也。一旦短时不行此道，则将为茅草堵塞而不能有路矣。高子之心，即因行道不恒而闭塞不通。

14.22 禹之声章

高子曰：“禹之声尚文王之声。”

孟子曰：“何以言之？”

曰：“以追蠡。”

曰：“是奚足哉？城门之轨，两马之力与？”

【通释】

此章与上章有关联性。上章孟子批评高子心为茅塞，此章则批评其看问题失之表面。

追，钟钮；蠡，欲绝之貌。高子据禹乐之钟钮将断，而判断禹乐高于文王之乐。孟子以城门车道作比喻，谓城门下车辙之深，乃年久车轮碾轧使然。禹在文王前千余年，其钟钮之绝亦动久之缘故。故以“追蠡”为据断定其音乐之高下，实皮相之论也。

14.23 齐饥陈臻曰章

齐饥。陈臻曰：“国人皆以夫子将复为发棠，殆不可复。”

孟子曰：“是为冯妇也。晋人有冯妇者，善搏虎，卒为善士。则之野，有众逐虎。虎负嵎，莫之敢撄。望见冯妇，趋而迎之。冯妇攘臂下车，众皆悦之。其为士者笑之。”

【通释】

此章言君子行事，当行其时宜也。

棠，齐邑，仓廪所在。观此文知孟子曾劝齐王发棠之仓以赈灾。孟子以冯妇故事为喻，言不可复为发棠之事。

14.24　口之于味章

孟子曰：口之于味也，目之于色也，耳之于声也，鼻之于臭也，四肢之于安佚也，性也，有命焉，君子不谓性也；仁之于父子也，义之于君臣也，礼之于宾主也，知之于贤者也，圣人之于天道也，命也，有性焉，君子不谓命也。

【通释】

此章言性命之内在区分。

孟子论性、命，有“广义的性命”与“狭义的性命”之别。子思“天命之谓性”，所言属“广义的性命”，本章从内在区分意义上所言性命，则属“狭义的性命”。此章从“狭义的性命”角度讲到的两个“性”和两个“命”，意义均不同。此说在《尽心上》“广土众民章”（13.21）之“通释”已作过充分讨论。13.21“君子所性”与此章“君子不谓性”“不谓命”的说法，分别从正反两面表达了性命分合之整体结构，两章义理有密切的内在关联，应互为参照。并可参《尽心上》“求则得之章”（13.3）“通释”。

14.25　浩生不害章

浩生不害问曰：“乐正子何人也？”

孟子曰：“善人也，信人也。”

“何谓善？何谓信？”

曰：“可欲之谓善，有诸己之谓信，充实之谓美，充实而有光辉之谓大，大而化之之谓圣，圣而不可知之之谓神。乐正子，二之中、四之下也。”

【通释】

本章由对乐正子的评价，提出善、信、美、大、圣、神六位人格概念，并通过六个命题对之作了界说。

“浩生不害”，赵岐注：“浩生，姓；不害，名，齐人也。见孟子闻乐正子为政于鲁而喜，故问乐正子何等人也。”孟子因浩生不害之问，提出了“可欲之谓善”等六个相互关联的命题。

此章“有诸己之谓信”以下五句，皆明白易解。而首句“可欲之谓善”，则众说纷纭，难有的解。从上下文来看，这“可欲之谓善”一句，实是理解此章义理之关键所在。弄明白“可欲之谓善”这一命题的思想内涵，不仅对理解此章有重要意义，同时，它也关涉到我们对孟子乃至儒学“善”的观念及其性命思想的理解。

先来讲“可欲之谓善”。

赵岐注：“己之可欲，乃使人欲之，是为善人。己所不欲，勿施于人也。有之于己，乃谓人有之，是为信人。”此以“忠恕之道”解“可欲之谓善”之义。朱子《集注》：“天下之理，其善者必可欲；其恶者必可恶。其为人也，可欲而不可恶，则可谓善人矣。凡所谓善，皆实有之，如恶恶臭，如好好色，是则可谓信人矣。”赵注和朱注，基本上代表了一般对“可欲之谓善”这一命题的看法。今人解此章，亦多不外此。赵注以“忠恕”解“可欲之谓善”。朱注所谓“其善者必可欲，其恶者必可恶”，则完全是一种形式的说法，并未对“可欲”之善的内容作出任何实质性的说明。朱注从形式上解“可欲之谓善”，对这“可欲”的内容，无任何表示。赵注以“忠恕之道”作解，似乎对“可欲”的内容有所说。但我们知道，“忠恕之道”，仅仅是“行仁之方”，或达到“仁”的途径和方法。二说都不能满足“有诸己之谓信”（包括以下四个判断句）对“可欲”之内容的要求。今人则往往把“可欲”理解为人的各种情欲和功利性的“欲求”，与孟子意旨不相切合，更不可作为“有诸己之谓信”的内容。若依据这上述各种对“可欲之谓善”句的解释，上下文实无法读通。

张栻《癸巳孟子说》卷七：“可欲者，动之端也。盖人具天地之性，仁义礼智之所存，其发见，则为恻隐、羞恶、辞逊、是非，所谓可欲也。以其渊源纯粹，故谓之善。盖于此无恶之可萌也。至于为不善者，是则知诱物化，动于血气，有以使之而失其正，非其所可欲者矣。故信者信此而已；美者美此而已；大则充此而有光辉也；化则为圣；而其不可知则神也。至于圣与神，其体亦不外此而已。”

按照张栻的理解，这“可欲之谓善”的内容，即“恻隐、羞恶、辞逊、是非”四端，它所表征的，就是“仁义礼智”四德。而这“可欲”，其所指就是人性。在此前提下，张栻指出，下文“有诸己之谓信，充实之谓美，充实而有光辉之谓大，大而化之之谓圣，圣而不可知之之谓神”诸项判断的主辞，都是指这“可欲”的“四端”及其所表征的“仁义礼智”诸德而言（“信者信此而已；美者美此而已；大则充此而有光辉也”，“圣与神，其体亦不外此而已”）。张栻这段解释，说到了问题的要害。它的高明之处，正在于其明确揭示出了“可欲”的内容，这使上引《孟子》那一串因果性判断具有了切实的前提，读之顿时觉得上下文条畅顺遂，豁然贯通。

何以“四端”及其所表征的“仁义”诸德性内容为“可欲”，而情欲和功利需求为不可欲？这个分野，根据在于儒家对性、命关系的理解。这一点，与上章（14.24）所言义理是相通的。《尽心上》“求则得之章”（13.3）：“求则得之，舍则失之，是求有益于得也，求在我者也。求之有道，得之有命，是求无益于得也，求在外者也。”《告子上》“告子曰性无善无不善章”（11.6）：“仁义礼智，非由外铄我也，我固有之也，弗思耳矣。故曰：求则得之，舍则失之。或相倍蓰而无算者，不能尽其才者也。”比照此数章所论可见，所谓“求则得之”，“求有益于得”，“求在我者”，所指即人心之“可求”者，亦即本章所谓的“可欲”者。这个“欲”和“求”，可以互训。《论语·述而》：“我欲仁，斯仁至矣。”又：“求仁而得仁，又何怨？”是“仁”既可说是人心之所“可欲”者，亦可说是其所“可求”者。

“口之于味章”所言狭义的性与狭义的命，其取之之道有本质的区别。狭义的“命”，即人的情欲和功利需求以及事功效果一面，受制于种种外部的条件，其结果非人所能直接控制，对它的决定之权在“外”

而不在“我”，因而非人直接所可求得者。“求之有道，得之有命，是求无益于得也，求在外者也”，讲的就是这个道理。人不能外在地直接决定和求得其“命”，而狭义的“性”，即“仁、义、礼、智、圣”的道德规定，虽亦本自于天，但却内在于人。遵从人道，躬行仁义，乃是人唯一可自作主宰而不凭外力所能够做到的事情。其所主在“我”，本乎人心，完全凭任人之内在的自由抉择，自己决定自己而不假外求。“求则得之，舍则失之，是求有益于得也，求在我者也”，讲的就是这个道理。

孟子以“性、命”的内在区分为根据确立人心之“可求”与“可欲”之内容，其意义乃在于为人的存在确立起一个内在的价值本原。孟子以“求在我者”言性，而以“求在外者”言命，其道理正在于此。

这个“可求”“可欲”，构成了人性之先天的内容。孔子既说“求仁得仁”，又说“欲仁仁至”，是知“可求”和“可欲”，可以互训。但二者的着重点，又有所不同。

“求则得之，舍则失之”，着重的是“可求”这一面。这句话，可以和《告子上》“钧是人也章”（11.15）“思则得之，不思则不得也，此天之所与我者”一语互换。再参以《告子上》“告子曰性无善无不善章”（11.6）“仁义礼智，非由外铄我也，我固有之也，弗思耳矣。故曰：求则得之，舍则失之”一句，可知这个“可求”义，是偏重在“思”或理性选择这一面。而“可欲”义，则偏重于人心的情意方面。用孔子的话讲，“我欲仁斯仁至矣”（可欲），与“求仁得仁”（可求），意味显然有所不同。从情意一面说，这“可欲之谓善”所规定的“善”“性”的内容，乃显现为“四端”之情。张栻所谓“可欲者，动之端也。盖人具天地之性，仁义礼智之所存，其发见，则为恻隐、羞恶、辞逊、是非，所谓可欲也”，对此义的表述是很准确的。

因此，这个人的“先天”善性，不是一个空洞的逻辑上的可能性，它内在地贯通并显著于“情”，故本具“先天的”内容。人性之善，不只是一个“向善”，而确然为“本善”。由此本善，康德所谓道德的“自律”义，才能真正确立起来。

“可欲之谓善”讲“善”及善的根源之所在的问题。后面五句，实质都和第一句相关。皆言一教化的过程与成就，这一过程，表现为一个内和外的统一。“有诸己之谓信，充实之谓美，充实而有光辉之谓大”，这是“内”；“充实而有光辉之谓大，大而化之之谓圣，圣而不可知之谓神”，这是外。合而言之，就是内和外的统一。

“有诸己之谓信，充实之谓美，充实而有光辉之谓大。”有诸己、充实、充实而有光辉，是一个内在的转化过程，也是一个在心上做工夫的过程。在心上做工夫，经历内在的转化而实有诸己，真实拥有那个善和道。这个“化”，是人的内在精神生活包括其肉体实存，经由一系列的变化、转化而渐臻于精纯的历程。其内容就是孟子所说的“践形”、张载所说的“变化气质”。

这个由内在转变而达致的天人合一，实质上亦是一个合外内之道。“大而化之之谓圣，圣而不可知之之谓神”，就讲到这一点。《尽心上》“霸者之民章”（13.13）：“君子所过者化，所存者神，上下与天地同流。”《中庸》：“诚则形，形则著，著则明，明则动，动则变，变则化。唯天下至诚为能化。”亦可印证这一点。“圣而不可知之之谓神”，乃言圣人教化之春风化雨，润物无声，潜移默化之效。

“乐正子二之中，四之下也。”言乐正子已得“善、信”二者，尚未能及于“美、大、圣、神”四者也。

14.26　逃墨必归于杨章

孟子曰：“逃墨必归于杨，逃杨必归于儒。归，斯受之而已矣。今之与杨、墨辩者，如追放豚，既入其苙，又从而招之。”

【通释】

此章言己之辟杨墨，意在使之回归儒家之正途，而非排拒之也。可见儒家之包容精神。

《滕文公下》“公都子问好辩章”（6.9）说：“杨朱、墨翟之言盈天下。天下之言，不归杨，则归墨。杨氏为我，是无君也。墨氏兼爱，是无父也。无父无君，是禽兽也。公明仪曰：‘庖有肥肉，厩有肥马，民有饥色，野有饿莩，此率兽而食人也。’杨墨之道不息，孔子之道不著。是邪说诬民，充塞仁义也。仁义充塞，则率兽食人，人将相食。吾为此惧，闲先圣之道，距杨墨，放淫辞，邪说者不得作。”可知杨墨之说为当时极流行的两种学说，其败坏人伦影响人心亦极巨，是以孟子力辟之。

“今之与杨墨辩者，如追放豚，既入其苙，又从而招之。”朱子《集注》：“放豚，放逸之豕豚也。苙，阑也。招，罥也，羁其足也。言彼既来归，而又追咎其既往之失也。此章见圣贤之于异端拒之甚严；而于其来归，待之甚恕。拒之严，故人知彼说之为邪；待之恕，故人知此道之可反，仁之至义之尽也。”朱子从赵注解“招”作“罥”，谓即“彼既来归，而又追咎其既往之失也”。此解与其下文“而于其来归，待之甚恕”，而见其“仁之至义之尽也”之说自相矛盾。焦循《正义》说：“招之为罥为羁，仅见此注，绝少作证。孟子之辟杨墨，方深望能言距之人而不可得，盖未必有追咎太甚之事。此节乃孟子自明我今之所以与杨墨辩者，有如追放豚然，惟恐其不归也。其来归者既乐受之，使入其苙；未归者又从而招之，言望人之弃邪反正无已时也。”此解甚通达。是“招”字应读如字。“招”谓招之使来，而非咎其既往。如此方能与“于其来归，待之甚恕”之义相通。

14.27 有布缕之征章

孟子曰：“有布缕之征，粟米之征，力役之征。君子用其一，缓其二。用其二而民有殍，用其三而父子离。”

【通释】

此章亦强调为政当以薄赋敛而使民衣养富足为本也。

14.28 诸侯之宝三章

孟子曰：“诸侯之宝三：土地、人民、政事。宝珠玉者，殃必及身。”

【通释】

此章论诸侯治国之要务。

诸侯封邦立国，其土地原于天子、先君，为其世守之基业；民心所向，为政治合法性之本原，于国最为贵；使民以时，节用有度，府库充实，乃政事之常务。此三者，为诸侯治国之要，轻此三者而以珠宝美玉为贵者，必招致灾殃。

14.29　盆成括章

盆成括仕于齐。孟子曰："死矣盆成括！"

盆成括见杀。门人问曰："夫子何以知其将见杀？"

曰："其为人也小有才，未闻君子之大道也，则足以杀其躯而已矣。"

【通释】

此章言恃才无德，乃自取祸之道也。

天之道厚德载物。君子修身志道，容人通物而不忤于众。小人恃才傲物而无容人之量，捷给便佞，屡憎于人，以此从政，适足招祸而已。

14.30　孟子之滕章

孟子之滕，馆于上宫。有业屦于牖上，馆人求之弗得。或问之曰："若是乎从者之廋也？"

曰："子以是为窃屦来与？"

曰："殆非也。夫子之设科也，往者不追，来者不拒。苟以是心至，斯受之而已矣。"

【通释】

此章言孟子设科教人之原则。

凡及门求教者，苟有求道之心，其来者不拒也。无此心，其往者亦不追也。孟子以道自任，其心朗如日月，故其于人之所疑，亦应对裕如如此。

14.31 人皆有所不忍章

孟子曰："人皆有所不忍，达之于其所忍，仁也；人皆有所不为，达之于其所为，义也。人能充无欲害人之心，而仁不可胜用也；人能充无穿逾之心，而义不可胜用也；人能充无受尔汝之实，无所往而不为义也。士未可以言而言，是以言餂之也；可以言而不言，是以不言餂之也，是皆穿逾之类也。"

【通释】

此章言人之成德与教化之道，皆根于人之本心而由以推扩之，于此可见孟子之心性修养工夫。

人之本心本指向于善。此包涵有两个方面的内容：一是人皆有不忍恻隐之情，由此推扩之，则仁不可胜用也。一是与此相应的作为人性之善的自守与捍卫机制，即人的"羞恶之心"或羞耻之心，由此推扩之，则义不可胜用也，本章所说"无穿逾之心""无受尔汝之实"，皆此之谓也。有关的详细讨论，可参《公孙丑上》"人皆有不忍人之心章"（3.6）、《尽心上》"人不可以无耻章"（13.6）、"耻之于人大矣章"（13.7）之"通释"。

"士未可以言而言，是以言餂之也；可以言而不言，是以不言餂之也，是皆穿逾之类也。"餂，取也。如见尊贵者，不可与言而强与言；如应仗义执言而反对者，却默不作声，皆穿逾之类。此人心之隐微处，人往往不注意及此，于此亦当警醒而戒之者也。此可见孟子心性修养工夫之精微处。

14.32　言近而指远章

孟子曰："言近而指远者，善言也；守约而施博者，善道也。君子之言也，不下带而道存焉；君子之守，修其身而天下平。人病舍其田而芸人之田，所求于人者重，而所以自任者轻。"

【通释】

此章言为学为政，皆当反身而求诸己之理。

"言近而指远"，乃就为学道理而言；"守约而博施"，乃就为政治道而言。君子之言"不下带而道存"，谓为学道理只在当下，君子之道，存乎人心，夫妇与知与能，是之谓"言近"；而其极致，则虽圣人亦有所不知不能也，是之谓"指远"。"修其身而天下平"，谓为政治道本乎"修身"，是之谓"守约"，身修则家齐、国治而天下平，是之谓"博施"。故为学为政其道一也，反求诸己而已矣。

"人病舍其田而芸人之田，所求于人者重，而所以自任者轻。"言人心疵病，多在不知求己，而外求诸人者也。

14.33　尧舜性者也章

孟子曰："尧舜，性者也；汤武，反之也。动容周旋中礼者，盛德之至也。哭死而哀，非为生者也。经德不回，非以干禄也。言语必信，非以正行也。君子行法，以俟命而已矣。"

【通释】

此章言学者为己而非为人之义也。

《尽心上》“尧舜性之也章”（13.30）讲“尧舜性之也，汤武身之也，五霸假之也”，着重在论成性之方式和途径有不同，及其成性，一也。本章“尧舜，性者也；汤武，反之也”，与“尧舜性之也，汤武身之也”义同，而所论角度则有异。本章要义，在于说明学者为己之义也。

“动容周旋中礼者，盛德之至也”，亦即孔子“七十而从心所欲不逾矩”之谓。盛德之人，所行无不中节当理，乃以性道实有诸己而达内心之自由者方能如此，非以礼为外在的规矩以服从之者也。

“哭死而哀，非为生者也。经德不回，非以干禄也。言语必信，非以正行也。”言至德之人，其行皆由乎自律和理之所当行，而非由自他律及外在的目的使然也。

“君子行法，以俟命而已矣。”乃总括言之，谓君子之依礼法而行，皆本自其内在的道德抉择和自由，此与《尽心上》首章“修身以俟之，所以立命也”之义是相通的。此亦子思“君子居易以俟命”（《礼记·中庸》）之义也。

14.34　说大人则藐之章

孟子曰：“说大人则藐之，勿视其巍巍然。堂高数仞，榱题数尺，我得志，弗为也。食前方丈，侍妾数百人，我得志，弗为也。般乐饮酒，驱骋田猎，后车千乘，我得志，弗为也。在彼者，皆我所不为也；在我者，皆古之制也，吾何畏彼哉！”

【通释】

此章亦言道高于势、德高于位之义也。

《公孙丑下》“孟子将朝王章”（4.2）言“大有为之君，必有所不召之臣”，并述曾子语说：“晋楚之富，不可及也。彼以其富，我以吾仁；彼以其爵，我以吾义。吾何慊乎哉！”《万章下》“不见诸侯章”（10.7）“天子不召师”，述子思故事云：“缪公亟见于子思，曰：‘古千乘之国以友士，何如？’子思不悦，曰：‘古之人有言曰：事之云乎？岂曰：友之云乎？’子思之不悦也，岂不曰：‘以位，则子君也，我臣也，何敢与君友也？以德，则子事我者也，奚可以与我友？’”《尽心上》“好善而忘势章”（13.8）言“古之贤士”，“乐其道而忘人之势”，都表现了此一精神，可相互参照。

“大人”，有势位者也。藐之，小视之也。说大人则藐之，何以如此？盖人之所存，有大体，有小体，从其大体为大人，从其小体为小人〔《告子上》“钧是人也章”（11.15）〕。今之所谓“大人”，“堂高数仞，榱题数尺”，“食前方丈，侍妾数百人”，“般乐饮酒，驱骋田猎，后车千乘”，皆从其耳目之欲，而受制于外物者，其虽在“大人”之位，至于其所为，则从其“小体”，而实为“小人”者也。此皆我所不屑为者。其在我者，乃大体立乎中而其小者不能夺，我之所施，乃古圣王者之制。吾之说大人而藐之，不亦宜乎？

14.35　养心莫善于寡欲章

孟子曰：“养心莫善于寡欲。其为人也寡欲，虽有不存焉者，寡矣；其为人也多欲，虽有存焉者，寡矣。”

【通释】

此章论“寡欲”为修养心性之要。

孟子谓人之存在，体有大小，心之官则思，思则能得其大体。耳目之官不思，将为外物所引，而其蒙蔽其本心，使之不得呈显。〔见《告子上》“钧是人也章”（11.15）〕故养心，须以寡欲为要。能减损其嗜欲，则其心之蒙蔽必少。

“存焉者”，杨伯峻先生谓指“善性”“夜气”而言。《告子上》“牛山之木章”（11.8）：“虽存乎人者，岂无仁义之心哉？其所以放其良心者，亦犹斧斤之于木也，旦旦而伐之，可以为美乎？”可证此“存焉者”，即人之先天的“良心”“本心”或“仁义之心”而言。人能寡欲，则其良知本心，能主乎内而不失；欲望之满足乃指向其所欲之对象，故人如多欲，其心则将受制于外物而为其所蒙蔽，而不能自作主宰矣。

注意，此言“寡欲”而不言“无欲”者，是因人的情欲需要，亦“天命之谓性”之内容，不过“形色天性也，唯圣人然后可以践形”，人须修身以立命，由以实现形色情性之作为人的天性之固有价值。故孟子乃言“寡欲”而不言“无欲”。其用语之精审，于此亦可见一斑。

14.36 曾皙嗜羊枣章

曾皙嗜羊枣，而曾子不忍食羊枣。公孙丑问曰：“脍炙与羊枣孰美?”

孟子曰：“脍炙哉。”

公孙丑曰：“然则曾子何为食脍炙而不食羊枣?”

曰：“脍炙所同也，羊枣所独也。讳名不讳姓：姓所同也，名所独也。”

【通释】

此章体察孝子之心，甚精微也。

朱子《集注》：“羊枣，实小，黑而圆足，谓之羊矢枣。曾子以父嗜之，父没之后，食必思亲，故不忍食也。”曾子以孝名。朱子的解释，从赵岐注而言曾子父没，而终身不食羊枣，以其思亲而不忍食之也。一般而言，脍炙味美于羊枣。曾子不忍食羊枣，公孙丑不解。按孟子的解释，脍炙人所同美，而羊枣则父所独嗜。睹羊枣而思父，故不忍食之也。此于孝子之情，体察极深微也。

14.37 孔子在陈章

万章问曰：“孔子在陈曰：‘盍归乎来！吾党之小子狂简，进取，不忘其初。’孔子在陈，何思鲁之狂士?”

孟子曰："孔子'不得中道而与之，必也狂獧乎！狂者进取，獧者有所不为也'。孔子岂不欲中道哉？不可必得，故思其次也。"

"敢问何如斯可谓狂矣？"

曰："如琴张、曾皙、牧皮者，孔子之所谓狂矣。"

"何以谓之狂也？"

曰："其志嘐嘐然，曰：'古之人，古之人。'夷考其行，而不掩焉者也。狂者又不可得，欲得不屑不洁之士而与之，是獧也，是又其次也。孔子曰：'过我门而不入我室，我不憾焉者，其惟乡原乎！乡原，德之贼也。'"

曰："何如斯可谓之乡原矣？"

曰："'何以是嘐嘐也？言不顾行，行不顾言，则曰：古之人，古之人。行何为踽踽凉凉？生斯世也，为斯世也，善斯可矣。'阉然媚于世也者，是乡原也。"

万子曰："一乡皆称原人焉，无所往而不为原人，孔子以为德之贼，何哉？"

曰："非之无举也，刺之无刺也，同乎流俗，合乎汙世，居之似忠信，行之似廉洁，众皆悦之，自以为是，而不可与入尧舜之道，故曰'德之贼'也。孔子曰：恶似而非者：恶莠，恐其乱苗也；恶佞，恐其乱义也；恶利口，恐其乱信也；恶郑声，恐其乱乐也；恶紫，恐其乱朱也；恶乡原，恐其乱德也。君子反经而已矣。经正，则庶民兴；庶民兴，斯无邪慝矣。"

【通释】

此章论中道，要在倡导一种由乎自律发乎性情的自由精神。

本章主要通过记述阐发孔子之言，以明中道之理。其所记述孔子之语，散见《论语》各篇。先列之于下。

> 《论语·公冶长》（5.22）：
>
> 子在陈，曰："归与！归与！吾党之小子狂简，斐然成章，不知所以裁之。"
>
> 《论语·子路》（13·21）：
>
> 子曰："不得中行而与之，必也狂狷乎。狂者进取，狷者有所不为也。"
>
> 《论语·子路》（13·24）：
>
> 子贡问曰："乡人皆好之，何如?"子曰："未可也。""乡人皆恶之，何如?"子曰："未可也。不如乡人之善者好之，其不善者恶之。"
>
> 《论语·阳货》（17·13）：
>
> 子曰："乡原，德之贼也。"
>
> 《论语·阳货》（17·18）：
>
> 子曰："恶紫之夺朱也，恶郑声之乱雅乐也，恶利口之覆邦家者。"

本章所记孔子之言，与《论语》所载大体不差。本章之特点，在于综合孔子之言而加以义理的阐发，特别强调对自律和自由原则之持守，并据此对乡原之本质，作出了深入的分析和批评。本章所论，可略分为两部分内容，一者与狂獧（狷）；一者辟乡原。

孔子在陈欲归，谓"吾党之小子狂简，进取，不忘其初"，万章因问之："孔子在陈，何以思念鲁国之狂者?"

"吾党之小子狂简，进取，不忘其初"，《论语·公冶长》作"吾党之小子狂简，斐然成章，不知所以裁之"，文义略有所不同。狂者进取，简者大也。《论语》所记狂简者，其简大狂放之态彰著于外，知进而不知止，故孔子谓不知所以裁止之也。本章文义，注重在其狂放进取而"不忘其初"。"初"，赵岐注："不忘其初，孔子思故旧也。"不妥。观本章上下文，这"不忘其初"，主辞为"吾党之小子"或其狂简者，而非孔子本人。初有“本”义，既可作本始解，亦可作初始解。而下文孟子对狂狷者之表彰，要在其进取而向“道”。可知这个“初”应理解为孟子所言人之本然、本心，即对其本心仁义原则或道之坚守也。

“孔子‘不得中道而与之，必也狂獧乎！狂者进取，獧者有所不为也’。孔子岂不欲中道哉？不可必得，故思其次也。”乃孟子对孔子何以“思鲁之狂士”之问的回答。此记孔子语，与《论语·子路》所载，只差一字，《子路》“中行”，本章记作“中道”。“孔子岂不欲中道哉”，所强调的亦是“中道”。虽一字之差，其侧重点却有很大差别。

“中行”“中道”，都可说为“中庸”。中庸，其核心在一个“中”字。庸，《说文》：“庸，用也。”孔颖达《礼记正义》亦引郑玄目录说：“庸，用也。”《中庸》：“舜好问而好察迩言，隐恶而扬善，执其两端而用其中于民。”中庸，即“用中”。用中，就是于现实行为中，言动语默都要合乎“中”的原则。而制此“中”者，则“礼”也、“道”也。《礼记·仲尼燕居》：“子曰：师，尔过，而商也不及……子贡越席而对曰：敢问将何以为此中者也？子曰：礼乎礼，夫礼所以制中也。”此以礼为“中”的标准。《中庸》亦引孔子语：“道之不行也，我知之矣，知者过之，愚者不及也；道之不明也，我知之矣，贤者过之，不肖者不及也。人莫不饮食也，鲜能知味也。”即言“礼”或“道”，乃规定此“中”之尺度。“中庸”这一概念，既关涉作为尺度之“中道”，亦关涉显示行为之不偏不倚之“适中”。《论语·子路》之“中行”，所重在“行”，即现实行为之“适中”而不偏，故《论语》孔子思“吾党之之小子”，而欲“裁之”；本章之“中道”，所重则在“道”，即行为之“中道”的原则性，故本章孔子“思鲁之狂士”，而赞其“不忘其初”。两者相互印证，颇有趣味。

何谓“狂”？本章所记，作了进一步的说明：“其志嘐嘐然，曰：‘古之人，古之人。’夷考其行，而不掩焉者也。”嘐嘐，志大言大也。其作大言，而其常行不能践其言。孟子所举狂者，有琴张、曾皙、牧皮。琴张，即孔子弟子子张。曾皙，即曾参之父。牧皮不详。

“狂者又不可得，欲得不屑不洁之士而与之，是獧也，是又其次也。”獧者“不屑不洁”，亦即獧者有所不为。獧可释介。介者持守坚固，故不屑为不洁之事，或以不洁之事玷污自己。

本章所言狂者獧者，皆由关乎道德原则之持守。在《论语》中，狂獧与乡愿，是两个独立的概念。而在本章中，孔子对乡愿的评价是在与其乡党弟子的比较中进行的，其核心思想乃表现为是否能持守内在的价值原则。按本章所述，孔子一则表示出对“鲁之狂士”特别的思念和称许。一则表现出对“乡愿”的极端厌恶和拒斥：“孔子曰：过我门而不入我室，我不憾焉者，其惟乡原乎！乡原，德之贼也！”乡愿，愿者，谨善之谓。乡愿，即一乡俱称之为善人。万章对孔子此一态度表示不解：“万章曰：‘一乡皆称原人焉，无所往而不为原人，孔子以为德之贼，何哉?’”万章的疑问，实表现了当时一般人对乡愿者之流俗的看法。孟子引述孔子的话，对其极端厌恶、拒斥乡愿的原因作了如下的分析：

> 非之无举也，刺之无刺也，同乎流俗，合乎汙世，居之似忠信，行之似廉洁，众皆悦之，自以为是，而不可与入尧舜之道，故曰“德之贼”也。孔子曰：“恶似而非者：恶莠，恐其乱苗也；恶佞，恐其乱义也；恶利口，恐其乱信也；恶郑声，恐其乱乐也；恶紫，恐其乱朱也；恶乡原，恐其乱德也。”君子反经而已矣。经正则庶民兴，庶民兴，斯无邪慝矣。

按孟子的分析，孔子极端厌恶和拒斥乡愿之原因，要在一个“似”字。“乡愿”最根本的特点，是缺乏内在的价值原则，对流俗社会曲意逢迎，借以获得美誉善名（“阉然媚于世”）。世之大盗巨蠹，公然为恶，为人所不齿。乡愿者则“居之似忠信，行之似廉洁”，以紫乱朱，以假乱真，似是而非，而“同乎流俗，合乎汙世”，实与“尧舜之道”相悖谬。这个“似”的特征，使之淆乱是非善恶，隳坏社会价值尺度，对社会是非和善恶价值尺度起着“浸润之谮”的腐蚀作用，其为害实甚于大盗巨蠹的公然为恶。是乡愿之“善”实为淆乱是非之伪善，故称之为“德之贼”。按孔子的说法，真正的“善人”，应是“乡人之善者好之，其不善者恶之”，不迎合流俗，具有内在的道德原则，与乡愿者有着本质的区别。

“君子反经而已矣。”经者，常道也。孟子最后的总结评论，一言蔽之：去除善恶是非之淆乱，要在“常道”即社会内在至善原则之挺立。而狂狷者，虽未臻乎中道，然其对道义之坚守，由乎自性，本乎真情，有益世风之端肃，民志之振起，是以孔孟称之。

14.38　由尧舜至于汤章

孟子曰：“由尧舜至于汤，五百有余岁；若禹、皋陶，则见而知之；若汤，则闻而知之。由汤至于文王，五百有余岁，若伊尹、莱朱，则见而知之；若文王，则闻而知之。由文王至于孔子，五百有余岁，若太公望、散宜生，则见而知之；若孔子，则闻而知之。由孔子而来至于今，百有余岁，去圣人之世若此其未远也，近圣人之居若此其甚也，然而无有乎尔，则亦无有乎尔。”

【通释】

此章论圣道之传承系统及传承方式，此亦后儒道统论之所本。

伊尹、莱朱：赵岐注：“伊尹，挚也。莱朱，亦汤贤臣也。一曰仲虺是也。”太公望、散宜生：赵岐注：“太公望，吕尚也，号曰师尚父。散宜生，文王四臣之一也。”

依此章之说，在圣“道”的这个传承过程中，存在着两类“道”的承载者或担当者：尧、舜、汤、文王、孔子，皆为圣人，乃“闻而知之”者；禹、皋陶、伊尹、莱朱、太公望、散宜生，皆为贤人或智者，乃“见而知之”者。这里的“闻而知之”“见而知之”之“之”，所指即“道”。此所列“闻而知之”的圣人，大体上都是一种新时代或文明新局面的开创者；而“见而知之”的贤人或智者，则是一种既成事业的继承者。《梁惠王下》“齐人将筑薛章”（2.14）：“君子创业垂统，为可继也。”依此，前者的作用要在于“创业”，而后者的作用则在于“垂统”。

依本章所言圣道传承系统，包涵有两种知道或达道的方式，“闻而知之”和“见而知之”者。这并非一个偶然的说法。出土简帛《五行》有“闻而知之者圣”“见而知之者智”之说。简帛《五行》篇为子思学派文献[①]，孟子此说，实渊源有自，为孔门相传旧义。道家文献《文子》亦载有与《五行》篇相同的说法。[②]

郭店楚简《五行》："见而知之，智也。闻而知之，圣也。明明，智也。赫赫，圣也。'明明在下，赫赫在上'，此之谓也。闻君子道，聪也。闻而知之，圣也。圣人知天道也。"[③] 明言"闻而知之"者为圣人，"见而知之"者为智者，可与本章之说相参。《五行》篇又指出，圣人所"闻而知之"者，乃是"天道"，此点应特别予以注意。

在《五行》中，圣与智是相对的两个概念。与圣相应的是"德""天道"；与智相应的则是"善""人道"。帛书《五行》："德之行，五和谓之德；四行和谓之善。善，人道也；德，天道也。"智与圣两个德目，相应于"善"与"德"两个层级的境界或世界。仁义礼智四行之和所给出的，是一个人伦的系统或"人道"之"善"，仁义礼智四行作为一个整体，其人格的特质可以用"智"来标示。孟子用仁义礼智四德来表征人性和人伦之"善"，与《五行》篇的这个说法是一致的。仁义礼智圣五行之和所给出的，则是一个天人合一的超越境界，故说"五和谓之德"，"德，天道也"，其人格的特质，可以用"圣"来标示。《中庸》、孟子都以圣能知天道，与《五行》篇的这个说法也是一致的。

从文字学上说，"圣"与"听"本为一字之分化。儒家论圣德，亦特别凸显了其对听觉意识的重视。圣者"闻而知之"，与聪或听觉相关；智者"见而知之"，则与明或视觉相关。帛书《五行》篇说："聪也者，圣之臧（藏）于耳者也；明也者，知之臧（藏）于目者也。聪，圣之始也；明，智之始也。"[④] 就强调了"圣"与"耳"或听觉，"智"与"目"或视觉的关联性。但是，我们要注意的是，这里所谓的耳目聪明，其所指向的对象是"道"，其目标是"知道"，而非一般所说的"见闻之知"。

"智"与视觉相关，它依于空间意识，具有一种向外的指向性；因而要"见而知之"，其"知道"的方式，乃依据已知而推出未知〔如帛

① 李景林《从郭店简看思孟学派的性与天道论——兼谈郭店简儒家类著作的学派归属问题》，台湾《孔孟月刊》38 卷 5 期，2000 年 1 月。

② 《文子・道德》："文子问圣、智。老子曰：闻而知之，圣也；见而知之，智也…… 圣人知天道吉凶，故知祸福所生；智者先见成形，故知祸福之门。"

③ 释文据李零《郭店楚简校读记》，第 79 页。

④ 释文见庞朴《竹帛〈五行〉篇校注》，《庞朴文集》第二卷，第 131 页。

书《五行》（289 行）："见而知之，智也。见者□也。智者言由所见知所不见也"〕。"圣"的倾听，则依于一种内在的时间意识，其"知道"的方式，则表现为一种"至内而不在外"，"舍其体而独其心"（见帛书《五行》第 227、229 行）的"独"或独知。① 不过，"圣"内在地包涵"智"的规定，此充分内在性的"独"或"独知"，恰恰同时又表现为一种对于"天道"的完全的敞开性。是以圣的要义在于"通"。《白虎通·圣人》："圣者通也，道也，声也。道无所不通，明无所不照。闻声知情，与天地合德，日月合明，四时合序，鬼神合吉凶。"古人常训圣为"通"。古书"圣""声"二字亦互通。圣者闻而知道，这个"闻"，乃是在内在的倾听和独知意义上与"天道"的相通。孟子所说那一类"闻而知之"的文化文明的开创者，其实都是能够倾听上天的声音，而直接体证天道的圣者。

孟子所说的这个圣道的传承，表现为"创业"与"垂统"两种形式之交替。儒家又有"述、作"之说，亦可与此相互参照。《礼记·乐记》："知礼乐之情者，能作；识礼乐之文者，能述。作者之谓圣；述者之谓明。明、圣者，述、作之谓也。"又："乐者，天地之和也；礼者，天地之序也。和，故百物皆化；序，故群物皆别。乐由天作，礼以地制……明于天地，然后能兴礼乐也。""穷本知变，乐之情也；著诚去伪，礼之经也。"此言"礼乐"，犹今所谓文化、文明。文化、文明乃本原于"天道"或天地自然之真实。《乐记》讲"礼乐"的精神在于"穷本知变"，"著诚去伪"，能够体现"天地之和"与"天地之序"，讲的就是这个道理。因此，文化、文明之因革连续和演进的历程，亦表现为"道"的一个传承过程。但是，"天道"须经由人的创造或人文的创制，乃能显现为文化和文明。这个人文的创制和文化文明的存在过程，乃表现为"作"与"述"两个方面的统一。这"作"和"述"，也就是孟子所谓的"创业"与"垂统"。

"知礼乐之情者，能作"，"作者之谓圣"。"情"者真实义。"作"指礼乐的创制。唯"圣者"独与天地精神往来，而能知礼乐之本真，故能创制礼乐，创造文化与文明。所谓"明于天地，然后能兴礼乐"，讲的也是这个意思。"识礼乐之文者，能述"，"述者之谓明"。"文"即礼

---

① 关于"独"和"慎独"的哲学意义，请参阅李景林《帛书〈五行〉慎独说小议》，《人文杂志》2003 年 6 期。

乐之显诸有形之制度形式仪节器物者。如《乐记》说："钟鼓管磬羽籥干戚，乐之器也；屈伸俯仰缀兆舒疾，乐之文也。簠簋俎豆制度文章，礼之器也；升降上下周还裼袭，礼之文也。"此皆属"礼乐之文"。"述"即因袭与继承。前引简帛《五行》篇说："明明，智也；赫赫，圣也"，"不聪不明，不圣不智"，可知"明"亦即"智"。智者能了解礼乐之形式仪文，故能继承发扬礼乐之传统。

此"述、作"之义，表现了儒家对文化文明（即礼乐）之存在方式的理解。"作"谓人文之创制，"述"谓文明之继承。礼乐之初创，乃出于圣人之"作"。由此，人类斯有文化、有文明。文化的存在本是一个生生不息、日新不已的动态过程。儒家以"人文化成"言文化，所重即在于其生生不已的创造性和过程性。但人文之创制，必见诸制度形式仪节器物，是即今所谓"文明"。文明为有形之文化成果。既为有形，必有滞着。故一种制度、一种文明的形式，历久则必趋于僵化，而失去其合理性。前圣之"作"，其制度文为，必本诸"天道"，具有自身存在的合理性和真实性；智者贤人继之以"述"，由是因循传承，而蔚成一种传统。唯人文化成须形诸文明，见诸形器，历久而积弊，因而必俟后圣之"顺天应人"的"革命"（《易·革·彖传》："汤武革命，顺乎天而应乎人。"）或改革以开创新局，文化文明乃得以生生连续而日新无疆。是以文化文明的演进，乃有因有革，有连续有损益。不仅礼乐制度是这样，思想学术的演进亦不能外此。

郭店简《五行》说："天施诸其人，天也。其人施诸人，狎也。"① 马王堆帛书《五行》篇的解释是："天生诸其人，天也。天生诸其人也者，如文王者也。其人施诸人也者，如文王之施诸弘夭、散宜生也。其人施诸人，不得其人不为法。言所施之者，不得如散宜生、弘夭者也，则弗【为法】矣。"简帛《五行》言圣人之闻而知天道，乃多举文王为例以证成其义。此处以"天生诸其人"与"人施诸人"对举，亦举文王与其贤臣散宜生等为例以明其义理。此"不得其人不为法"句应特别注意。法者典常、仪则、规范义。"狎"者习义，为后天；与之相对，"天"乃指先天。文王"闻而知之"，无所依傍，其心对越上帝，冥心孤诣，独与天道相通，由是乃能截断众流而独标新统，此所谓"天生诸其人"，同时亦是"人施诸人"之"法"所由来。故此"法"既本原

---

① 释文据李零《郭店楚简校读记》，第 80 页。

于“天”，亦可说本原于文王。此“法”亦即前引《乐记》所谓“礼乐之文”，是为有形。散宜生、弘夭之属，正所谓“见而知之”的“识礼乐之文者”。这法或礼乐之文，原出于天人合一之无形。因其无形，故须赖“散宜生、弘夭”一类智者贤人，乃能法垂后世，成就其为一新的传统。此说与孟子之圣道传承说，亦可以相互印证。

这表明，“由尧舜至于汤章”所言圣道传承说，乃出自孔门后学，非向壁虚造，而是有充分根据的。

“由孔子而来至于今，百有余岁，去圣人之世若此其未远也，近圣人之居若此其甚也，然而无有乎尔，则亦无有乎尔?!”自尧舜至于文王，其道乃表现为一种礼乐政治之创制，孔子之志业，则表现为一种原创性的学统之建构和华夏人文精神方向之开启。其所创作，要在六经作为经典及其义理系统之建构。此段话乃表明孟子继承孔子学统之志向。就时间言，吾距孔子之世，百有余年；就空间言，邹鲁之地，亦相距不远。孔子之道难道竟无承接者乎？“然而无有乎尔，则亦无有乎尔”，此反问之辞，而非断辞也。以孟子之心志〔具体可参《公孙丑上》“知言养气章”（3.2）、《公孙丑下》“孟子去齐充虞路问章”（4.13）〕，其答案甚明：“舍我其谁也!”

主要参考文献

《孟子》注本

［宋］朱子《孟子集注》，《四书章句集注》本，中华书局 1983 年版。

［宋］张栻《癸巳孟子说》，《张栻集》本，中华书局 2015 年版。

［清］焦循《孟子正义》，中华书局 1987 年版。

杨伯峻《孟子译注》，中华书局 2009 年版。

研究著作

黎靖德编：《朱子语类》，中华书局 1999 年版。

顾炎武著、黄汝成集释：《日知录集释》，岳麓书社 1994 年版。

钱　穆：《先秦诸子系年》，商务印书馆 2001 年版。

牟宗三：《心体与性体》，正中书局 1990 年版。

徐复观：《中国人性论史·先秦篇》，台湾商务印书馆 1987 年版。

冯友兰：《中国哲学史新编》第 2 册，人民出版社 1984 年版。

陈荣捷：《初期儒家》，《历史语言研究所集刊》第四十七本第四分册，1976 年。

金景芳：《论井田制度》，《金景芳全集》第四册，上海古籍出版社 2015 年版。

邹化政：《先秦儒家哲学新探》，黑龙江人民出版社 1990

年版。

余英时:《中国知识人之史的考察》,《余英时文集》第四卷,广西师范大学出版社 2004 年版。

庞　朴:《竹帛〈五行〉篇校注》,《庞朴文集》第二卷,山东大学出版社 2005 年版。

李　零:《郭店楚简校读记》,北京大学出版社 2002 年版。

陈　来:《竹帛〈五行〉与简帛研究》,生活·读书·新知三联书店 2009 年版。

杨泽波:《孟子性善论研究》,中国社会科学出版社 1995 年版。

李景林:《教养的本原》,北京师范大学出版社 2009 年版。

李景林:《教化的哲学》,黑龙江人民出版社 2006 年版。

李景林:《教化视域中的儒学》,中国社会科学出版社 2013 年版。

后　序

我研读《孟子》前后三十余年，于孟子之义理精神，每觉有会于心；平日习作，对孟子与《孟子》书，亦时有撰作讨论。近年，四川大学国际儒学研究院、湖南大学岳麓书院启动“中国儒学教材”编撰与出版计划，舒大刚教授邀我参与此项计划，遂发心借此机会，融贯裒合我多年有关《孟子》研读、教学、思考与习作之所得，对《孟子》全书作一系统的诠解。

2016 年岁末至 2017 年春节期间，我蛰居海南乐东龙栖湾寓所两个多月，写成《梁惠王》《公孙丑》《滕文公》《告子》诸篇之“通释”。开学返校后，又续成《尽心》《离娄》《万章》诸篇“通释”。前后约半年时间，本书初稿大体告竣。2017 年 5 月中，我突患眼疾，至年底前，前后经历三次手术，搁置了手头所有的工作。2018 年暑假，我的学生程旺博士和许家星教授，用假期两个月的时间，帮我把书稿统一体例，校阅一过。暑期以来，我自感眼疾逐渐好转恢复，便尝试着为本书撰写了导言，并对全稿作了最后的修订。《孟子通释》书稿，遂告完成。

孔子所创仁学系统，浑沦圆融，道越言筌。其教人，则愤悱启发，示之以行事。故虽夫子入室高弟，亦不免有欲从末由，性与天道不可得闻之慨。孟子处身战国之世，以杨墨之言盈天下，邪说并作，仁义充塞，乃以言距杨墨，发扬孔子之道为己任，不得已而强辩之，遂使孔子学说之义理精微，发越著于言表，条畅达乎人心。其于儒家形上义理系统之创构，具有十字打开、邃密昌大之伟功。本书题为《孟子通释》，所重即在对《孟子》书作一种通贯性的义理诠释，于训诂考辨一面，则求通而止。书前导言，名为“通论孟子”，旨在对《孟子》书及其义理精神，作一番全般提起的概述，以为学者阅读此书之导引。导言顺势写来，不觉已嫌略长，但自信它对学者提挈《孟子》各篇章以对其作通贯之理解，应有所裨益。

我生性疏懒，平日研读授课，尚与孟夫子友，时怀释《孟》之意，然以意志无力，终未克属稿。本书虽因著述体例等缘故不再列入“中国儒学教材”系列而先行单独出版，但“中国儒学教材”编撰与出版计划的支持和大刚教授的邀约，实对本书有催生之功。在此，我要对大刚教授表达我诚挚的谢意！程旺、家星二君，在百忙之中，放下自己的事情，全力帮我校阅全书，并对书稿之体例、修改提出不少中肯的建议。我以病目，仍能如期完稿，端赖二君之力，这是我要特别表示感谢的！在本书付梓之际，我也要对上海古籍出版社和胡文波副总编、本书责任编辑张靖伟先生为本书出版所给与的支持与关照，表达我由衷的谢意！

李景林

谨识于北京师范大学励耘九楼寓所

图书在版编目(CIP)数据

孟子通释 / 李景林著. —上海：上海古籍出版社，2021.11（2023.2 重印）

ISBN 978-7-5732-0064-8

Ⅰ.①孟… Ⅱ.①李… Ⅲ.①儒家②《孟子》—译文 Ⅳ.①B222.52

中国版本图书馆 CIP 数据核字(2021)第 222056 号

孟子通释

李景林　著

上海古籍出版社出版发行

（上海市号景路 159 弄 A 座 5 层　邮政编码 201101）

（1）网址：www.guji.com.cn

（2）E-mail：guji1@guji.com.cn

（3）易文网网址：www.ewen.co

浙江临安曙光印务有限公司印刷

开本 890×1240　1/32　印张 12　插页 3　字数 320,000

2021 年 11 月第 1 版　2023 年 2 月第 2 次印刷

ISBN 978-7-5732-0064-8

B·1223　定价：48.00 元

如有质量问题，请与承印公司联系